中国汽车工程学会

汽车工程图书出版专家委员会　推荐出版

中国汽车技术发展报告 (2014—2015)

ANNUAL REPORT ON VEHICLE TECHNOLOGY IN CHINA

中国汽车工程学会
丰田汽车公司　编著

北京理工大学出版社
BEIJING INSTITUTE OF TECHNOLOGY PRESS

图书在版编目（CIP）数据

中国汽车技术发展报告：2014～2015/ 中国汽车工程学会，丰田汽车公司编著 . —北京：北京理工大学出版社，2015.3

ISBN 978－7－5682－0334－0

Ⅰ.①中…　Ⅱ.①中…②丰…　Ⅲ.①汽车工业－技术发展－研究报告－中国－2014～2015　Ⅳ.①U46-12

中国版本图书馆 CIP 数据核字（2015）第 051133 号

出版发行 /北京理工大学出版社有限责任公司	
社　　址 /北京市海淀区中关村南大街 5 号	
邮　　编 /100081	
电　　话 /（010）68914775（办公室）	
82562903（教材售后服务热线）	
68948351（其他图书服务热线）	
网　　址 /http：// www. bitpress. com. cn	
经　　销 /全国各地新华书店	
印　　刷 /北京地大天成印务有限公司	
开　　本 /710 毫米 × 1000 毫米　1/16	
印　　张 /14.75	责任编辑 /梁铜华
字　　数 /258 千字	文案编辑 /梁铜华
版　　次 /2015 年 3 月第 1 版　2015 年 3 月第 1 次印刷	责任校对 /周瑞红
定　　价 /198.00 元	责任印制 /王美丽

《中国汽车技术发展报告》编委会

序 言

中国已经成为世界最大的汽车生产国和最大的汽车市场，中国汽车产业已经完成了从小到大的转变，这是不争的事实。但是，中国汽车产业的竞争力仍然薄弱，中国还远不是汽车产业强国，中国汽车产业大而不强，这也是不争的事实。

改革开放以来，中国汽车产业取得了举世瞩目的成就，其发展势头之猛、速度之快、持续增长时间之长是史无前例的。在短短的三十几年里，中国汽车产业从当初的年产15万辆提高到2014年的2 370万辆，年均增长15%，已连续六年稳居世界第一。纵观当今世界汽车强国，既有老牌、原发的汽车产业强国，如欧美国家，又有在国内市场规模较小条件下通过出口导向战略而实现赶超的后发国家，如日本、韩国，但是绝对没有像中国这样一个巨大的经济体，利用自身庞大的市场规模优势和生产要素低成本优势，在短时期内从非常落后的状况一跃而为汽车产业大国的先例。

在中国汽车产业由小到大的发展历程中，我们在欢呼产销规模不断登上新台阶的同时，也伴随着一些长期困扰我们的隐忧。第一，虽然我国千人汽车保有量才及世界平均水平的60%左右，但汽车化进程的持续加速，再加上人口众多、区域发展不平衡、石油进口依存度不断加大，使得汽车产业与能源、环境、交通、社会等方面的矛盾日益突出，市场规模的进一步扩大受到资源与环境等外部条件的巨大制约；第二，随着国民经济的发展和人民生活水平的提高，我们在过去相当长时间内所依赖的低成本竞争优势正在快速消失，依靠产能扩张的粗放式传统增长模式越来越不可行；第三，我国汽车核心技术主要依赖跨国公司的局面长期以来没有根本性的改变，这是我国汽车产业最大的痛。更重要的是，随着我国汽车产业技术水平逐渐提高，与跨国公司的技术势差逐渐缩小，技术引进的成本将越来越高，困难将越来越大。

作为这样一个汽车大国，我们能否从大到强，或者仅仅止步于此，这是中国汽车产业面临的严峻挑战。可以肯定的是，遵循比较优势原理的依靠资源禀赋的低成本优势及技术的引进和模仿，已无法支撑我们建立汽车产业强国梦想的最终实现，而能否以加快技术进步为支撑，大力提高产品的技术含量，培育自主品牌，掌握先进技术，使产业结构不断向着高效、高附加值方向转变，不断增强产业竞争力，将是我国汽车产业能否实现由大到强的目标，而非止步于平庸的汽车大国的关键，这一点已在业内形成广泛共识。

在这一背景下，中国汽车工程学会决定联合丰田汽车公司推出这一关于中国汽车技术发展的研究性年度报告。中国汽车工程学会以推动行业科技进步为己任，是中国汽车产业由小到大进程的积极参与者和推动者，也将是中国汽车产业由大到强进程的积极参与者和推动者。我们希望通过该年度报告，紧紧跟随中国汽车产业技术进步的步伐，反映中国汽车产业技术进步的状况、水平和趋势，见证中国汽车技术创新活动的日益活跃，为促进中国汽车产业的健康发展贡献力量。

我们知道，强的实质就是强的竞争力，就是在能力的建设、提高和运用上与对手竞争时的相对表现，而技术能力则是企业和产业能力的重要方面，是竞争力的基础和竞争优势的来源。但是，技术能力是一个直观含义明显却难以准确定义的概念，在业界并未形成成熟一致的看法。《中国汽车技术发展报告（2014—2015）》的一个重要创新点是，首次对中国汽车产业的技术能力状况进行了量化分析。我们在综合借鉴有关文献研究基础上，结合我国汽车产业实际，提出"汽车企业技术能力是指企业利用各类资源、技术手段和技术过程实现技术目标的系统性能力，产业技术能力则表现为企业技术能力的叠加和整合"。我们建立了汽车产业技术能力定量评价指标体系，并利用主成分分析法和相对评价概念，尝试性地对我国汽车产业技术能力进行了定量评价。今后，我们将对我国汽车产业技术能力情况进行持续跟踪研究。

中国汽车技术年度发展报告的第二大创新点是，采取以图表为主、以文字为辅的表现形式，是截至目前对汽车产业相关的年度研究报告表现形式的一次创新。其特点是用简短的文字说明图表所表现出的趋势性的东西，突出聚焦一些特别重要的显著发现，使读者能够用最短的时间对一些最有价值的问题进行了解和认识，可读性强。这对于各类信息浩如烟海的今天来说尤为重要。

本年度报告的基本框架将保持不变，由综述、技术能力评价、产业发展环境、技术应用状况、研发能力基础、技术研发趋势、国外相关资料附录和图表索引共8部分构成。报告框架的基本稳定，将使各年度报告在内容上具有良好的连续性，又由于内容设计上的灵活性，将使我们的报告能够随着我国汽车技术进步的发展进程、我们研究工作的不断深入及对基础数据资源的不断挖掘而持续改进，这是本报告的又一大特征。

此外，《中国汽车技术发展报告》将与中国汽车工程学会现有的《中国汽车产业发展报告》和《世界汽车技术发展跟踪研究》等年度报告相结合，形成较为完善的中国汽车工程学会行业发展报告系列，旨在不断提高我们服务中国汽车产业技术进步的能力和水平。

《中国汽车技术发展报告（2014—2015）》的出版，凝聚了诸多方面的心血。除了中国汽车工程学会的编著人员外，该书编委会的各位成员是本书重要而不可或缺的推动者，他们花费了大量时间对本书从策划到推进、从内容到形式等诸多方面进行了全面、系统的评价和建议。正是在他们不断的鼓励下，本书才最终得以面世。丰田汽车公司对本书的成稿给予了很大的支持和帮助。此外，中国人民大学统计学院的杜子芳教授、常志勇博士为本书统计学工具的应用提供了技术支持，北京理工大学出版社为本书的出版做了大量工作。在此一并致谢。

最后，希望这份报告能够对业界研究汽车产业技术进步的内容、实质、路径、进程等有所助益，并产生积极的影响。

'

1 综述
中国汽车产业技术发展现状要点

2 技术能力评价
关于汽车产业技术能力评价方法的研究

3 产业发展环境
能源
环境
交通
政策法规
市场规模

4 技术应用状况
节能
环保
安全
新能源汽车
轻量化
车联网

5 研发能力基础
研发资金
研发队伍

6 技术研发趋势
标准规范
研发成果
专利申请

7 国外相关资料附录
排放油耗限值
节能环保安全装置配置
专利申请
新能源汽车销量
研发投入
汽车出口

8 图表索引（3-6章）

总目录

1 综述

中国汽车产业技术发展现状要点……………………………………… 2

2 技术能力评价

关于汽车产业技术能力评价方法的研究………………………… 16

　一、汽车产业技术能力及其评价……………………………… 16

　二、汽车产业技术能力定量评价体系框架…………………… 20

　三、基于评价指标的汽车产业技术能力单项评价和综合评价…… 26

　四、基于专家调查法的汽车产业技术能力评价……………… 43

　五、小结…………………………………………………………… 49

3 产业发展环境

石油在我国一次能源消费结构中占比为18%左右………………… 52

交通领域石油消费占比接近50%…………………………………… 53

交通领域石油消费中近80%用于汽车……………………………… 54

石油进口依存度已接近60%………………………………………… 55

汽车工业增加值占全国GDP比重提升至1.66%…………………… 56

中国汽车千人保有量仅为世界平均水平的60%左右……………… 57

单车道路资源占有量高于世界平均水平，各地汽车保有密度相差悬殊……… 58

排放标准全面升级到国Ⅳ，部分地区进入国Ⅴ………………… 59

汽车保有量快速增长条件下，主要污染物排放总量基本持平，CO不升反降… 60

单车污染物排放强度不断降低……………………………………… 61

乘用车燃料消耗量标准实施即将进入第四阶段………………… 62

第四阶段油耗标准大幅加严单车限值和目标值，高整备质量段尤甚……… 63

汽车生产和消费持续快速发展……………………………………… 64

4　技术应用状况

节能环保安全

乘用车中柴油车份额仅为0.3% ·· 66

汽油乘用车缸内直喷技术应用快速增长，占比仍低·························· 67

汽油乘用车涡轮增压技术应用比例为15% ····································· 68

自动变速器占比逐年提高，AT为市场主流，其次是DCT和CVT············ 69

五挡变速器为市场主流，但多挡化趋势明显·································· 70

在先进供油技术和先进进气技术应用上，自主品牌远落后于合资品牌··········· 71

在先进自动变速器技术应用上，自主品牌同样落后于合资品牌················· 72

乘用车油耗与排量、整备质量反向变化体现技术进步·························· 73

主流排量区间为1～1.6L，但车型结构出现大型化趋势 ······················ 74

合资企业平均油耗下降幅度东风日产最大，小型化、轻量化和采用先进技术使然··· 75

自主品牌企业平均油耗下降幅度长城汽车最大，主要是产品结构改变所致······· 76

从企业平均油耗和平均排量分布看处于低油耗区和高油耗区企业··············· 77

从企业平均油耗和平均整备质量分布看处于低油耗区和高油耗区企业·········· 78

混合动力汽车市场潜力巨大，但生产尚未形成规模···························· 79

混合动力乘用车技术起步较晚，企业发展亟需迎头赶上························ 80

获C-NCAP五星的测评车比例逐年提高至90%以上 ···························· 81

乘用车安全气囊采用率接近80% ··· 82

乘用车ABS采用率在65%左右 ··· 83

新能源汽车

我国新能源汽车累计产量相对于2020年目标的完成率为2.4% ················· 84

截至2014年累计生产新能源汽车11.95万辆 ·································· 85

2014年我国新能源汽车市场份额为0.3% ······································ 86

插电式混合动力乘用车产品性能达到国际主流水平···························· 87

高性能纯电动汽车技术与国外相比差距明显·································· 88

燃料电池汽车技术与国际先进水平差距拉大·································· 89

新能源汽车累计示范推广规模为4.64万辆··································· 90

示范推广的新能源汽车生产企业较集中·· 91

新能源汽车基础设施建设集中于少数大城市，加氢站建设差距较大············· 92

新能源汽车示范推广城市2015年推广计划····································· 93

磷酸铁锂电池占装车总容量95%以上，为汽车动力电池主导类型 ……… 95

百余家锂电池生产企业产能利用率低，仅两家达到10% ……………… 96

高功率锂离子动力电池综合性能水平有待提高，生产成本略占优势……… 97

比亚迪从F3DM到秦的动力电池技术进步明显 ……………………… 98

排名前五的纯电动乘用车型和客车车型均装配磷酸铁锂动力电池……… 99

车用电机系统各项性能达到或接近国际先进水平…………………… 100

驱动电机产业有比较优势，电机系统向高效率、轻量化、小型化方向发展…… 101

轻量化

汽车轻量化包含设计、材料和制造技术三大研究方向，并非简单的材料替代… 102

汽油乘用车整备质量每降低100kg，油耗降低0.5L/100km …………… 103

自主品牌乘用车质量比功率高于外资品牌，轻量化水平较差………… 104

重型自卸车和载货车以载质量利用系数衡量的轻量化水平落后于国外品牌…… 105

自主品牌牵引车以挂牵比衡量的轻量化水平落后于国外品牌………… 106

车身参数化轻量化设计技术由联盟成员单位成功开发和应用………… 107

高强度钢在自主品牌乘用车白车身的应用比例达50% ……………… 108

我国乘用车单车平均用铝量不足100kg ……………………………… 109

我国乘用车单车平均用镁量不足1.5kg ……………………………… 110

奇瑞某车型非金属材料用量达200kg，占整车质量的16% ………… 111

自主开发成功热冲压成形生产线，热冲压成形零部件开始应用……… 112

液压成形部件已开始应用，减重效果显著……………………………… 113

辊压成形技术使长安某车身部件减重30% …………………………… 114

激光拼焊技术应用广泛……………………………………………………… 115

变截面轧制技术已成功开发并应用……………………………………… 116

车联网

三网融合的车联网概念、内涵和应用………………………………… 117

车联网各项关键技术构成"三纵四横"技术体系…………………… 118

车联网十二大技术领域或技术方向…………………………………… 119

车联网的功能………………………………………………………………… 120

车联网助力自动驾驶汽车发展………………………………………… 121

车联网标准与规范体系………………………………………………… 122

国内市场部分乘用车型的车联网系统……………………………… 123

国内市场部分商用车型的车联网系统……………………………… 124

5 研发能力基础

研发资金

汽车工业研发经费持续增加·······························126
不同产品生产企业中，整车生产企业研发经费最多···········127
大型整车生产企业研发经费支出明显高于中小型企业·········128
改装车企业中其他内资企业研发经费支出最多···············129
发动机生产企业中，大型国有企业研发经费支出明显高于其他类型企业···130
零部件生产企业研发经费支出持续增加·····················131

研发队伍

汽车工业每万名从业人员中研发人员数量明显高于全国平均水平·····132
不同产品生产企业中，整车生产企业研发人员数量增速最快·······133
大型整车生产企业研发人员数量最多·······················134
不同规模改装车生产企业研发人员数量连年增长·············135
大型发动机生产企业研发人员数量快速增长·················136
零部件生产企业研发人员数量连年增长·····················137
2013年国家重点实验室科研工作成果丰硕··················138
国家级汽车产品质量监督检验中心业务概况·················139
2013年部分院校汽车专业教育资源及科研工作进展···········141

6 技术研发趋势

标准规范

汽车行业国家强制性标准共计114项·······················144
中国汽车工程学会技术规范开展单项技术规范项目63项········145

研发成果

2002—2014年共38个汽车项目获国家科学技术奖·············147
2001—2014年共35个项目获汽车科技进步奖特、一等奖········149
近五年我国汽车类科技成果登记总量增长超过50%············151
课题来源以自选项目和各级政府科技计划为主···············152
来自企业的新技术、新产品是汽车应用技术类科技成果主要体现形式···153
汽车类科技成果完成人呈现年轻化、高学历、高职称趋势·······154
汽车类科技成果主要集中在结构部件、整车技术和发动机领域····155

专利申请

2013年中国汽车行业专利公开总量超8万件 ·············· 156

2006—2013年汽车发动机专利公开数量增长4.9倍 ·············· 157

发动机相关专利中实用新型数量占58% ·············· 158

2013年汽车底盘专利公开数量近3万件 ·············· 159

2013年汽车底盘相关专利国内申请人申请数量接近2.5万件 ·············· 160

汽车车身专利公开数量年均增长24% ·············· 161

2013年汽车车身专利中实用新型数量占58% ·············· 162

汽车电气专利公开数量增长速度最快 ·············· 163

2013年汽车电气领域3种类型专利数量均较快增长 ·············· 164

在四大领域汽车专利中，汽车底盘相关专利公开数量占比最大 ·············· 165

国内申请人申请专利数量所占比重持续增大 ·············· 166

发动机领域专利罗伯特·博世申请量最大 ·············· 167

底盘领域专利吉利汽车申请量最大 ·············· 168

车身领域专利吉利汽车申请量最大 ·············· 169

电气领域专利吉利汽车申请量最大 ·············· 170

中国新能源汽车专利数量位列世界第三 ·············· 171

新能源汽车领域专利中国本土申请人申请量增势迅猛 ·············· 172

纯电动汽车领域专利中国本土申请人专利申请量占91% ·············· 173

丰田为在中国申请新能源汽车专利数量最多的公司 ·············· 174

7 国外相关资料附录

欧盟轻型乘用车排放限值 ·············· 176

欧盟轻型商用车排放限值 ·············· 177

欧盟重型柴油车排放限值 ·············· 179

日本轻型汽油车排放限值 ·············· 179

日本轻型柴油车排放限值 ·············· 180

日本重型汽油商用车排放限值 ·············· 181

日本重型柴油商用车排放限值 ·············· 181

美国点燃式发动机和城市公交车排放限值 ·············· 182

美国压燃式发动机和城市公交车排放限值 ·············· 184

美国轻型车排放限值 ·············· 186

欧、美、日轻型乘用车燃油经济性/温室气体排放限值 ·················· 187

欧、美、日轻型商用车燃油经济性/温室气体排放限值 ·················· 187

2013年美国汽油乘用车不同发动机气缸数车型采用涡轮增压技术的比例········ 187

1975—2013年美国轻型车发动机节能装置配备情况····················· 188

1975—2013年美国乘用车变速器技术特性··························· 191

部分安全装置在日本应用的起始年份 ····························· 194

2012年日本生产的乘用车（含微型机动车）安全装置配备情况············· 195

2004—2013年欧、美、日汽车专利公开数量 ······················ 196

2004-2013年部分国家新能源汽车销量 ·························· 197

2003—2013年部分汽车整车和零部件企业研发投入金额及占销售收入比重······ 200

2001—2013年全球21国汽车出口数量 ·························· 214

8　图表索引（3-6章）

1 综述

中国汽车产业技术发展现状要点

资源环境约束加剧：汽车产业技术进步最重要的推动因素

汽车产业是国民经济的支柱产业，汽车消费是大众消费的重要内容。但是，汽车生产和消费涉及能源、环境、安全等大量外部性因素，而且这些因素已逐步对我国汽车产业的进一步发展形成制约。因此，位居世界第一并预计未来仍有巨大发展潜力的我国汽车产业，能否实现发展的可持续性，首先取决于汽车产业的发展能否与我国经济、社会、环境的发展相协调，取决于汽车消费能否与我国资源环境水平相一致。在这一背景下，资源环境约束的加剧将集中体现为日益严格的节能环保标准，这将是我国汽车产业技术进步最重要的推动因素。汽车产品的节能、环保、安全将是我国汽车产业技术进步的长期主题。

就我国汽车产业发展潜力、资源环境约束和节能环保标准而言，近十年来出现了一些新的变化。

本报告述及：

我国能源消费总量增长迅速，2012年是2000年的2.48倍，年均增长7.86%，其中石油消费占比为18%左右；在石油消费中，交通领域石油消费占比不断提高，已接近50%；在交通领域石油消费中，近80%用于汽车；我国石油净进口量2000年以来增长了近3倍，年均增长11.85%，1993年成为石油净进口国以来，石油进口依存度逐年攀升，2012年已达58.4%（图1-1）。

中国汽车保有量从2001年的1 802万辆增长到2013年的12 683万辆，增长了6倍，年均增长17.7%，千人保有量从2001年的14辆增长到2013年的93辆，成绩斐然。但这一水平只及世界平均水平的60%左右，未来仍具有巨大的发展潜力。

就单位里程汽车保有量来说，2012年全国平均水平为26辆/公里[①]，

---

① 1公里=1000米。

低于世界平均水平的32辆/公里，且多数省份处于全国平均水平以下。因此，除个别特大型城市外，解决交通拥堵问题应更多着眼于提高道路建设速度、道路规划水平和交通管理水平。

　　排放和油耗标准逐步加严，节能减排效果显著。排放标准从2000年的国Ⅰ快速升级至目前的国Ⅳ、国Ⅴ，与汽车保有量的增长相比，各项污染物排放总量增长微不足道；乘用车油耗标准从2005年的第一阶段即将升级为2018年的第四阶段，油耗单车限值和目标值加严幅度不断增大。

图1-1　1993年成为石油进口国以来，石油进口依存度逐年攀升

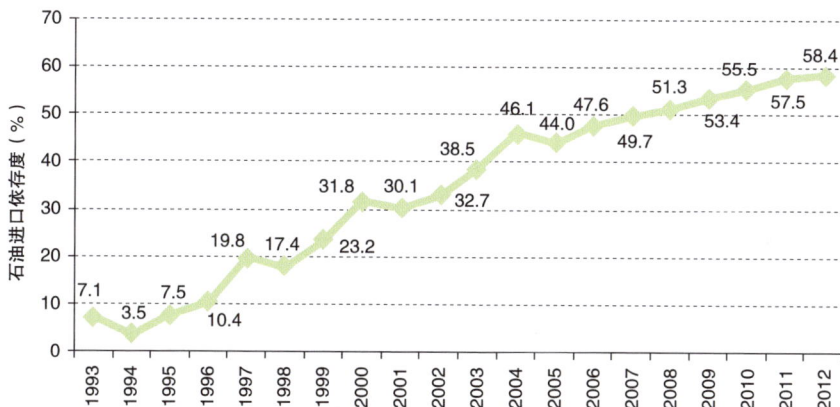

汽车产业技术能力：提升显著但差距巨大

　　技术能力是企业或产业竞争力的重要来源，是一个直观含义明显但又难以准确定义的概念。国内外许多专家学者从不同角度进行了分析，但并未形成成熟一致的看法。本书在综合借鉴有关文献研究基础上，结合我国汽车产业实际，提出"汽车企业技术能力是指企业利用各类资源、技术手段和技术过程实现技术目标的系统性能力；产业技术能力则表现为企业技术能力的叠加和整合"。我们建立了三层次汽车产业技术能力定量评价指标体系框架，包括1个综合指标（即汽车产业技术能力指数）、3个评价要素（资源投入、数量产出绩效和质量产出绩效）和8个评价指标（研发投入强度、研发人员强度、产业地位、劳动生产率、出口销售率、质量情况、能耗情况、人均发明专利）。我们利用主成分分析法和相对评价概念，尝试性地对我国汽车产业技术能力进行了定量评价。与此同时，我们还通过专家问卷方式对汽车产业技术能力状况进行了定性研究。

我们对汽车产业技术能力进行定量评价的基本结论是，与自己相比进步显著，与世界先进水平相比差距巨大，但差距正在缩小。

本报告述及：

2001年我国汽车产业技术能力指数仅为2001年世界先进水平的20.75%，2013年提升至53.90%。与自己相比，技术能力取得明显进步，是2001年的2.6倍。其中，劳动生产率提升和发明专利数量增长贡献最大。但我国2013年的技术能力指数也仅为2001年世界先进水平的一半左右，差距巨大（图1-2）。

与世界先进水平差距巨大还表现在，我国2013年汽车产业技术能力指数仅为2013年世界先进水平的37.50%。其中，差距最大的部分是劳动生产率和出口销售率，分别为世界先进水平的13%和16%。

鉴于我国2001年和2013年的汽车产业技术能力指数分别为当年世界先进水平的20.75%和37.50%，显然我国汽车产业技术能力正在不断提升中实现追赶，与世界先进水平的差距逐渐缩小。

图1-2　我国汽车产业技术能力提升显著、差距巨大，但差距正在缩小

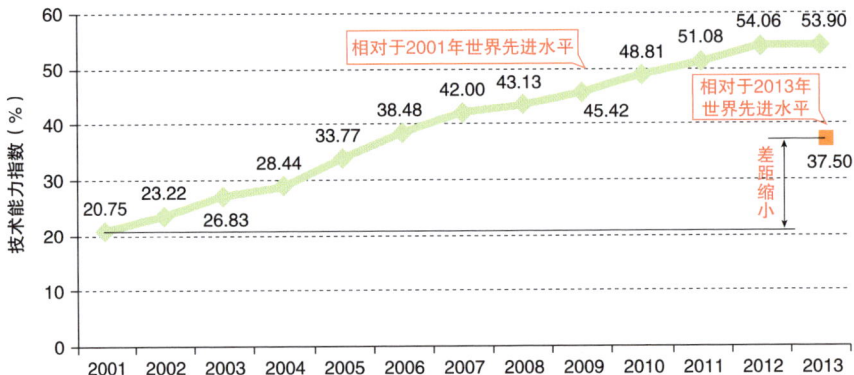

技术应用：多项先进技术在应用范围和应用水平上处于起步阶段

日益严格的汽车节能、环保和安全要求必须通过先进技术来实现，从而使现代汽车产品成为大量高新技术的载体。

（1）**乘用车中几乎全部为汽油车。**采用诸如电控喷油、高压共轨、废气再循环和废气后处理等新技术的先进柴油车具有比汽油车高30%～40%的燃油经济性，但我国乘用车中仍几乎全部为汽油车。

本报告述及：

我国乘用车中柴油车的数量微乎其微，且产量占比呈逐年下降态势，从2009年的0.59%下降至2013年的0.33%。

柴油车相对于汽油车较高的NO_x和颗粒物PM排放水平以及在此基础上的不鼓励政策是形成这一状况的主要原因。

（2）**汽油机先进供油技术和先进进气技术应用比例提升迅速。**由于汽油车平均油耗高于柴油车，所以世界汽油车先进技术的发展主要集中在节能技术方面，如可变热力循环（如Atkinson循环）、增压技术、缸内直喷技术和均质压燃技术等。目前，增压技术和缸内直喷技术在我国的应用已经起步，并以2009年我国实行第二阶段油耗标准为起点，应用比例迅速提升。

本报告述及：

2009年我国实行第二阶段油耗标准以来，新生产的汽油乘用车中，采用缸内直喷技术的比例从2009年的2.08%提高到2013年的11.95%，采用量从21万辆增长到196万辆，年均增长74.78%；采用涡轮增压技术的比例从2009年的3.48%提高到2013年的14.99%，采用量从35万辆增长到246万辆，年均增长62.65%（图1-3）。

图1-3 缸内直喷技术和涡轮增压技术应用比例提升迅速

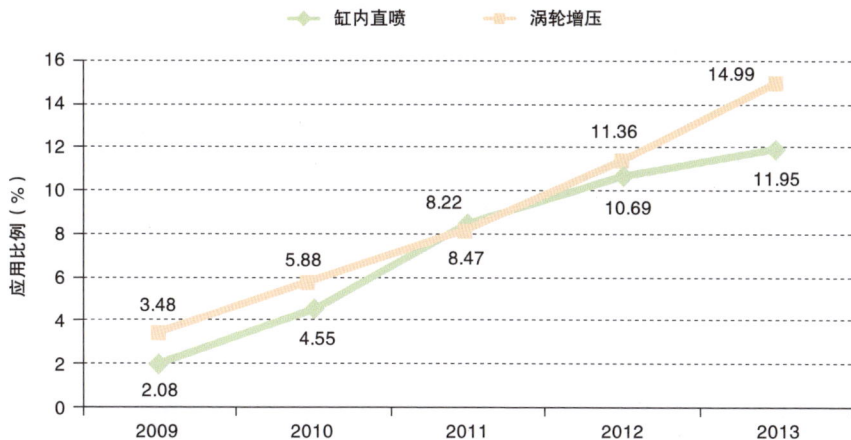

（3）**自动变速器占比逐年提高，燃油经济性占优的双离合器变速器（DCT）和无级变速器（CVT）增速最大**。变速器是汽车的重要部件，对车辆的动力性、操控性、舒适性和燃油经济性都具有重要作用。随着我国汽车消费者不断成熟，汽车变速器类型已经开始显著影响消费者的购车选择。目前美国、日本、欧洲轿车自动变速器的装车率分别在95%、85%和35%以上。我国自动变速器［包括液力自动变速器（AT）、电控机械自动变速器（AMT）、DCT和CVT］的市场份额也在逐年提高，特别是燃油经济性占优的CVT和DCT增速最大。

　　本报告述及：

　　尽管我国乘用车变速器市场仍以手动变速器为主，占新车市场份额的一半以上，但呈逐年下降趋势，已从2009年的68.93%下降到2013年的53.96%。

　　与此同时，自动变速器的市场份额从2009年的31.07%提高到2013年的46.04%。其中，AT的市场份额从27.26%提高到33.33%，CVT的市场份额从2.89%提高到5.95%，DCT的市场份额从0.75%提高到6.65%。

　　（4）**变速器多挡化趋势明显**。较多的挡位使变速器具有较大的变速比范围和较细密的挡位间变速比分配，能够最大限度地使车速与最佳的发动机转速相匹配，从而有利于改善汽车的动力性、经济性和换挡平顺性。

　　本报告述及：

　　我国新生产的乘用车中，5挡变速器是市场主流，但与4挡变速器一样，市场份额呈逐年下降趋势，分别从2009年的76.29%和12.01%下降到2013年的57.58%和6.59%。与此同时，6挡及以上变速器的市场份额大幅提升，从2009年的8.72%增大到2013年的29.87%。

　　（5）**乘用车油耗与排量、整备质量反向变化，即油耗降低与排量、整备质量增大相伴而生**。在不断加严的油耗标准推动下，在企业大力采用节能技术的努力下，我国乘用车经济性水平有了大幅提升，乘用车油耗与排量、整备质量反向变化的情况说明了这一点。我们知道，在同等技术水平下，油耗与排量、整备质量呈线性正相关关系，排量和整备越大，油耗就越高。但随着人们对汽车安全性、动力性和舒适性要求的不断提高，汽车排量和车重的增大可能不可避免。在这种情况下，要想满足日益严格的油耗法规，只有通过采用一系列节能技术来提高车辆的技术水平。

本报告述及：

我国乘用车按排量的车型结构，虽然多年来一直以1～1.6L为主流排量区间，但按产量加权的平均排量从2009年的1.569L增大到2013年的1.634L；按产量加权的平均整备质量也相应地从2009年的1 227.75kg增大到2013年的1 327kg。

我国乘用车按产量加权的平均油耗从2009年的7.77L/100km降低到2013年的7.23L/100km，降低了7%，而平均排量和平均整备质量却分别提高了4%和8%。这一油耗与排量、整备质量反向变化的情况，是我国近年来乘用车技术进步的反映（图1-4）。

图1-4 乘用车油耗与排量、整备质量反向变化体现技术进步

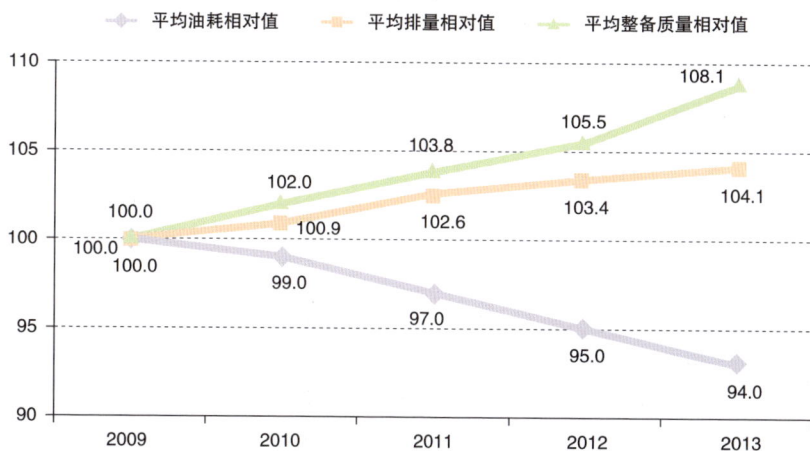

注：设2009年为100，其他为与2009年相比的相对值

（6）主被动安全配置采用率大幅提升，碰撞安全性取得长足进步。汽车安全性能是汽车的一项核心性能。一些常规的主动安全技术和被动安全技术（如防抱死制动系统ABS、牵引力控制系统TCS、动力学稳定性控制系统VDC、安全气囊等）在越来越多的车型上成为标准配置。此外，基于智能交通系统概念，以事故预防为主要目的的智能化安全控制技术（如自动感知交通环境、提前判断车辆行驶安全状态、主动辅助驾驶员控制等）正在成为未来汽车技术的重要发展方向。我国新生产的乘用车在最基本的ABS主动安全技术和安全气囊被动安全技术的采用

率上，提升很快，已达较高水平。在碰撞安全性上，获C-NCAP五星的测评车比例逐年提高，我国汽车产品的碰撞安全性取得了长足进步。

本报告述及：

安全气囊在我国新生产的乘用车上的采用率接近80%，不少车型正从单气囊向双气囊和多气囊发展。

ABS在我国新生产的乘用车上的采用率快速增长，从2009年的27%提高到2013年的65.5%。

从测评成绩看，获碰撞安全测评五星级评价的汽车比例从测评伊始的2006年的8.3%大幅提升至2014年的92.5%。

（7）混合动力技术起步较晚，缺少主力车型。 由于技术相对成熟，节能和环保效果明显，混合动力汽车在欧、美、日等国家和地区得到大规模应用。截至2014年6月，丰田混合动力汽车的全球累计销量已经超过700万辆。混合动力汽车的发展趋势将是模块化、平台化；混合程度不断提高，并向插电式混合方式发展。我国混合动力技术特别是乘用车混合动力技术起步较晚，混合动力汽车性能指标与世界先进水平差距较大。尽管近年来销量增长较快，但车型少，缺乏主力车型，市场规模较小。

本报告述及：

截至2013年年底，37家混合动力汽车生产企业的453款混合动力车型（商用车和乘用车分别为410款和43款）进入节能与新能源汽车示范推广车型目录和国家机动车新产品公告。

2008年以来，我国混合动力汽车销量稳步增长，其中2012年是2011年的2.69倍，达到2万辆，2013年是2012年的1.5倍，达到3.2万辆，2014年达到3.7万辆。

与丰田普锐斯第三代（发动机排量1.8L）和本田思域混合动力车型（发动机排量1.5L）的油耗4.3L/100km和5.3L/100km相比，我国荣威750混合动力车型（发动机排量1.8L）7.5L/100km的油耗水平明显偏高。

（8）新能源汽车推广目标完成率低，存在技术、性能和使用环境等多方面瓶颈。 在能源和环境的巨大压力下，汽车产业发展清洁能源、替代能源的努力不断加速。近年来，随着动力电池技术的进步，包括纯电动、插电式和燃料电池汽车在内的新能源汽车技术从诸多节能与新能源汽车技术路线中脱颖而出，获得世界汽车产业的广泛认同。但是，未来新能源汽车技术进步及产业化的速度和范围在一定程度上存在不确定性,而阻碍新能源汽车商业化的瓶颈来自于与新能源汽车技术、性能和使用环境相关的诸多方面。

本报告述及:

各国新能源汽车发展目标的实现程度不尽如人意。截至2014年世界纯电动汽车和插电式混合动力汽车累计销售60万辆,相对于2020年2000万辆的总体目标,完成率仅为3%。截至2014年年底,我国新能源汽车累计产量为11.95万辆,相对于2020年500万辆的累计产销目标,完成率仅为2.4%。2014年我国新能源汽车市场份额仅为0.3%。

截至2014年年底,我国进入国家机动车新产品公告的新能源汽车产品1 253款,其中纯电动汽车872款,占比69.59%。截至2014年9月,全国各示范城市累计推广新能源汽车4.64万辆;截至2014年4月,全国39个示范推广城市(群)已建成524座充(换)电站,2万多个充电桩;截至2014年年底,累计生产新能源汽车11.95万辆。

我国插电式混合动力汽车产品性能达到国际主流水平;高性能纯电动汽车技术与国外相比差距明显;燃料电池汽车技术与国际先进水平差距拉大。

在动力电池方面,磷酸铁锂电池占目前装车容量的95%以上,其他类型电池(钛酸锂、锰酸锂、三元锂离子、聚合物锂离子、超级电容等)占比不足5%。百余家锂电池生产企业产能利用率很低,最高的2家产能利用率仅在10%左右。与世界先进水平相比,我国动力电池综合性能水平落后,仅生产成本略占优势(图1-5)。

图1-5 我国动力电池综合水平落后,仅生产成本略占优势

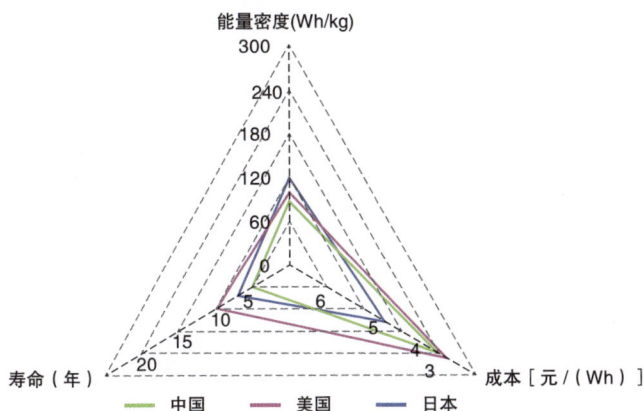

在驱动电机方面，永磁同步电机为主流电机类型，占新能源汽车装车总量的60%以上，其次是交流异步电机，占38%。目前国内车用电机系统在功率等级、功率密度和效率等方面，均已达到或接近世界先进水平。

（9）汽车轻量化沿设计、材料和制造3个技术方向展开，但轻量化水平明显落后。汽车轻量化不是简单的材料替代，而是在满足车辆安全性、动力性、经济性和各种功能要求，并考虑成本因素条件下，通过先进汽车设计技术、先进材料技术、先进制造技术的综合集成应用，使汽车实现减重的过程。汽车轻量化是一个涉及技术、经济、安全、环境等诸多方面的复杂系统工程，需要不同技术领域诸多关键技术的支撑，其中包括材料技术、车辆优化设计和检测技术、先进制造技术、材料回收与再利用技术、零部件维修技术等。目前，汽车轻量化技术的3大研究领域为轻量化设计技术、轻量化材料技术和轻量化制造技术（图1-6）。

本报告述及：

在汽车轻量化设计方面，已成功开发了车身参数化轻量化设计技术。在满足汽车安全性要求前提下，可使白车身减重10%左右。该技术正在部分自主品牌车型中获得推广应用。

在汽车轻量化材料方面，高强度钢、铝合金、镁合金、非金属材料等在汽车上的应用越来越受到重视。在自主品牌乘用车上，白车身高强度钢用量已达50%以上；铝合金平均用量在100kg以下，低于欧美140~160kg的水平；镁合金平均用量在1.5kg以下，低于欧美6~26kg的水平；非金属材料应用快速发展，有的车型非金属材料用量达到200kg，占整车质量的16%。

图1-6　汽车轻量化包含设计、材料和制造技术3个方面，而非简单的材料替代

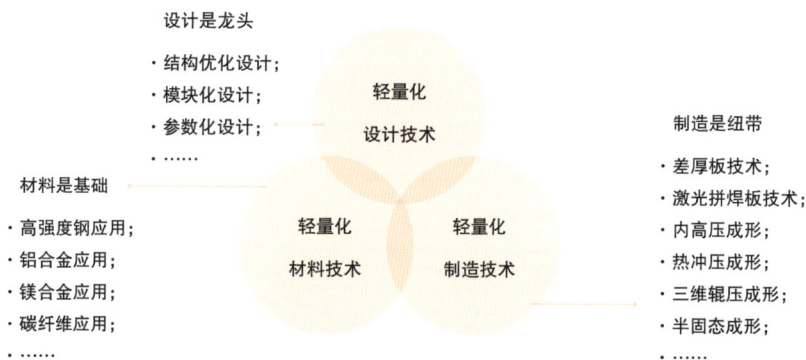

设计是龙头
- 结构优化设计；
- 模块化设计；
- 参数化设计；
- ……

轻量化设计技术

制造是纽带
- 差厚板技术；
- 激光拼焊板技术；
- 内高压成形；
- 热冲压成形；
- 三维辊压成形；
- 半固态成形；
- ……

材料是基础
- 高强度钢应用；
- 铝合金应用；
- 镁合金应用；
- 碳纤维应用；
- ……

轻量化材料技术　　轻量化制造技术

　　在汽车轻量化制造技术方面，在采用先进轻量化材料的同时，先进制造技术随之同步发展。目前，适于不同材料的热冲压成形技术、液压成形技术、辊压成形技术、激光拼焊技术、变截面轧制技术等均已应用在我国汽车零部件制造中。

　　就汽车轻量化水平而言，目前我国自主品牌汽车以质量比功率衡量的乘用车轻量化水平、以载质量利用系数衡量的中型自卸车、重型载货车轻量化水平和以挂牵比衡量的牵引车轻量化水平均落后于国外品牌。

　　（10）车联网产业正在蓬勃兴起，技术概念和关键技术体系架构初步建立，产品应用快速起步。 车联网的重要意义毋庸置疑，它是移动互联网的重要应用领域，汽车将成为新的移动互联网终端；它是两化融合的最佳结合点，不仅能使汽车获得安全、节能、环保一体化解决方案，而且将带来汽车设计与制造方式的重大变革；它是电动汽车的重要支撑，并将与电动汽车一起带来出行模式和交通模式的重大变革；它是物联网在智能交通领域的典型应用，将推动汽车与社会的和谐发展。

　　本报告述及：

　　车联网是以车内网、车际网和车载移动互联网为基础，按照约定的通信协议和数据交互标准，在车-X（X：车、路、行人及互联网等）之间，能够进行无线通信和信息交换的大系统网络，能够实现智能交通管理、智能动态信息服务和车辆智能化控制的一体化网络。

　　车联网的三大应用领域（汽车、交通、金融保险）和四大共性关键技术（体系架构、通信与网络、智能终端和车联网平台）构成了"三纵四横"的车联网关键技术体系架构（图1-7）。"三纵四横"的12个节点是车联网产业发展的十二大技术领域或技术方向。车联网标准与规范体系初步建立，包括基础标准、车联网终端标准、车联网通信标准、车联网平台标准、服务应用标准、测试规范、信息安全认证等。

　　在车联网产品和应用上，目前已推出各具特色的车联网系统，并开始在乘用车和商用车上大量应用。我国自主品牌车联网起步较晚，但发展迅速，在短短两三年内已陆续推出自己的车联网系统和服务。

　　车联网的发展将带来自动驾驶技术的发展，将使自动驾驶技术逐步从目前的部分自动驾驶（具有多项自动驾驶功能），发展到高度自动驾驶（在特定条件下的自动驾驶），再到完全自动驾驶（全工况无人驾驶）。

图1-7　车联网"三纵四横"关键技术体系架构

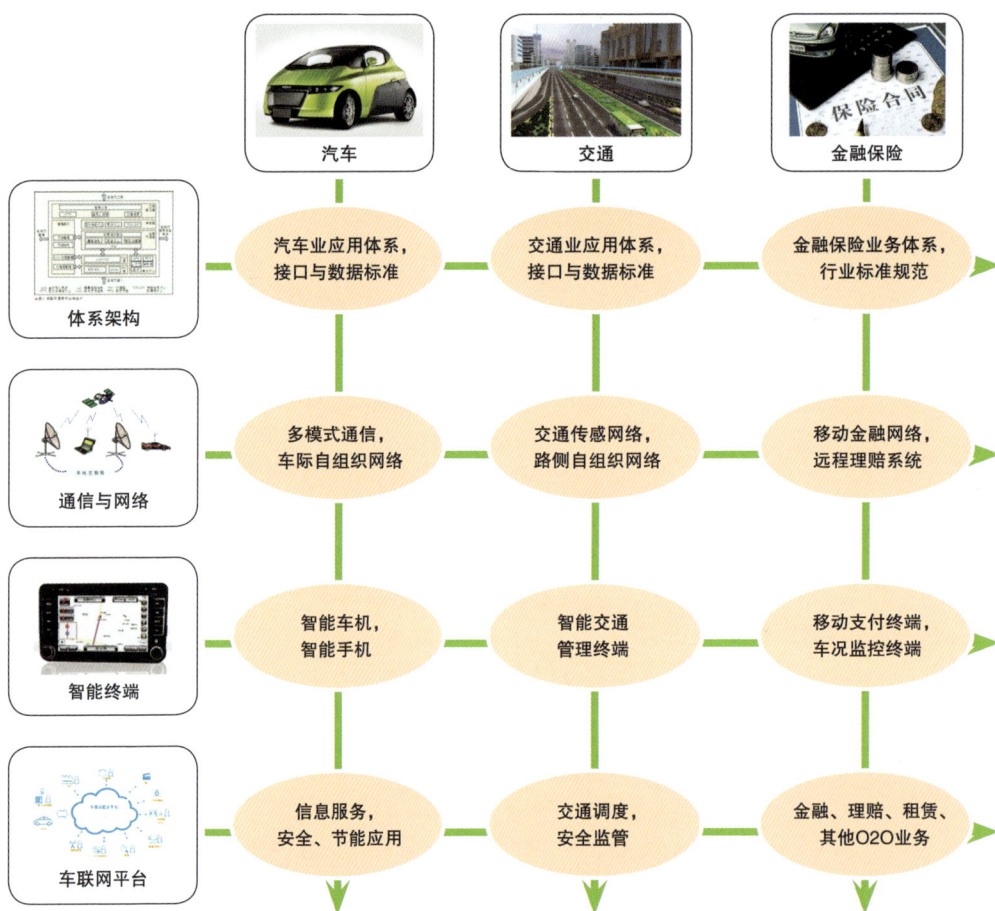

技术趋势：科技成果和技术专利聚焦重点领域，反映产业技术发展趋势

随着我国快速发展成为世界最大的汽车生产国和最大的汽车市场，我国汽车产业正从以规模扩张为主要特点的市场拉动型发展，向着以通过自主创新和技术进步提升产业竞争力为战略目标的创新推动型发展转型，呈现出技术进步加速发展的新格局。近年来，汽车科技成果数量及其相应的各类专利数量大幅增加，尤其在一些重点技术领域增速更快，这在一定程度上反映了产业技术发展的未来趋势。

本报告述及：

　　2009—2013年，全国汽车领域科技成果登记总量增长超过50%，其中应用技术类成果占98%左右，而来自企业的新产品和新技术成果占到全部应用技术类成果的68%。

　　汽车类科技成果完成人呈现年轻化、高学历、高职称趋势。44岁以下的科技人员占科技成果完成人员总数的近80%；硕士、博士研究生学历人员占21%；具有正高级、副高级技术职称人员占27.8%。

　　2006—2013年，我国汽车行业公开专利数量增长到4.86倍，年均增长25%。在发动机、底盘、车身和汽车电气四大领域中，发动机专利年均增长26%，底盘专利年均增长26%，汽车车身专利年均增长24%，汽车电气专利年均增长26%。其中，国内申请人申请专利数量占比从2006年的64%增长为2013年的85%。

　　在新能源汽车相关专利方面，我国申请人申请的专利数量从2001年的493件增长到2011年的7 677件，增长为原来的15.6倍，年均增长32%。

　　在插电式混合动力、纯电动、燃料电池汽车领域，我国申请人申请的专利数量所占比例分别为63%、91%和42%；在动力电池、驱动电机、整车控制领域，我国申请人申请的专利数量所占比例分别为77%、76%和80%。

展望：将技术标准作为引领产业技术发展方向和促进产业技术进步的战略手段

　　在政府管理职能转变和管理方式逐步从事前监管向事中和事后监管转变的背景下，技术标准对产业发展的战略意义更加凸显。对政府而言，技术标准是政府对产业进行规制、引导的重要政策手段；是在扶持产业发展的同时，消除负外部性影响（环境污染、交通安全、能源消耗），使产业朝着可持续方向发展的重要技术政策；是国家核心竞争力的重要因素。对产业而言，在全球化市场条件下，产业对国际技术标准的参与度及对国际技术标准的影响力在很大程度上是一个产业技术创新能力的体现；产业优势与标准优势、产业主导权与标准主导权是相辅相成的；一个产业大国如果没有形成自己独具特色的技术标准体系，就意味着产业强国的地位远未确立。对于企业而言，技术标准是企业的核心竞争力之一；体现企业知识产权的技术标准意味着企业对市场具有某种主导权；技术标准既是企业技术进步的成果，又是推动企业技术进步的重要因素。

有鉴于此，积极推动包括国标、行标、地标、企标及团体标准在内的技术标准体系建设，积极参与并影响国际标准活动，利用我国巨大的市场空间，以适度先进的技术标准为引领，对我国汽车产业技术进步和迅速提升国际竞争力具有非常重大的意义。

本报告述及：

与世界汽车工业发达国家或地区的汽车标准法规相比，我国汽车标准总体上处于跟踪和转化状态，技术水平相对落后。主要表现在基础标准不全，传统汽车车辆结构、参数、性能和试验方法等方面标准尚存空白，新技术向相关标准的转化不够及时等几个方面。

截至2013年2月已批准发布的汽车（含摩托车）强制性标准共114项，其中主动安全相关标准34项，被动安全相关标准29项，一般安全相关标准28项，环保和节能相关标准23项，安全标准占比近80%。

在产业技术能力专家问卷调查中，"国际标准活动参与能力和水平"，相对于我国2001年的得分，为143分（设我国2001年的水平为100），表示有所进步；相对于当前世界先进水平的得分，为64分（设当前世界先进水平为100），表示差距很大。

中国汽车工程学会技术规范工作始于2006年。目前，中国汽车工程学会被列入国家标准委员会团体标准试点。截至2014年，中国汽车工程学会发布或在研技术规范体系项目10项，单项技术规范项目63项。

2 技术能力评价

关于汽车产业技术能力评价方法的研究

一、汽车产业技术能力及其评价

1. 问题的提出

改革开放以来，特别是加入WTO以来，中国汽车产业持续快速发展，取得了令人瞩目的巨大成就。20世纪90年代，我们用十年时间使汽车产量增加了100多万辆，到2000年，汽车产量突破了200万辆，随后在2002—2008年，以每年增长100万辆的速度达到900多万辆，金融危机后的2009年，又超高速增长至千万辆级水平，达到1 300多万辆，2013年再次跨上新台阶，进入两千万辆级水平，达到2 200多万辆，2014年为2 372万辆。我国汽车市场规模在2003年、2006年和2009年分别超过德国、日本和美国，如今已连续六年位列世界第一，在世界汽车销量中的占比已达1/4。与此同时，中国汽车产业在生产能力建设、配套体系发展、研发能力和生产管理水平提升、自主品牌培育等方面，都取得了长足进步。至此，中国汽车产业实现了从小到大的转变，并将长期保持最大的汽车生产国和消费国地位。

中国汽车产业的下一个目标应该是，再经过十年左右时间，实现由大到强的转变，基本建成世界汽车产业强国。何谓汽车产业强国？工信部部长苗圩曾经指出，汽车产业强国的标志有以下3点：一是具有国际竞争力的企业和品牌；二是在国际汽车市场中，占有一定的、与汽车大国地位相称的份额；三是具有掌握核心技术和新技术趋势的能力。

从这三大标志来看，我们认为，强的实质就是强的竞争力，指在全球市场上总的竞争力，而竞争力的实质则是在能力的建设、提高和运用上与对手竞争时的相对表现。由于能力是由人、技术、组织和文化等构成的系统，因此可以说，技术能力是企业能力的重要方面，是竞争力的基础，是确立国际竞争优势的源泉。

多年来，虽然我国汽车产业形成了比较完整的整车和零部件生产及配套体系，产品技术水平明显提升，但是，技术能力薄弱、汽车产品关键核心技术欠缺仍是我国汽车企业特别是自主品牌汽车企业的软肋。长期以来，这一问题不断被行业内外所诟病，在汽车强国战略提上议事日程的今天，更是受到各方面的极大关注。

在这一背景下，我们提出了汽车产业技术能力评价问题。我们试图对汽车企业及产业技术能力的内涵、影响因素、评价指标体系和评价方法等进行初步研究，并期望研究结论能够对业界开展有关问题的进一步研究具有参考作用。

2. 关于企业技术能力的定义

1）技术能力的定义与分类

从国内外对企业技术能力的研究成果看，企业技术能力是在研究企业成长过程特别是发展中国家企业技术追赶过程时逐步形成的概念。近年来，发达国家的技术管理学者或战略管理学者也开始关注企业技术能力研究，例如关注发达国家中以技术作为核心能力的企业的整体竞争力问题等。

纵观企业技术能力的定义，已有的研究主要分为三大学派[①]：结构学派、资源学派和过程学派。

结构学派将企业技术能力分解为生产能力、投资能力和创新能力三要素，并认为企业的技术能力包括以下结构性要素：寻找可靠的可选择技术，并确定最合适的引进技术的能力；对引进技术实现从投入到产出的转换能力；使引进适应当地生产条件的能力；实现局部创新的能力；开发适应当地的R&D设备的能力；制订基础研究计划并进一步提高改进技术的能力等。这一学派对技术能力的定义如：企业技术能力，"是一种独立做出技术选择，采用、改用已选择的技术和产品，并最终内生地创造新技术的能力"；"指企业有能力在致力于消化、使用、适应和改变现有技术方面有效地使用技术知识，并能够促使人们在变化着的经济环境中创造新技术、开发新产品和新工艺"。

资源学派认为生产能力和技术能力是两种不同的资源存量。生产

---

① 《企业技术能力发展论》，安同良，人民出版社。

能力是指在效率和投资组合一定的条件下生产产品的资源，包括设备（体现技术的资本）、劳动技能（操作）、管理技巧和经验、产品与投入品的技术要求、组织体系等。技术能力是一种产生和管理技术变化所需的资源，这一资源包括引进的外国技术、在教育培训和研究上的投资、激励创新和模仿的经济手段、鼓励公司重视技术积累的制度与政策等。其中，技术变化指使新技术转化为生产能力的各种方式。在这里，技术能力表现为一种无形的资源，且与生产能力相对分离。这一学派对技术能力的定义如：企业技术能力"是企业采用、吸收国外技术并且应用这些新技术致力于与其他生产、管理资源相融合的能力"。

过程学派将企业技术能力看作是从技术选择、使用、改进到创新的行为流程。其中包括"技术从依附到自立的五阶段"理论（掌握操作技术阶段；对引进机器设备的维护保养阶段；修理和一系列小改进阶段；设计及规划阶段；国产化阶段）、后进国家企业技术能力的"三阶段模式"（获得、消化吸收和改进）、从技术转移到技术开发的"两阶段模式"等。

2）本研究对技术能力的定义

从以上论述看，技术能力是一个直观含义明显但又难以准确定义的概念，国内外许多专家学者从不同角度进行了分析，但并未形成成熟一致的看法。我们在综合借鉴这些专家学者的研究基础上，结合我国汽车工业实际及本研究需要，对技术能力提出如下定义："企业技术能力是指企业利用各类资源、技术手段和技术过程实现技术目标的系统性能力；产业技术能力则表现为企业技术能力的叠加和整合。"

由上述定义可见，本研究提出的技术能力定义有如下要点：

（1）技术能力是过程能力，是通过一定的过程得以实现的。如果将企业看作一个系统，企业技术能力则是该系统将投入转化为产出的过程。根据定义，各类资源是对系统的投入，得以实现的技术目标是系统的产出，技术手段和技术过程则是使技术能力得以实现的过程要素。

（2）技术能力是系统性能力，是诸多因素共同作用的结果。对于企业这一系统来说，企业技术能力又是其中一个极其复杂的子系统。一个系统的边界可以将空间分为系统内和系统外两部分，显然其外部因素和内部因素均会对企业的技术能力产生影响。这里我们强调技术能力的系统性，主要指两方面：一是相对于外部因素，我们重点关注企业内部因素的作用；二是强调企业的内部过程（包括企业的内部组织及

汽车企业和产业技术能力：

企业技术能力是指企业利用各类资源、技术手段和技术过程实现技术目标的系统性能力；产业技术能力则表现为企业技术能力的叠加和整合。

结构设计等）及其运行机制的极其复杂性，因而重点关注技术能力是企业内部各种影响因素共同作用、协同作用的结果。

（3）技术能力体现为要素能力。我们可以从对资源、技术手段、技术过程和技术目标四大要素的研究入手来研究技术能力。

（4）技术能力既包括静态的能力，也包括改善的能力或进化的能力。我们在研究过程中，既关注技术能力的状态或现实表现，也关注技术能力进一步发展提高的潜力。

（5）对技术能力的研究可分为企业和产业两个层面。既然产业技术能力是企业技术能力的叠加和整合，那么我们在研究方法上力图既关注产业也关注企业。我们本次研究的对象是我国整体的汽车产业，但所使用的方法同样适用于对企业技术能力的研究。

3. 对汽车产业技术能力评价的研究方法

汽车产业技术能力评价就是要通过一定的理论和方法，对汽车产业技术能力的状况（包括现实状态和发展潜力）做出评估。在研究方法选用上，我们采用了主观评价和客观评价相结合，定性评价和定量评价相结合的思路。

在客观评价或定量评价方面，我们试图建立一个全面、综合、量化实用的评价指标体系。由于企业的技术能力是一个非常复杂的系统，是内生于企业和企业的结构之中的，因此我们利用了"黑箱"理论概念（详见P21）。采用黑箱理论对企业或产业技术能力进行定量分析时，我们首先对影响企业或产业技术能力的因素进行全面分析，再从系统的投入和产出两个角度按照一定的原则选取适宜的评价指标，并选择适宜的统计学分析方法进行定量分析计算。但是由于存在认识问题和技术问题，我们不可能一次性地得到一个十分完美的评价指标体系，而只能在数据资源和技术条件允许的前提下，尽力为之。

除了利用黑箱理论，从易于观察的投入、产出两方面对技术能力进行定量分析外，我们还采用专家调查法，对那些对企业或产业技术能力有重要影响但却不可量化的方面进行主观、定性的分析评价。这里的主观评价和上面的客观评价，在内容上互补，在评价结果上也可相互对照或印证。

此外，我们采用了相对评价概念。由于技术能力的绝对水平很难衡

技术能力
定义要点：
过程能力；系统性能力；要素能力；静态能力；改善能力；进化能力；企业技术能力和产业技术能力。

汽车产业
技术能力评价：
在建立定量评价指标体系进行定量评价的同时，还采用专家调查法进行定性评价，而且还采用了相对评价概念。

量，在分析时我们采用了相对的概念。这种相对评价主要体现在：一是与自身相比技术能力水平的变化情况；二是与世界先进水平相比的变化情况。通过这样的分析，我们试图说明我国汽车产业技术能力的明显进步，以及与世界先进水平的巨大差距。

二、汽车产业技术能力定量评价体系框架

1. 企业技术能力的影响因素分析

企业技术能力
发展过程：
受到内外部多种
因素的共同作用
和相互作用。

综合各方面研究来看，我们认为中国汽车企业技术能力的发展是一个渐进演化的过程，这个过程受到企业内外部多种因素的共同作用和相互作用。

主要的内部影响因素涉及企业组织管理、资源投入、企业文化和企业家行为等方面。企业组织管理主要指企业内部的制度安排和经营管理。企业不是天生存在的，企业内部的组织管理制度也不是一成不变的，企业在发展过程中随着产权制度、生产体系、营销和管理制度的发展变化，特别是创新机制的建立和发展，逐渐形成了独特的、复杂的行为主体，不同企业的不同特点和不同复杂程度直接影响着企业进行技术学习的方式和技巧。资源投入是企业技术能力发展的基本条件。人力资源、资金资源、设备资源等都是支持企业技术发展和技术能力提升的直接推动力，企业资源投入的多寡在现行技术发展条件下，与技术能力成正比，更是产生跨越式创新和技术能力跃升的根本保障。企业文化从根本上说就是企业的价值观。企业文化影响企业对技术发展的准则和态度，倡导标新立异的价值观，更有利于企业的技术创新和资源的高效率配置，有利于企业提高绩效。企业家行为对企业技术能力的发展至关重要。如果企业经营者目光远大，能够敏锐洞悉技术发展变化的未来趋势，将其与企业技术能力提升的内在要求相联系，并有效调动所需资源，企业技术能力的发展必将水到渠成。反之，企业可能固化在技术能力发展的低级阶段。

主要的外部影响因素涉及经济环境、政策环境、市场结构等方面。经济环境指企业所处的宏观经济环境。企业技术能力的发展受到制度环境的强烈制约，在短缺经济条件下无须产品创新和技术能力提升，但在经济全球化、市场化条件下，固化在技术能力低级阶段的企业，

就会受到市场竞争的淘汰。政策环境主要指政府关于建立健康市场竞争机制的政策、有利于企业技术能力提升的财税政策、鼓励企业创新的政策及推动企业技术进步的标准法规等。市场结构指生产者之间的竞争与垄断的状况，当企业间竞争程度强化时，企业会明显感到来自竞争对手产品与工艺创新的巨大压力，而当企业处于竞争的垄断地位时，技术能力升级的动力可能会不足，因此竞争激烈的市场状况会对企业技术能力的发展起到牵引作用。

2. 定量评价指标体系建立原则

既然企业或产业的技术能力是一个十分复杂的系统，受到来自企业内外相互交错的多方面多种因素的共同作用和相互作用，还是一个直观含义明显但又难以准确定义的概念，那么如何对其进行测度或评价就显得非常重要。前已述及，本项研究采用了主观评价和客观评价相结合，定性评价和定量评价相结合的分析方法，其中探讨对企业或产业技术能力进行定量评价的方法是本项研究的一个重要内容。

1）3个基本假设

就定量评价而言，我们首先基于以下3个基本假设：

（1）企业或产业的技术能力为一个"黑箱"。 如果一个系统，其内部结构比较复杂，不易或不能从外部直接观察或不能清楚分解，就可以看成是一个黑箱。黑箱理论是指从系统的观点出发，通过易于识别的投入和产出两个方面，来分析认识复杂事物本身的一种分析方法，是分析认识复杂事物的重要途径。从理论上看，企业的技术能力是一个黑箱，因为它是一个受到内外部诸多方面因素相互作用和共同作用的非常复杂的系统。根据黑箱理论，我们就可以通过投入和产出两个方面的状况来反映或认识汽车企业或产业的技术能力状况，从而省去对技术能力形成和发展细节的关注。

（2）企业或产业的技术能力与资源投入、产出绩效呈正相关。 从直观上来讲，能力是企业能够可靠地达到或者超过一定目标的程度。与此相对应，如前文所述，我们把企业的技术能力定义为"实现技术目标的能力"。由此我们可以认为，企业的技术能力与企业实现技术目标的绩效是呈正相关的，实现技术目标的绩效好，则技术能力强，反之亦然。此外，人、财、物等资源投入不仅是企业建立和提升技术能力的

定量评价的
3个假设：
企业或产业的技术能力为一个"黑箱"；企业或产业的技术能力与资源投入、产出绩效呈正相关；产业技术能力是企业技术能力的叠加和整合。

必要条件，而且能够反映企业技术能力的强弱。以研发投入为例，越是技术能力强、在技术发展上越是位于世界前列的企业，越需要对前瞻性、开拓性的技术研发进行大力度的投入，从而保持其全球竞争优势及持续位于产业链高端，而且也只有这样的企业，才有实力进行大力度的研发投入。反之，在极端情况下，仅满足于跟随型发展的企业也许没有很大的研发投入需求，而且即使拿出大笔的研发经费，也未必能派上用场、派好用场。因此，企业的资源投入情况和产出绩效情况可以用来反映企业技术能力的状况。

（3）产业技术能力是企业技术能力的叠加和整合。正如前述我们对技术能力的定义，我们认为产业技术能力是企业技术能力的叠加和整合。我们本次研究的对象是我国汽车产业，但所使用的研究方法也应适用于对企业技术能力的研究。

2）评价指标体系框架的3个层次

对于定量评价的指标体系框架，我们拟包含综合指标、评价要素和评价指标3个层次。

（1）综合指标。构建一个用以反映汽车产业技术能力状况的概括性指标，我们称其"汽车产业技术能力指数"。

（2）评价要素。根据前述"汽车产业技术能力"为"黑箱"的假设，我们将汽车产业技术能力看作一个系统，从系统的投入和产出两个方面来对汽车产业的技术能力进行评价；再根据汽车产业技术能力与资源投入、产出绩效呈正相关的假设，我们将该系统的投入和产出归为三大类，作为定量评价指标体系的三方面评价要素。

第一类是资源投入类，即汽车产业为技术能力提升所进行的人、财、物等方面的资源投入，主要指汽车产业在技术研发方面投入的人、财、物资源。如前所述，资源投入不仅是企业技术能力的基础，其投入强度的大小还是企业技术能力强弱的反映。

第二类和第三类分别是数量产出绩效和质量产出绩效。系统的产出涉及数量产出和质量产出两方面，即产出的数量大小和产出的质量高低。当然，产业规模（如产销量、出口量等）和产品质量（如品牌价值、产品性能等）并非相互独立，而是具有紧密的内在联系，质量提升有助于规模的扩大，规模的扩大又有助于企业以更大的力度提升质量。因此，数量产出绩效和质量产出绩效是评价汽车产业技术能力的两个相互关联的重要方面。

定量评价指标体系框架的3个层次：

综合指标；评价要素；评价指标。

（3）**评价指标**。评价指标是指反映和表征上述三方面要素指标的具体指标。为了实现对汽车产业技术能力进行概括性、定量评价的目的，我们对评价指标的选取按照如下原则进行：

☆ **代表性原则**。要在那些能够客观、真实地从某一侧面反映汽车产业技术能力状况的评价指标中，提炼出数量不多但涵盖力强的具有代表性的评价指标，使其能够比较准确地表征汽车产业技术能力的状况。

☆ **重要性原则**。指所选指标与同类的其他指标相比，更为重要，对汽车产业技术能力的影响权重较大。

☆ **可连续获得性原则**。选取指标时要充分考虑数据的可获得性。力争利用现有的统计资料或公开出版物，这样可保证数据的可连续获得性，并可提高指标体系运用的可行性和权威性。

☆ **可量化原则**。指所选指标意义清楚、定义明确，具有稳定可靠的数据来源，易于进行量化处理。

☆ **系统性原则**。所选指标所形成的指标体系应尽量完备，力争能较全面地反映汽车产业技术能力状况。

3）评价模型（图2-1）

图2-1　汽车产业技术能力定量评价模型

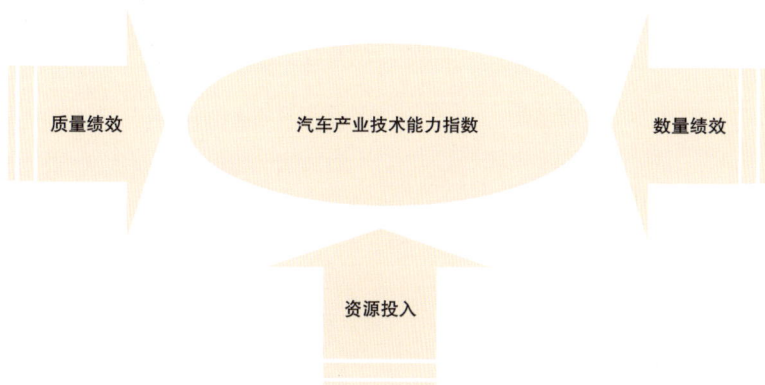

定量评价指标选取原则：代表性、重要性、可连续获得性、可量化、系统性。

由上所述，我们拟从表征汽车产业技术能力状况的投入和产出两个方面来对汽车产业技术能力进行定量评价，所构建的定量评价体系架构包括综合指标（汽车产业技术能力指数）、评价要素（资源投入、数量产出绩效、质量产出绩效）和评价指标（反映和表征评价要素的具体指标）3个层次，它们之间的逻辑关系可以表示为图2-1所示的评价模型。

3. 评价指标选取

评价指标选取：
首先提出 27 项
备选指标。

对于评价指标的选取，我们首先提出若干项备选指标，这些指标分别隶属于资源投入、数量产出绩效和质量产出绩效3个评价要素，再通过问卷调查方式，并综合考虑前述评价指标的选取原则，最终选定用于对汽车产业技术能力进行定量评价的评价指标。

我们提出的备选指标见表2-1。

表2-1　备选的评价指标列表

要素指标	备选评价指标	评价指标含义
资源投入	研发投入强度	研发投入占营业收入比例
	研发投入增长率	研发投入金额年增长率
	研发人员强度	研发人员占全部从业人员比例
	研发人员增长率	研发人员数量年增长率
	研发人员相对汽车产量强度	研发人员数量/汽车产量
	从业人员	汽车从业人员占制造业从业人员比例
数量产出绩效	资本生产率	汽车工业产值/汽车工业总资产
	产业地位	汽车工业增加值占全国GDP比例
	劳动生产率	汽车工业增加值/汽车工业从业人数
	全球产量占比	汽车产量占全球汽车产量比例
	产业增速	总产量增长率（或总产值增长率）
	新产品数量	每年推出新产品数量
	生产集中度	三厂集中度和十厂集中度
	出口销售率	汽车出口量占汽车总产量比例
	出口市场分布	出口欧、美、亚数量占出口总量的比例
质量产出绩效	质量情况	J.D.Power新车质量综合得分
	能耗情况	乘用车按产量加权的平均油耗

续表

要素指标	备选评价指标	评价指标含义
质量产出绩效	排放标准	排放标准限值情况
	专利总量	专利公开总量
	发明专利量	发明专利公开数量
	人均专利	专利公开总量/汽车产业研发人数
	人均发明专利	发明专利公开数量/汽车产业研发人数
	千辆专利	专利公开总量/汽车产量
	千辆发明专利	发明专利公开数量/汽车产量
	世界500强数量	进入世界500强排名的企业数量
	产业技术对外依存	自主品牌汽车在总销量中的占比
	自主品牌国际地位	自主品牌在世界各品牌排序中的位置

以上27项指标均能从某一侧面反映汽车产业技术能力的强弱。我们通过问卷调查方式，请行业内技术专家（来自于整车企业、零部件企业、研发机构、高校等）从上述备选指标中挑选出对于反映汽车产业技术能力强弱最为重要的10项指标，并予以排序。共发放问卷200份，回收问卷58份。根据专家意见，并考虑选取评价指标的代表性、重要性、可持续获得性、可量化等原则，我们最终选取了8项评价指标。这8项指标所代表的8个方面，基本上都是近年来我国汽车产业的热门话题，涵盖了我国汽车产业技术能力的主要问题。对汽车产业技术能力进行定量评价的指标体系框架见表2-2。

最终确定8项评价指标：研发投入强度；研发人员强度；产业地位；劳动生产率；出口销售率；质量情况；能耗情况；人均发明专利。

表2-2　汽车产业技术能力评价指标框架

综合指标	要素指标	评价指标	评价指标含义
汽车产业技术能力指数	资源投入	研发投入强度	研发投入占营业收入比例
		研发人员强度	研发人员占全部从业人员比例
	数量产出绩效	产业地位	汽车工业增加值占全国GDP比例
		劳动生产率	汽车工业增加值/汽车工业从业人数
		出口销售率	汽车出口量占汽车总产量比例
	质量产出绩效	质量情况	J. D. Power新车质量综合得分
		能耗情况	乘用车按产量加权的平均油耗
		人均发明专利	发明专利公开数量/汽车产业研发人员数量

三、基于评价指标的汽车产业技术能力单项评价和综合评价

1. 单项评价

上述选取的8项指标是对汽车产业技术能力评价具有代表性的、重要的评价指标，均能从不同侧面表征汽车产业技术能力状况。从这些单项指标看汽车产业技术能力状况的变化，是简明实用的技术能力评价方法。

我国2001年加入WTO以来，汽车产业经历了历史上发展最好、最快的时期，因此2001年是对我国汽车产业发展具有里程碑意义的一年。以下我们用单项指标对汽车产业技术能力状况的分析大多以2001年为起始年份。

1）研发投入强度

指标定义：研发投入金额与营业收入金额之比。

数据来源：相应年份的《中国汽车工业年鉴》。

研发投入强度是国际上通用的反映企业科技投入水平和在提高技术能力方面所做努力的核心指标，高水平的研发投入强度是提高创新能力的重要保障。一般认为，研发投入强度在5%以上称为高研发强度企业，在2%~5%称为中高研发强度企业，在1%~2%称为中低研发强度企业，不足1%的称为低研发强度企业。汽车产业属于高研发投入产业，以2013年为例，全球汽车产业研发投入总金额仅低于制药及生物技术和计算机设备两个行业，位列第三，研发投入金额排名世界前十的汽车企业的研发投入强度均在4%以上，博世更高达10.1%。大众汽车2013年的研发投入比上年增长23.4%，达到117亿欧元，位列世界各行业企业第一。[①]

从我国2001—2013年研发投入金额看（表2-3），研发投入金额的年均复合增长率为23.36%，高于营业收入的19.79%，技术研发日益受到重视。但从研发投入金额占营业收入金额之比即研发投入强度来看（图2-2），虽然呈现上升趋势，但行业总体水平较低，属于中低研发强度。

---

① 2014 EU Industrial R&D Investment Scoreboard.

表2-3　2001—2013年我国汽车产业研发投入情况

年份	研发投入（万元）	营业收入（亿元）	研发投入强度（研发投入/营业收入）(%)
2001	586 168	4 253.7	1.38
2002	861 886	5 947.7	1.45
2003	1 072 651	8 144.1	1.32
2004	1 295 175	9 134.3	1.42
2005	1 677 635	10 108.4	1.66
2006	2 448 680	13 818.9	1.77
2007	3 087 791	17 201.4	1.80
2008	3 887 149	18 767.0	2.07
2009	4 606 361	23 817.5	1.93
2010	4 987 948	30 762.9	1.62
2011	5 480 093	33 617.3	1.63
2012	5 913 021	36 373.1	1.63
2013	7 278 050	37 155.3	1.96

图2-2　2001—2013年我国汽车产业研发投入强度

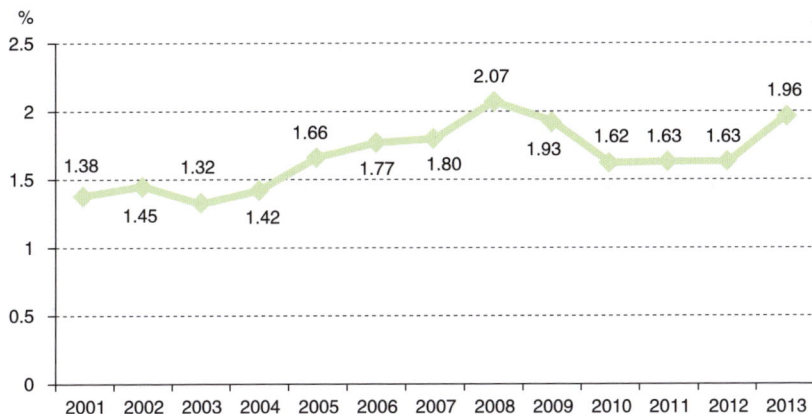

2）研发人员强度

指标定义：研发人员数与全部从业人员数之比。

数据来源：相应年份的《中国汽车工业年鉴》。

研发人员是研发资源投入的一项重要内容。2001—2013年我国汽车产业研发人员数量的年均复合增长率为15.86%，远高于全部从业人员的7.02%，研发人员强度大幅提高，从2001年的3%提高到2013年的近8%（表2-4、图2-3）；再结合上述的研发投入金额，研发人员人均占有的研发投入从2001年的13万元增大到2013年的28万元，体现了汽车产业研发活动不断增多增强。

表2-4 2001—2013年我国汽车产业研发人员情况

年份	研发人员数 （人）	全部从业人员数 （人）	研发人员强度 （研发人员数/全部从业人员数）(%)
2001	44 836	1 505 507	2.98
2002	53 074	1 570 540	3.38
2003	61 587	1 604 558	3.84
2004	71 061	1 693 126	4.19
2005	89 830	1 668 541	5.38
2006	91 282	1 855 096	4.92
2007	109 482	2 040 619	5.37
2008	124 118	2 094 159	5.93
2009	162 899	2 165 490	7.52
2010	169 336	2 202 733	7.69
2011	186 792	2 416 699	7.73
2012	201 549	2 507 618	8.04
2013	262 267	3 399 819	7.71

图2-3 2001—2013年我国汽车产业研发人员强度

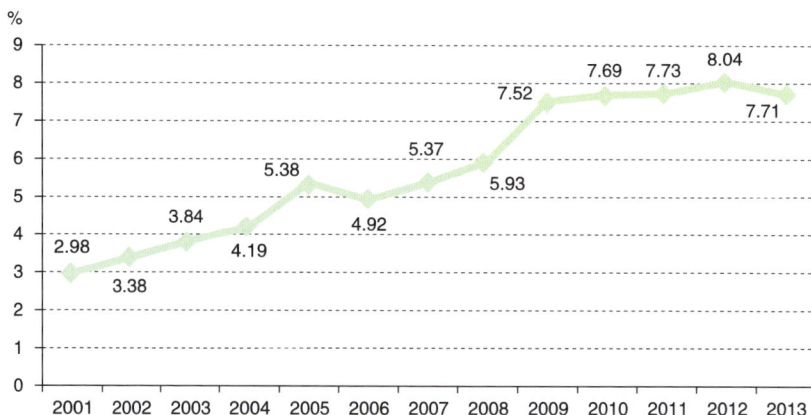

3）产业地位

指标定义：汽车工业增加值与全国GDP之比。

数据来源：相应年份的《中国汽车工业年鉴》。

"把汽车制造业作为重要的支柱产业"是1986年"七五"计划首次明确提出的。产出规模大和产业关联广是支柱产业的基本特征。经过5个五年计划的发展，我国汽车工业规模持续增长，汽车产量从1985年的44万辆增长到如今的2 000多万辆，汽车工业增加值从1985年的92亿元增长到2013年的8 606亿元；汽车工业增加值占全国GDP的比重稳步提升，从当初不足1%增长到2013年的1.66%（图2-4）。

产业地位：稳步提升，从"七五"时的不足1%增长到2013年的1.66%。

图2-4 2001—2013年我国汽车产业国民经济地位（汽车工业增加值/全国GDP）

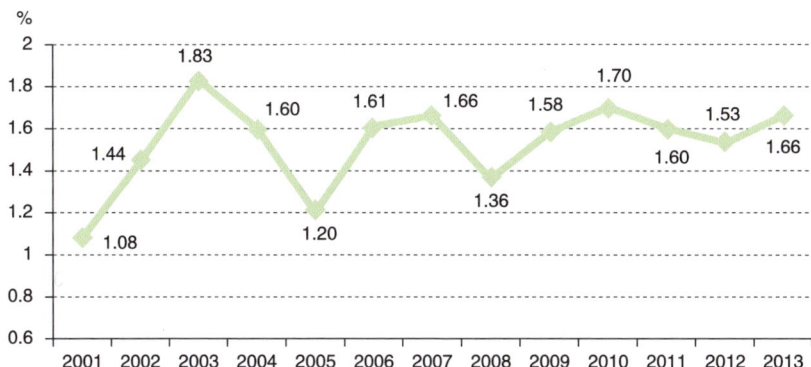

4）劳动生产率

指标定义：汽车工业增加值与汽车工业从业人数之比。

数据来源：相应年份的《中国汽车工业年鉴》。

生产率一般指资源（包括人力、物力、财力资源）利用的效率，按"人时产出量"计算的生产率就是劳动生产率。劳动生产率的高低既能够反映资本和劳动力投入的效率，也能够反映物化在这些投入中的新技术对产出的影响。根据经济学理论，在一定的生产条件下，产出价格是投入价格和技术水平的函数，因此将劳动生产率作为汽车产业技术能力的一项评价指标很有必要。

从我国汽车产业劳动生产率的变化情况看（图2-5），按2001年不变价计算的劳动生产率从2001年的6.93万元/（人年）提高到2013年的25.25万元/（人年），为2001年的3.64倍，年均复合增长率为11.38%，新技术采用和技术能力提升的贡献不言而喻。我们看到，在劳动生产率不断提升的总趋势下，个别年份出现降低或徘徊不前情况，如2004

劳动生产率：2013年为2001年的3.64倍，年均复合增长率为11.38%。

年、2008年及2010—2012年。

图2-5　2001—2013年我国汽车产业劳动生产率

万元／（人·年）

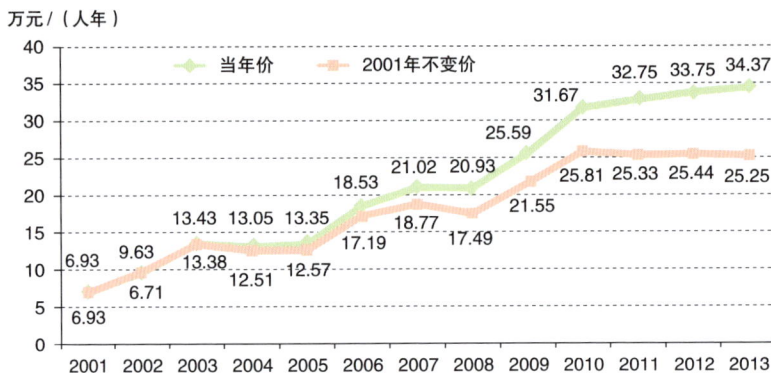

5）出口销售率

指标定义：汽车出口量与汽车总产量之比。

数据来源：相应年份的《中国汽车工业年鉴》。

在汽车产业全球化背景下，汽车产业的竞争力很重要地体现为其在全球市场上的总的竞争力，即国际竞争力。汽车出口占汽车总产量的比例是说明这一竞争力的最明显的指标，也是描述处于产业竞争力核心地位的产业技术能力的明显指标。从我国汽车整车出口情况看，历史最高水平的2008年也仅为7.29%，不仅远低于欧洲、美国、日本、韩国等汽车发达国家和地区50%～75%的水平，甚至低于巴西20%、印度13%的水平（表2-5、图2-6）。尽管我国汽车产业"走出去"初见成效，2012年出口量超过100万辆，但国际化发展的程度还很低，只能说是刚刚起步。

表2-5　2001—2013年我国汽车产量及出口量情况

年份	汽车总产量（辆）	汽车出口量（辆）	出口销售率 （汽车出口量/汽车总产量）（%）
2001	2 341 528	26 073	1.11
2002	3 253 655	21 960	0.67
2003	4 443 491	45 777	1.03
2004	5 070 452	75 999	1.49
2005	5 707 688	164 258	2.88
2006	7 279 726	343 379	4.72
2007	8 882 456	614 412	6.92

续表

年份	汽车总产量（辆）	汽车出口量（辆）	出口销售率 （汽车出口量/汽车总产量）(%)
2008	9 345 101	681 008	7.29
2009	13 790 994	370 030	2.68
2010	18 264 667	566 653	3.10
2011	18 418 876	849 808	4.61
2012	19 271 808	1 015 729	5.27
2013	22 116 825	948 549	4.29

图2-6 2001—2013年我国汽车出口销售率（出口量/总产量）

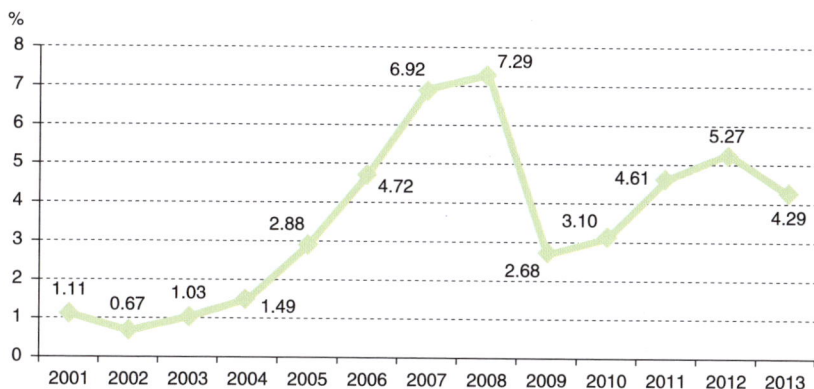

6）质量情况

指标定义：J. D. Power新车质量综合得分。

数据来源：J. D. Power亚太公司历年《中国新车质量研究SM（IQS）报告》。

质量是设计和制造出来的，汽车产品的质量水平反映了汽车企业的设计能力和制造能力，因而是汽车产业技术能力直观的外在表征。我们使用了J. D. Power亚太公司历年《中国新车质量研究SM（IQS）报告》的数据。

J. D. Power的新车质量研究基于"用户之声"，衡量新车车主在购车后的2～6个月内遇到的质量问题。新车质量的综合得分以每百辆车的问题数（PP100）来衡量，分值越低表明问题发生率越低，质量越高。新车质量研究把新车车主可能遭遇的质量问题分为8个大类：车身外观、驾车经历、配置/操控/仪表板、音响/娱乐设备/导航系统、座椅、

质量情况：行业平均综合得分从2000年的514降到2013年的119。

空调系统、车身内装、发动机/变速系统。在这些大类之下，共包含300多个具体的细节问题（如风噪声大、刹车震动、空调不制冷等）。

从我国历年新车质量综合得分情况看（图2-7），十几年来，我国汽车产品质量大幅提升，行业平均综合得分从2000年的514降到2013年的119。其中，自主品牌汽车的综合得分从2000年的834降到2013年的155，与我国市场上国际品牌的差距从396减小到51，2013年的水平已相当于国际品牌2008—2009年的水平。

图2-7   2000—2013年我国新车质量综合得分情况

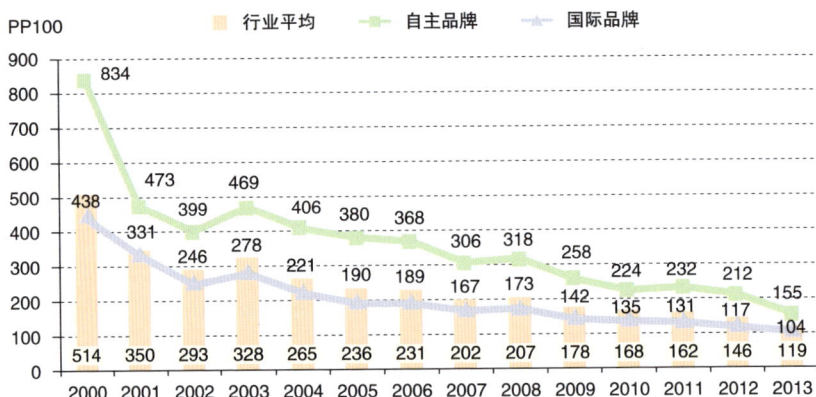

7）能耗情况

指标定义：乘用车按产量加权的平均油耗。

数据来源：《中国乘用车企业平均燃料消耗量报告》，工信部装备司；
            《中国汽车节能战略研究主报告》，UNIDO；
            《中国乘用车燃料消耗量发展年度报告》，iCET。

汽车的性能非常复杂，但从使用者的角度，节能、环保、安全和舒适是汽车产品的核心性能。通过技术进步推动汽车产品性能水平的提升，是汽车企业始终不渝的努力方向，汽车的能耗水平是汽车企业技术能力的重要标志之一。

我国分别从2005年和2008年开始实施乘用车燃料消耗量第一、二阶段限值标准，从2012年开始实施第三阶段限值标准。从我国乘用车按产量加权的平均油耗情况看（图2-8），十几年来，我国新生产乘用车的平均油耗持续降低，从2001年的9.34L/100km降低到2013年的7.23L/100km。如果考虑到在此期间平均排量和平均整备质量的增长，平均油耗的降低更说明了企业和产业的技术进步。

能耗情况：
从 2001 年 的
9.34L/100km 降
低 到 2013 年 的
7.23L/100km。

图2-8 2001—2013年我国乘用车按产量加权的平均油耗

L/100km

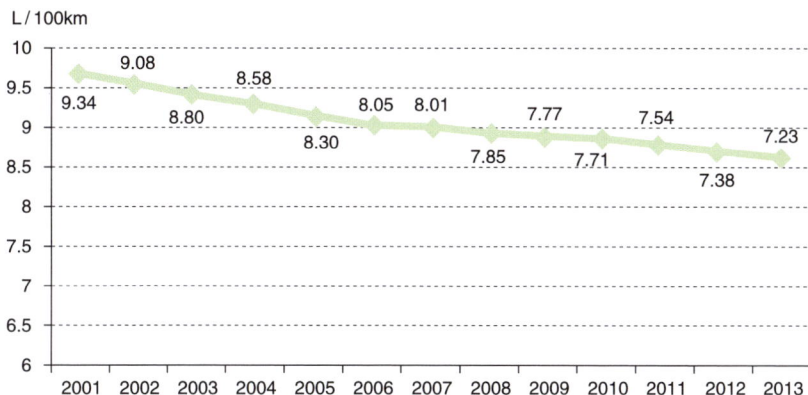

8）人均发明专利

指标定义：发明专利公开数量与汽车产业研发人员数量之比。

数据来源：国家专利局；《中国汽车工业年鉴》。

国内外有不少关于能力的研究是以专利作为原始数据进行测度的。因为专利数量特别是发明专利数量，往往能够反映技术创新活动的活跃程度和技术创新能力的强弱程度。国际上所讲的专利多为发明专利。

我国汽车产业发明专利公开数量从2001年的2 023件增长到2013年的31 161件，增长了14.4倍，年均复合增长率为25.59%（表2-6）。我国汽车产业发明专利的快速增长不是偶然的。我国是世界最大的汽车生产国和消费国，对外开放程度最高，市场竞争最激烈。在这一背景下，汽车企业的创新热情不断高涨，创新活动蓬勃发展。前已述及，这些年我国汽车产业研发投入金额年均增长23.36%，研发人员数量年均增长15.86%，研发资金投入和人员投入的不断加大，是产生大量发明创造的物质基础。从发明专利的人均占有数量来看（图2-9），每百名研发人员的发明专利量从2001年的4.51件增长到2013年的11.88件，增长到2.63倍，汽车产业技术创新成果数量增长迅速。

人均发明专利数：每百名研发人员的发明专利公开数量从2001年的4.51件增长到2013年的11.88件，增长到2.63倍。

表2-6 2001—2013年我国汽车产业发明专利公开数量及研发人员数量情况

年份	发明专利公开量（件）	研发人员数量（人）	人均发明专利（发明专利公开量/研发人员数量）（件/100人）
2001	2 023	44 836	4.51
2002	2 137	53 074	4.03

续表

年份	发明专利公开量（件）	研发人员数量（人）	人均发明专利（发明专利公开量/研发人员数量）（件/100人）
2003	2 729	61 587	4.43
2004	3 659	71 061	5.15
2005	6 503	89 830	7.24
2006	8 253	91 282	9.04
2007	8 978	109 482	8.20
2008	11 037	124 118	8.89
2009	13 555	162 899	8.32
2010	14 303	169 336	8.45
2011	18 758	186 792	10.04
2012	23 875	201 549	11.85
2013	31 161	262 267	11.88

图2-9　2001—2013年我国汽车产业研发人员人均发明专利数

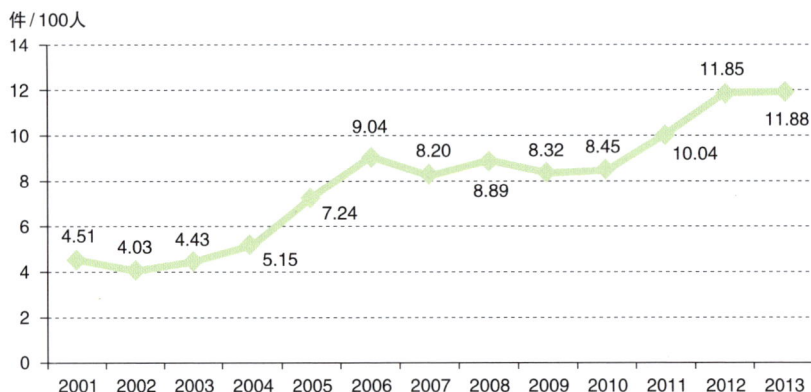

综合评价：构建一个综合性的量化指标——**汽车产业技术能力指数**，来显示和衡量上述8项指标对汽车产业技术能力的共同作用，从而能够使我们对我国汽车产业技术能力作出高度概括而又简单明了的判断。

2. 综合评价

1）基本思路和方法：主成分分析法

如前所述，为了对汽车产业技术能力进行定量评价，我们建立了包括综合指标、评价要素和评价指标3个层次的评价体系框架，并选取了研发投入强度、研发人员强度、产业地位、劳动生产率、出口销售率、质量情况、能耗情况和人均发明专利8项评价指标。我们还对这8

个单项指标2001—2013年的发展变化情况分别进行了评价，从不同侧面描述了我国汽车产业技术能力的状况。在此基础上，我们希望利用统计分析方法，构建一个综合性的量化指标——汽车产业技术能力指数，来显示和衡量上述8项指标对汽车产业技术能力的共同作用，从而能够使我们对我国汽车产业技术能力作出高度概括而又简单明了的判断。

我们选取的统计分析方法叫作"主成分分析法（principal components analysis）"。所谓"主成分分析法"，就是把多个指标转化为一个（或几个）综合指标的多元统计方法。转化生成的综合指标称为主成分，而主成分是原始变量（原始指标）的线性组合。在研究复杂问题时，通过这样的处理，就可以用一个（或几个）主成分来综合所有原始指标的信息，从而在保留尽可能多的原始指标信息的情况下，简化问题，抓住主要矛盾，提高分析效率。简而言之，主成分分析法就是用一个（或几个）主成分（为原始变量或指标的线性组合），来解释原始众多变量（指标）的绝大多数信息的一种多元统计方法，是一种将多元分析维度（众多变量或指标）降低为一元（或几元）分析维度的方法。

具体到我们对汽车产业技术能力的评价，我们就是要通过主成分分析法，找到一个能够综合所有上述8项指标信息的新的综合评价指标——汽车产业技术能力指数，该指数是所有8项指标的线性组合。通过这一新指标的分值，我们就可以对我国汽车产业的技术能力有一个概括的、简单明了的、量化的认识。

从理论上说，与很多多元统计分析方法不同，主成分分析法不要求数据来自于正态总体，而且适用于变量之间存在较强相关性的数据。显然，前述的8项指标数据不一定呈正态分布，而且其相互之间存在很大的相关性，如研发投入与数量产出绩效和质量产出绩效强相关，数量产出绩效与质量产出绩效强相关等。这也是我们选择主成分分析法的一个原因。

2）由原始评价指标数据求解主成分

由原始的评价指标数据求解主成分有两个步骤：一是对原始数据进行预处理；二是用R软件（或SPSS软件，本研究使用的是R软件）求解主成分表达式，即求出主成分表达式中各评价指标的主成分载荷或称权重系数。

（1）对原始数据进行预处理。由前述单项评价，我们将8项评价指标2001—2013年的数据集中列出（表2-7）。

表2-7　8项评价指标2001—2013年数据

年份	1 研发投入强度	2 研发人员强度	3 产业地位	4 劳动生产率①	5 出口销售率	6 质量情况②	7 能耗情况	8 人均发明专利
2001	1.38	2.98	1.08	6.93	1.11	3.50	9.34	4.51
2002	1.45	3.38	1.44	9.71	0.67	2.93	9.08	4.03
2003	1.32	3.84	1.83	13.38	1.03	3.28	8.80	4.43
2004	1.42	4.19	1.60	12.51	1.49	2.65	8.58	5.15
2005	1.66	5.38	1.20	12.57	2.88	2.36	8.30	7.24
2006	1.77	4.92	1.61	17.19	4.72	2.31	8.05	9.04
2007	1.80	5.37	1.66	18.77	6.92	2.02	8.01	8.20
2008	2.07	5.93	1.36	17.49	7.29	2.07	7.85	8.89
2009	1.93	7.52	1.58	21.55	2.68	1.78	7.77	8.32
2010	1.62	7.69	1.70	25.81	3.10	1.68	7.71	8.45
2011	1.63	7.73	1.60	25.33	4.61	1.62	7.54	10.04
2012	1.63	8.04	1.53	25.44	5.27	1.46	7.38	11.85
2013	1.96	7.71	1.66	25.25	4.29	1.19	7.23	11.88

① 劳动生产率为按2001年价格的不变价
② 质量情况单位为每车缺陷数，其余数据单位与前同

　　在上述8个指标中，质量情况和能耗情况为逆向指标，即数值越小越好，其余指标为正向指标，即数值越大越好。为了后续数据处理需要，将所有指标调整为正向指标。考虑到主成分分析是建立在变差基础上的，我们以质量情况和能耗情况的2001年数据为基准，将其他年份相对于2001年的提高幅度（即降低程度）作为指标的观察值，从而保证该变换后变量的变差程度不变。变换后的数据见表2-8。

表2-8　变换后的8项评价指标2001—2013年数据

年份	1 研发投入强度	2 研发人员强度	3 产业地位	4 劳动生产率	5 出口销售率	6 质量情况	7 能耗情况	8 人均发明专利
2001	1.38	2.98	1.08	6.93	1.11	0.00	0.00	4.51

续表

年份	1 研发投入强度	2 研发人员强度	3 产业地位	4 劳动生产率	5 出口销售率	6 质量情况	7 能耗情况	8 人均发明专利
2002	1.45	3.38	1.44	9.71	0.67	0.57	0.26	4.03
2003	1.32	3.84	1.83	13.38	1.03	0.22	0.54	4.43
2004	1.42	4.19	1.60	12.51	1.49	0.85	0.76	5.15
2005	1.66	5.38	1.20	12.57	2.88	1.14	1.04	7.24
2006	1.77	4.92	1.61	17.19	4.72	1.19	1.29	9.04
2007	1.80	5.37	1.66	18.77	6.92	1.48	1.33	8.20
2008	2.07	5.93	1.36	17.49	7.29	1.43	1.49	8.89
2009	1.93	7.52	1.58	21.55	2.68	1.72	1.57	8.32
2010	1.62	7.69	1.70	25.81	3.10	1.82	1.63	8.45
2011	1.63	7.73	1.60	25.33	4.61	1.88	1.80	10.04
2012	1.63	8.04	1.53	25.44	5.27	2.04	1.96	11.85
2013	1.96	7.71	1.66	25.25	4.29	2.31	2.11	11.88

（2）**求解主成分表达式**。使用预处理后的表2-8中的数据，在R软件中，求协方差矩阵（表2-9）。

求解主成分：
（2）求解主成分表达式。

表2-9　8项指标2001—2013年数据的协方差矩阵

项目	V1	V2	V3	V4	V5	V6	V7	V8
V1	0.055 1	0.257 2	0.002 3	0.827 2	0.391 3	0.118 0	0.110 4	0.440 1
V2	0.257 2	3.356 4	0.130 4	11.431 8	2.112 9	1.231 2	1.140 7	4.311 0
V3	0.002 3	0.130 4	0.043 3	0.735 5	0.052 0	0.051 8	0.056 3	0.133 3
V4	0.827 2	11.431 8	0.735 5	42.388 5	8.044 2	4.293 7	4.053 3	15.227 8
V5	0.391 3	2.112 9	0.052 0	8.044 2	4.799 4	1.002 3	1.003 5	4.308 9

续表

项目	V1	V2	V3	V4	V5	V6	V7	V8
V6	0.118 0	1.231 2	0.051 8	4.293 7	1.002 3	0.502 1	0.453 8	1.751 1
V7	0.110 4	1.140 7	0.056 3	4.053 3	1.003 5	0.453 8	0.431 0	1.670 8
V8	0.440 1	4.311 0	0.133 3	15.227 8	4.308 9	1.751 1	1.670 8	7.112 0

在R软件中，基于协方差矩阵进行主成分分析计算，得到各主成分的特征值和方差贡献率（表2-10）。

表2-10　主成分特征值和方差贡献率

主成分	特征值	方差贡献率（%）	累计方差贡献率（%）
1	53.85	91.76	91.76
2	3.71	6.32	98.08
3	0.84	1.44	99.52
4	0.22	0.37	99.89
5	0.04	0.07	99.96
6	0.01	0.02	99.98
7	0.01	0.02	100.00
8	0.001	0.00	100.00

由表2-10可见，第一主成分对所有8项指标所含信息的综合能力为91.76%，即该主成分可以综合原始评价指标91.76%的信息。因此，我们可以用第一主成分来构建汽车产业技术能力指数。

继续使用R软件计算第一主成分中各评价指标的主成分载荷（即权重系数），并进行归一化处理（表2-11和表2-12）。

表2-11　第一主成分各评价指标载荷（权重系数）

评价指标	主成分载荷
研发投入强度V1	0.019 2
研发人员强度V2	0.240 5

续表

评价指标	主成分载荷
产业地位V3	0.013 8
劳动生产率V4	0.882 5
出口销售率V5	0.188 2
质量情况V6	0.091 9
能耗情况V7	0.086 9
人均发明专利V8	0.333 8

表2-12　第一主成分各评价指标权重系数（归一化后）

	项目	权重系数（归一化后）
评价指标	研发投入强度V1	0.010 3
	研发人员强度V2	0.125 9
	产业地位V3	0.007 4
	劳动生产率V4	0.475 3
	出口销售率V5	0.101 4
	质量情况V6	0.049 5
	能耗情况V7	0.046 8
	人均发明专利V8	0.179 8
	合计	1.000 0

由此得到第一主成分表达式即"汽车产业技术能力指数"表达式为：

汽车产业技术能力指数=0.010 3V1+0.125 9V2+0.007 4V3+0.475 3V4+0.101 4V5+0.049 5V6+0.046 8V7+0.179 8V8

上述表达式中的各项系数实际上就是8项评价指标对主成分的载荷或称权重系数。理论上，由于主成分计算用的是各项指标原始数据的离差平方和或方差，即信息量权数，因此这些权重系数是根据指标数据所含区分样本的信息量的多少来确定的。由此我们可以看出，2001年以来，劳动生产率的提升为我国汽车产业技术能力提升做出了最大贡献，其次是发明专利数量的增长，这是企业或产业技术能力两项

主成分表达式：
"汽车产业技术能力指数"表达式中的各项系数实际上就是8项评价指标对主成分的载荷或称权重系数。

由主成分表达式看到：
2001年以来，劳动生产率的提升为我国汽车产业技术能力提升做出了最大贡献，其次是发明专利数量的增长。

最重要的产出绩效，它们对汽车产业技术能力指数的合计贡献在60%
以上。

　　由于该主成分的方差贡献率为91.76%，说明它能够综合8个原始评
价指标91.76%的信息，因此，我们可以用该主成分表达式所代表的"汽
车产业技术能力指数"来对我国汽车产业技术能力进行概括、简明、量
化的描述。在这里，主成分表达式就好比一把尺子，表达式中的各项
系数就好比尺子上的刻度，我们可以用这把尺子来对我国汽车产业技
术能力进行测度和评价。

3）计算各年度"汽车产业技术能力指数"

　　前面关于研究方法的叙述中提到，我们采用了相对评价概念，即通
过与自身相比和与世界先进水平相比，来说明我国汽车产业技术能力
的明显进步，以及与世界先进水平的巨大差距。

　　首先，要确定用于相对评价的世界先进水平指标数据。在数据可
得性方面，美国数据有优势。此外，就我国国土面积、人口数量、汽
车市场开放程度等方面来看，以美国为参照较为适宜。但由于美国汽
车排量较大，平均油耗与我国可比性差，又由于我国油耗标准参照欧
盟，欧盟总体油耗水平介于美国和日本之间，平均油耗以欧盟为参照
较为适宜。这样，在8项评价指标中，除平均油耗用欧盟数据外，其他
均采用美国数据，以此作为我们进行相对评价时所参照的世界先进水
平（表2-13）。

表2-13　8项评价指标2001年和2013年世界先进水平数据[1]

年份	1 研发投入强度	2 研发人员强度	3 产业地位	4 劳动生产率[4]	5 出口销售率	6 质量情况	7 能耗情况[2]	8 人均发明专利[3]
2001	3.50	6.11	1.20	86	12.79	1.47	7.18	27.24
2013	2.20	8.25	0.80	196	27.45	1.13	5.53	30.69

[1] 资料来源：National Science Foundation，U.S. Department of Commerce网站；国
　　家专利局；《中国乘用车燃料消耗量发展年度报告》，iCET
[2] 能耗情况为欧盟数据，其余为美国数据
[3] 2013年人均发明专利中的研发人员数为2012年数据（未找到更新的数据）
[4] 劳动生产率已按美国CPI及与中国的汇率换算成人民币2001年不变价

　　其次，以8项评价指标2001年的世界先进水平为基准，对表2-7的

原始数据进行标准化处理。具体作法是，对于正向指标（数值越大越好），采用比值法，即将表2-7中的各列数据分别除以表2-13中2001年的相应数据；对于逆向指标（数值越小越好，包括质量情况和能耗情况），采用倒数比值法，即先取倒数，再以表2-13中2001年的相应数据的倒数为分母做商。标准化后的数据见表2-14。

表2-14　以2001年世界先进水平为基准进行标准化后的我国2001—2013年数据

年份	1 研发投入强度	2 研发人员强度	3 产业地位	4 劳动生产率	5 出口销售率	6 质量情况	7 能耗情况	8 人均发明专利
2001	0.394 3	0.487 7	0.900 0	0.080 6	0.086 8	0.420 0	0.768 7	0.165 6
2002	0.414 3	0.553 2	1.200 0	0.112 9	0.052 4	0.501 7	0.790 7	0.147 9
2003	0.377 1	0.628 5	1.525 0	0.155 6	0.080 5	0.448 2	0.815 9	0.162 6
2004	0.405 7	0.685 8	1.333 3	0.145 5	0.116 5	0.554 7	0.836 8	0.189 1
2005	0.474 3	0.880 5	1.000 0	0.146 2	0.225 2	0.622 9	0.865 1	0.265 8
2006	0.505 7	0.805 2	1.341 7	0.199 9	0.369 0	0.636 4	0.891 9	0.331 9
2007	0.514 3	0.878 9	1.383 3	0.218 3	0.541 0	0.727 7	0.896 4	0.301 0
2008	0.591 4	0.970 5	1.133 3	0.203 4	0.570 0	0.710 1	0.914 6	0.326 4
2009	0.551 4	1.230 8	1.316 7	0.250 6	0.209 5	0.825 8	0.924 1	0.305 4
2010	0.462 9	1.258 6	1.416 7	0.300 1	0.242 4	0.875 0	0.931 3	0.310 2
2011	0.465 7	1.265 1	1.333 3	0.294 5	0.360 4	0.907 4	0.952 3	0.368 6
2012	0.465 7	1.315 9	1.275 0	0.295 8	0.412 0	1.006 8	0.972 9	0.435 0
2013	0.560 0	1.261 9	1.383 3	0.293 6	0.335 4	1.235 3	0.993 1	0.436 1

最后，将表2-14中标准化后的数据代入主成分表达式：汽车产业技术能力指数$=0.010\,3V1+0.129\,5V2+0.007\,4V3+0.475\,3V4+0.101\,4V5+0.049\,5V6+0.046\,8V7+0.179\,8V8$，我们可以得到：2001年世界先进水平的分值为1，我国2001—2013年各年汽车产业技术能力指数（表2-15和图2-10）。

计算步骤：

（3）将标准化后的数据代入主成分表达式。

表2-15　2001—2013年我国汽车产业技术能力指数

年份	我国汽车产业技术能力指数 （以2001年世界先进水平为基准1）
2001	0.207 5
2002	0.232 2
2003	0.268 3
2004	0.284 4
2005	0.337 7
2006	0.384 8
2007	0.420 0
2008	0.431 3
2009	0.454 2
2010	0.488 1
2011	0.510 8
2012	0.540 6
2013	0.539 0

图2-10　2001—2013年我国汽车产业技术能力指数

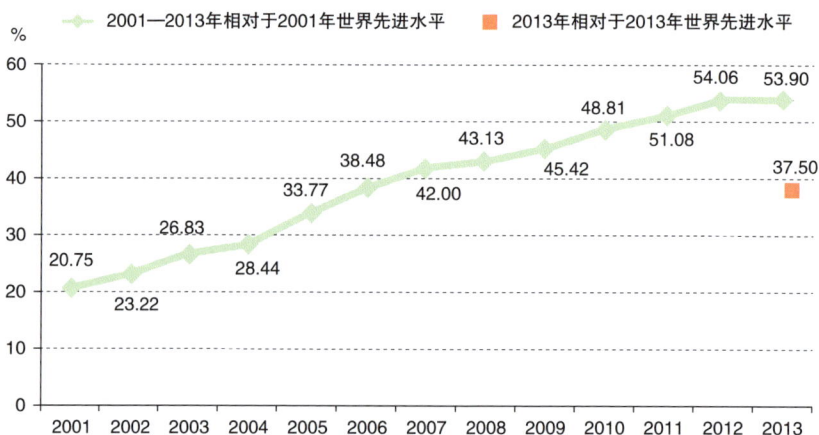

从表2-15可以看到，2001年时我国汽车产业技术能力指数仅为2001年世界先进水平的20.75%，2013年时已提升至53.90%。一方面与自己相比，我们的技术能力取得了明显进步，是2001年的2.6倍，但另一方面，我国2013年的技术能力指数也仅为2001年世界先进水平的一半左右，与世界先进水平差距巨大。

我们再以表2-13中2013年世界先进水平数据为基数，对表2-7中我国2013年各项评价指标数据以同样方式进行标准化处理（表2-16），并将标准化处理后的数据同样带入上述汽车产业技术能力指数计算式。我们得出，在以2013年世界先进水平为基准（100%）的条件下，我国2013年汽车产业技术能力指数为37.50%（图2-10），即当前我国汽车产业技术能力仅达到当前世界汽车先进水平的37%左右。其中，差距最大的部分是劳动生产率和出口销售率，仅为世界先进水平的13%和16%。

评价结果：
（1）2001年时我国汽车产业技术能力指数仅为2001年世界先进水平的20.75%，2013年时已提升至53.90%。

评价结果：
（2）当前我国汽车产业技术能力仅达到当前世界汽车先进水平的37.50%左右。

表2-16　以2013年世界先进水平为基准进行标准化后的我国2013年数据

年份	1 研发投入强度	2 研发人员强度	3 产业地位	4 劳动生产率	5 出口销售率	6 质量情况	7 能耗情况	8 人均发明专利
2013	0.890 9	0.934 5	2.075 0	0.128 8	0.156 3	0.949 6	0.764 9	0.387 1

我们看到，我国2001年汽车产业技术能力为当时世界先进水平的20%左右，而2013年汽车产业技术能力为2013年世界先进水平的37%左右。显然，我国汽车产业技术能力正在不断提升中实现追赶，与世界先进水平的差距逐渐缩小。但我们更要看到，在世界汽车技术日新月异的背景下，我国汽车产业技术能力与世界先进水平的差距仍然巨大。

评价结果：
（3）我国汽车产业技术能力正在不断提升中实现追赶，与世界先进水平的差距逐渐缩小。

四、基于专家调查法的汽车产业技术能力评价

1. 评价方法

以上对汽车产业技术能力的量化评价是从可量化的资源投入指标和产出绩效指标着眼的。对于那些对汽车产业技术能力有重要影响，但却不可量化的方面，我们采用专家调查法进行主观的定性研究，希望能与前面的定量研究形成研究内容的相互补充和研究结果的相互印证。

主观的定性研究方法：
专家调查法。

根据技术能力定义，
将资源、技术手段、技术过程和技术目标细分为若干方面，请技术专家进行主观比较和评价。

　　如前所述，我们对汽车企业（产业）技术能力的定义是："企业利用各类资源、技术手段和技术过程实现技术目标的系统性能力，产业技术能力则表现为企业技术能力的叠加和整合。"根据这一定义，资源、技术手段、技术过程和技术目标是技术能力的4个要素，我们将这四要素细分为若干方面。我们以调查问卷方式，请来自企业、研究机构和高校的汽车技术专家，就我国汽车产业在这些细分方面的当前水平与自身2001年的水平及当前的世界先进水平分别进行主观的比较和评价。四要素的细分见表2-17。

表2-17　技术能力四要素细分

技术能力四要素	要素细分项
资源	研发人员的知识水平及工作经验
	大型研发设施、设备的数量和水平
	大型研发场所的数量和水平
	试车场的数量和水平
	关键零部件自主的能力和水平
	相关工业对汽车产业的支撑能力
	研发投入数量及成效
技术手段	研发数据库建设水平
	产品开发技术水平
	试验验证技术水平
	核心技术掌控水平
	基础性研究的能力和水平
	制造技术能力和水平
技术过程	研发体系建设水平
	研发流程建设水平
	国际标准活动参与能力和水平
	洞察、跟踪、引领世界技术趋势能力

续表

技术能力四要素	要素细分项
技术目标	产品节能水平
	产品环保水平
	产品安全性水平
	产品可靠性水平
	产品质量水平
	成本控制能力
	自主品牌竞争力
	开发高档产品的能力和水平

2. 评价结果

我们共发放问卷200份，回收问卷58份。来自各类企业和机构的汽车技术专家按要求对技术能力细分项进行了主观的比较和评价，各细分项平均评价分值、四要素平均评价分值及总评价分值见表2-18。其中，我们赋予四要素相对于总分值相等的权重；同样的，赋予各细分项相对于各要素分值相等的权重。

表2-18 技术能力按四要素细分的主观评价结果

	我国当前水平得分	
	相对于我国2001年水平 1. 设我国2001年水平为100，评价我国当前水平，如105，120，160，200等，用以表示进步程度 2. 分值范围：100～200 <130表示有所进步 130～160表示有较大进步 160～190表示有很大进步 >190表示成倍提高	**相对于当前世界先进水平** 1. 设当前世界先进水平为100，评价我国当前水平，如90，75，50等，用以表示与世界先进水平的差距 2. 分值范围：0～100 <40表示差距巨大 40～60表示差距很大 60～80表示差距较大 >80表示差距较小或基本达到世界先进水平
评价内容		
资源		
研发人员的知识水平及工作经验	163.8	62

续表

评价内容	我国当前水平得分	
	相对于我国2001年水平 1. 设我国2001年水平为100，评价我国当前水平，如105，120，160，200等，用以表示进步程度 2. 分值范围：100~200 <130表示有所进步 130~160表示有较大进步 160~190表示有很大进步 >190表示成倍提高	**相对于当前世界先进水平** 1. 设当前世界先进水平为100，评价我国当前水平，如90，75，50等，用以表示与世界先进水平的差距 2. 分值范围：0~100 <40表示差距巨大 40~60表示差距很大 60~80表示差距较大 >80表示差距较小或基本达到世界先进水平
大型研发设施、设备的数量和水平	174.4	74.1
大型研发场所的数量和水平	167	73.4
试车场的数量和水平	161	74.1
关键零部件自主的能力和水平	143	53
相关工业对汽车产业的支撑能力	148	60
研发投入数量及成效	158	60
资源要素评价分值	**159.3**	**65.2**
技术手段		
研发数据库建设水平	149	55
产品开发技术水平	156	61
试验验证技术水平	160	67
核心技术掌控水平	143	51
基础性研究的能力和水平	136	50
制造技术能力和水平	169	75
技术手段要素评价分值	**152**	**60**

续表

评价内容	我国当前水平得分	
	相对于我国2001年水平 1. 设我国2001年水平为100，评价我国当前水平，如105，120，160，200等，用以表示进步程度 2. 分值范围：100～200 <130表示有所进步 130～160表示有较大进步 160～190表示有很大进步 >190表示成倍提高	**相对于当前世界先进水平** 1. 设当前世界先进水平为100，评价我国当前水平，如90，75，50等，用以表示与世界先进水平的差距 2. 分值范围：0～100 <40表示差距巨大 40～60表示差距很大 60～80表示差距较大 >80表示差距较小或基本达到世界先进水平
技术过程		
研发体系建设水平	156	66
研发流程建设水平	153	64
国际标准活动参与能力和水平	143	55
洞察、跟踪、引领世界技术趋势能力	148	58
技术过程要素评价分值	**150**	**61**
技术目标		
产品节能水平	155	65
产品环保水平	157	66
产品安全性水平	166	73.8
产品可靠性水平	163	68
产品质量水平	166	68.4
成本控制能力	169	76
自主品牌竞争力	151	55
开发高档产品的能力和水平	140	50

续表

评价内容	我国当前水平得分	
	相对于我国2001年水平 1. 设我国2001年水平为100，评价我国当前水平，如105，120，160，200等，用以表示进步程度 2. 分值范围：100~200 <130表示有所进步 130~160表示有较大进步 160~190表示有很大进步 >190表示成倍提高	**相对于当前世界先进水平** 1. 设当前世界先进水平为100，评价我国当前水平，如90，75，50等，用以表示与世界先进水平的差距 2. 分值范围：0~100 <40表示差距巨大 40~60表示差距很大 60~80表示差距较大 >80表示差距较小或基本达到世界先进水平
技术目标要素评价分值	158	65
总评价分值	154.8	62.8

注：我国汽车产业的当前水平，指当前排名前列的我国汽车企业（含合资和自主）所代表的主流水平。

专家问卷主观评价结果：
（1）技术手段能力和技术过程能力更为薄弱。

我们能够从这些主观评价结果得到一些有益的启示。首先，在资源、技术手段能力、技术过程能力和技术目标实现水平4个方面，技术手段能力和技术过程能力更为薄弱。其次考虑到我们前面主成分定量分析主要关注资源投入和目标实现两个方面，那么如果加上技术手段和技术过程因素，我国汽车产业技术能力与世界先进水平的差距可能更大。

专家问卷主观评价结果：
（2）资源、技术手段、技术过程和技术目标四方面最薄弱环节应是未来提升汽车产业技术能力的努力方向。

具体来看，在资源上，相对来说大型研发设施/设备、研发场所、实验场所的数量和水平分值最高，而在关键零部件自主的能力和水平、相关工业的支撑能力及研发投入数量和成效方面较为薄弱；在技术手段能力上，制造技术能力和水平分值最高，而基础性研究的能力和水平最薄弱；在技术过程能力上，研发体系建设、研发流程建设、国际标准活动参与和跟踪世界技术趋势的分值均较低，其中国际标准活动参与能力和水平分值最低；在技术目标实现能力上，成本控制能力、产品安全性水平和产品质量水平分值最高，而开发高档产品能力和水平及自主品牌竞争力分值最低。

从总评价分值看，业内技术人员对我国汽车产业技术能力当前水平的总体评价是，相对于我国2001年水平有较大进步，同时相对于当今世界先进水平差距较大，这与前述用主成分法定量分析的结论在趋势上大体一致。这里以"当前排名前列的我国汽车企业（含合资和自主）所代表的主流水平"为我国汽车产业的当前水平，而主成分定量分析使用的是全行业数据，这些可能是造成对与当今世界先进水平差距的主观评价比定量评价更为乐观的原因。出于同样原因，对我国2001年的水平估计过高（估计为这些主流企业2001年水平而不是全行业2001年水平），可能是造成在对我国当前水平相对于2001年水平进步幅度的评价上，又低于定量评价结果的原因。

　　总之，通过主观评价，能够使我们对不可量化但却对汽车产业技术能力有重要影响的因素有所认识，对这些因素的进步程度和与世界先进水平的差距有所认识，对这些因素中最薄弱的环节有所认识，也能对我们找准未来提升汽车产业技术能力的努力方向有所启示。

五、小结

　　本研究是关于如何对汽车产业技术能力进行评价的方法论的研究。现将研究思路、过程和主要结论概括如下。

　　（1）汽车产业技术能力定义。我们将汽车产业技术能力定义为：企业技术能力是指企业利用各类资源、技术手段和技术过程实现技术目标的系统性能力，产业技术能力则表现为企业技术能力的叠加和整合。

　　（2）汽车产业技术能力定量评价指标体系框架。我们建立了汽车产业技术能力定量评价指标体系框架，包含综合指标、评价要素和评价指标3个层次。其中，综合指标为"汽车产业技术能力指数"。根据黑箱理论，我们从易于观察的投入和产出两个方面将评价要素设定为资源投入要素、数量产出绩效要素和质量产出绩效要素。

　　（3）8项评价指标。通过问卷调查方式，我们确定了资源投入、数量绩效和质量绩效3要素的8项评价指标，包括研发投入强度、研发人员强度、产业地位、劳动生产率、出口销售率、质量情况、能耗情况、人均发明专利。

　　（4）客观定量评价方法和结论。一方面我们逐一对8项评价指标2001—2013年数据进行了单项分析，又利用主成分分析法将8项评价指标综合为汽车产业技术能力指数，并以2001年和2013年世界先进水平为

专家问卷
主观评价结果：
（3）相对于我国2001年水平有较大进步，同时相对于当今世界先进水平差距较大，与前述用主成分法定量分析的结论在趋势上大体一致。

参照，对2001—2013年我国汽车产业的技术能力逐一进行定量的相对比较和评价。评价结论是：与自己相比，2013年我国汽车产业技术能力指数是2001年的2.6倍，进步显著；与世界先进水平相比，2001年我国汽车产业技术能力指数是2001年世界先进水平的20.75%左右，2013年是2001年世界先进水平的53.90%，是2013年世界先进水平的37.50%，与世界先进水平差距巨大，其中，劳动生产率和出口销售率差距最大。2001年和2013年我国汽车产业技术能力指数，从相对于当年世界先进水平的20.75%，提高到37.50%，说明我国汽车产业的技术能力在发展中实现追赶，与世界先进水平的差距逐渐缩小。应该指出的是，这一评价方法具有探索性，这里对汽车产业技术能力的量化评价，可以理解为是一种量化式的定性表征。

（5）**主观评价方法和结论**。根据汽车产业技术能力定义，我们对技术能力在资源、技术手段、技术过程和技术目标实现4方面不可量化的部分，采用专家调查法进行主观的定性研究，希望能与定量研究形成研究内容的相互补充和研究结果的相互印证。具体作法是，将资源、技术手段、技术过程和技术目标实现分别细分为若干对汽车产业技术能力有重要影响的项目，请业内技术专家就我国汽车产业在这些细分方面的当前水平与自身2001年的水平及当前的世界先进水平分别进行主观的比较和评价。评价结论是，相对于我国2001年水平有较大进步，同时相对于当今世界先进水平差距较大，与用主成分法定量分析的结论在趋势上大体一致。

3 产业发展环境

石油在我国一次能源消费结构中占比为18%左右

　　"十五"以来，我国能源消费总量增长迅速，2012年为36.2亿吨标准煤，是2000年（14.6亿吨标准煤）的2.48倍，年均增长7.86%。从能源结构看，煤炭、石油占比略有降低，天然气、清洁能源占比缓慢增长。

　　煤炭仍为主体能源，占一次能源消费总量的近7成，远高于世界平均水平（2013年为30.1%）；天然气及水电、核电等清洁能源所占比重逐步提高，但总体占比偏低（2013年世界平均水平为26.4%，其中天然气为23.7%）；石油在一次能源消费中的地位仅次于煤炭，比重在18%左右（2013年世界平均水平为32.9%）。

2000—2012年能源消费总量和构成

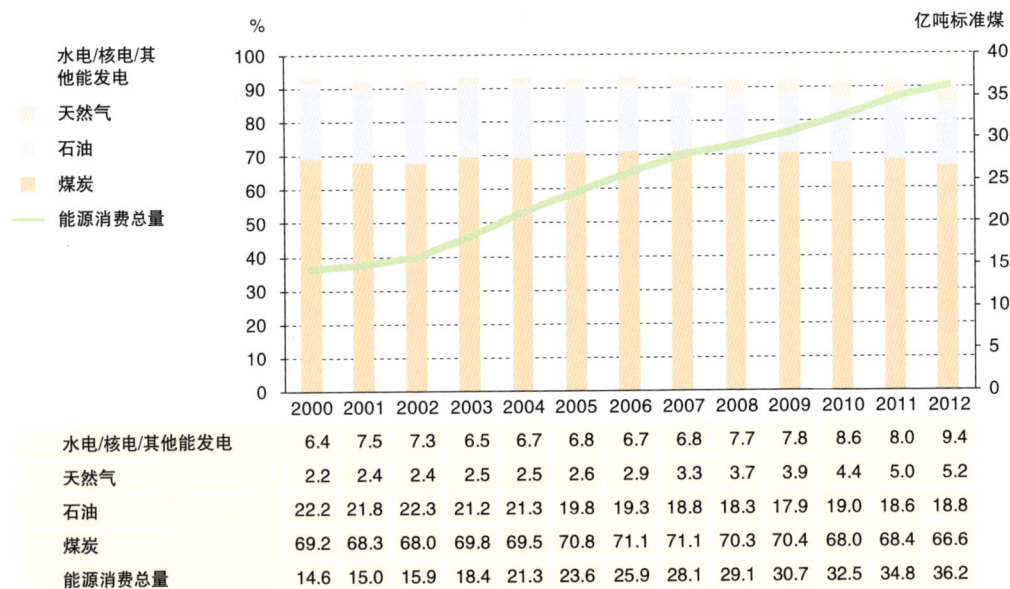

	2000	2001	2002	2003	2004	2005	2006	2007	2008	2009	2010	2011	2012
水电/核电/其他能发电	6.4	7.5	7.3	6.5	6.7	6.8	6.7	6.8	7.7	7.8	8.6	8.0	9.4
天然气	2.2	2.4	2.4	2.5	2.5	2.6	2.9	3.3	3.7	3.9	4.4	5.0	5.2
石油	22.2	21.8	22.3	21.2	21.3	19.8	19.3	18.8	18.3	17.9	19.0	18.6	18.8
煤炭	69.2	68.3	68.0	69.8	69.5	70.8	71.1	71.1	70.3	70.4	68.0	68.4	66.6
能源消费总量	14.6	15.0	15.9	18.4	21.3	23.6	25.9	28.1	29.1	30.7	32.5	34.8	36.2

资料来源：《中国能源统计年鉴》《BP世界能源统计年鉴2014》

交通领域石油消费占比接近50%

进入21世纪，中国呈现工业化、城镇化及汽车私人消费迅速普及的发展态势。在各领域石油消费需求快速增长的共同作用下，中国石油消费的总体规模持续增长，从2000年的2.25亿吨增长到2012年的4.77亿吨，增长了1.12倍，年均增长6.5%。其中，交通领域石油消费增长最为明显，占比不断增大。例如，从2000年到2009年，交通领域石油消费量从0.89亿吨增长到1.85亿吨，占比从40%增大到48%。

2000—2009年分部门石油消费构成

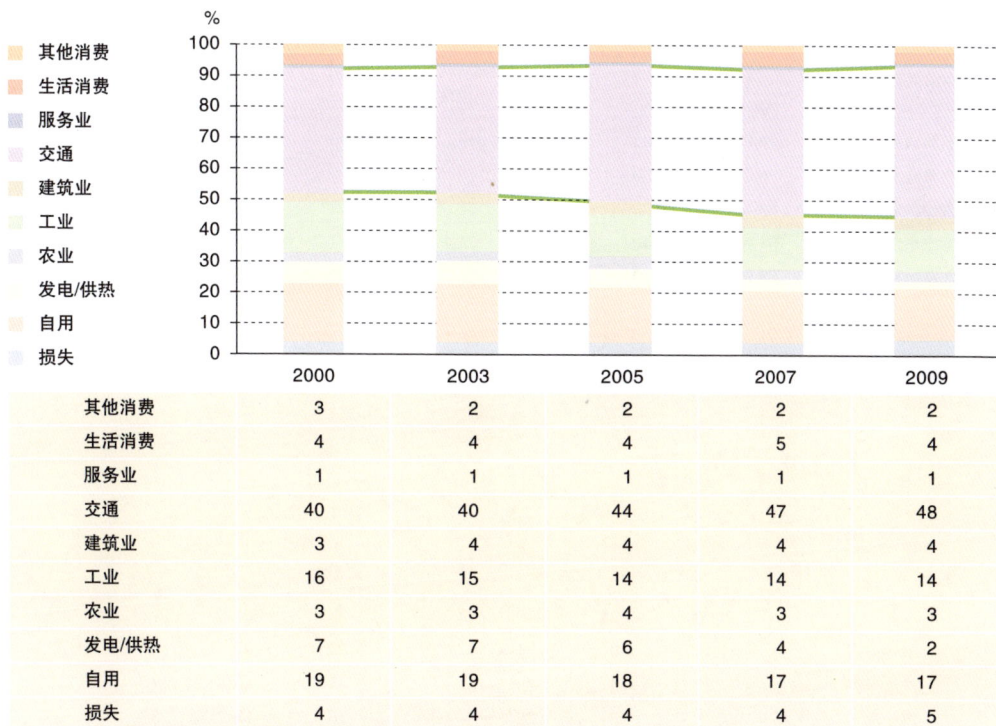

	2000	2003	2005	2007	2009
其他消费	3	2	2	2	2
生活消费	4	4	4	5	4
服务业	1	1	1	1	1
交通	40	40	44	47	48
建筑业	3	4	4	4	4
工业	16	15	14	14	14
农业	3	3	4	3	3
发电/供热	7	7	6	4	2
自用	19	19	18	17	17
损失	4	4	4	4	5

说明：根据《中国能源统计年鉴》"石油平衡表"调整而成。关于交通部门油品消费量的调整，"石油平衡表中，交通部门的油品消费主要来自于交通营运部门的统计数据，而在其他部门中还有一部分油品消费实际上来自这些部门内部的交通工具使用。根据王庆一（2010）的建议，大致可以将工业、建筑业、服务业（包括其他消费）的95%的汽油、35%的柴油归为交通用油，而居民生活和农业消费的全部汽油、居民生活消费95%的柴油归为交通用油"。

资料来源：《中国车用能源展望2012》

交通领域石油消费中近80%用于汽车

在交通领域石油消费中，近80%消费于柴油车和汽油车。

2000—2012年，汽车领域石油消费从0.68亿吨增长到1.78亿吨，增长了1.62倍，年均增长8.36%，增长率远高于同期石油消费总量的年均增长率（6.5%）。汽车用油增长是我国石油消费增长的重要影响因素。

2000—2012年汽车石油消费量

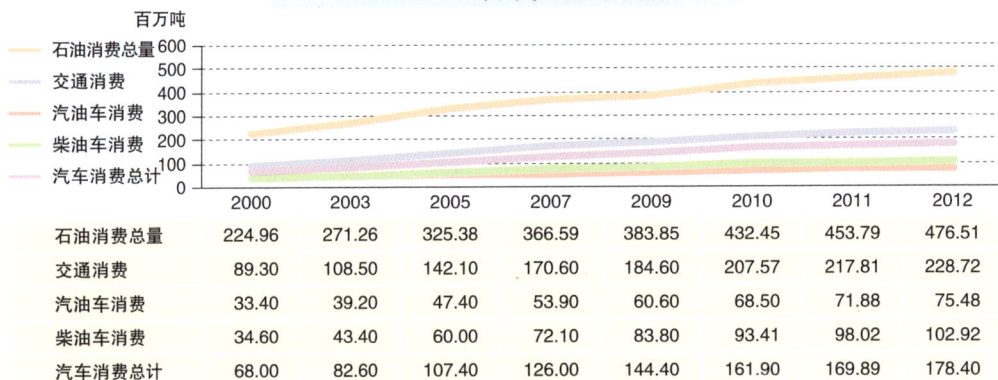

百万吨

	2000	2003	2005	2007	2009	2010	2011	2012
石油消费总量	224.96	271.26	325.38	366.59	383.85	432.45	453.79	476.51
交通消费	89.30	108.50	142.10	170.60	184.60	207.57	217.81	228.72
汽油车消费	33.40	39.20	47.40	53.90	60.60	68.50	71.88	75.48
柴油车消费	34.60	43.40	60.00	72.10	83.80	93.41	98.02	102.92
汽车消费总计	68.00	82.60	107.40	126.00	144.40	161.90	169.89	178.40

图例：石油消费总量、交通消费、汽油车消费、柴油车消费、汽车消费总计

2000—2012年汽车在交通领域石油消费占比

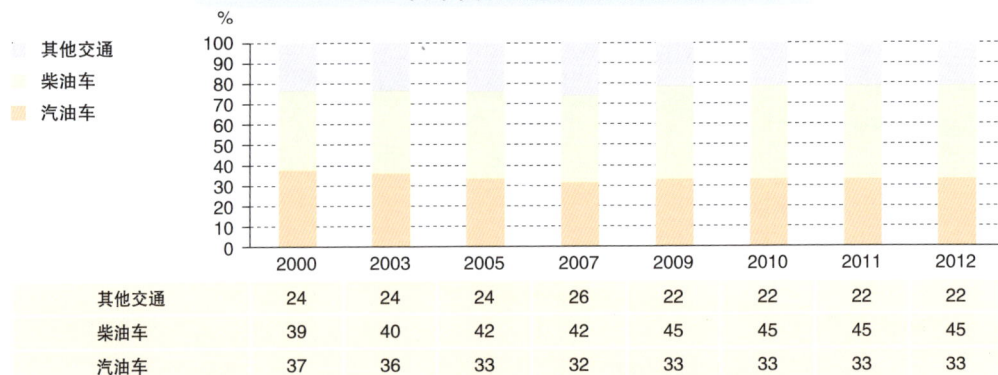

%

	2000	2003	2005	2007	2009	2010	2011	2012
其他交通	24	24	24	26	22	22	22	22
柴油车	39	40	42	42	45	45	45	45
汽油车	37	36	33	32	33	33	33	33

说明：《中国车用能源展望2012》计算了2000年、2003年、2005年、2007年和2009年交通领域及其细分的石油消费构成，细分领域包括汽油车、柴油车、铁路、航空、船运等。由于其他年份数据缺乏，这里根据《中国能源统计年鉴》各年份石油消费总量数据，并按《中国车用能源展望2012》给出的2009年交通及其细分领域的石油消费占比，计算了2010年、2011年和2012年交通及其细分领域的石油消费量。鉴于交通领域石油消费占比逐年增长的趋势，用于汽车的实际石油消费量应不低于这里的计算值。

资料来源：《中国能源统计年鉴》《中国车用能源展望2012》

石油进口依存度已接近60%

我国从1993年成为石油净进口国开始，能源需求持续增长，石油进口依存度不断攀升。改革开放之后，在经济高速增长的第一个十年（20世纪80年代），我国基本保持了石油的自给自足。但从1993年起，我国的石油进口大于石油出口，石油消费开始对进口有所依赖，到1995年，进口依存度为7.5%，还不足以为虑。但仅仅五年以后的2000年，进口依存度就达到31.8%。到2012年，石油净进口量增长为2000年的3.83倍，年均增长11.85%，石油进口依存度达到58.4%。

1993—2012年石油消费与供给及石油进口依存度

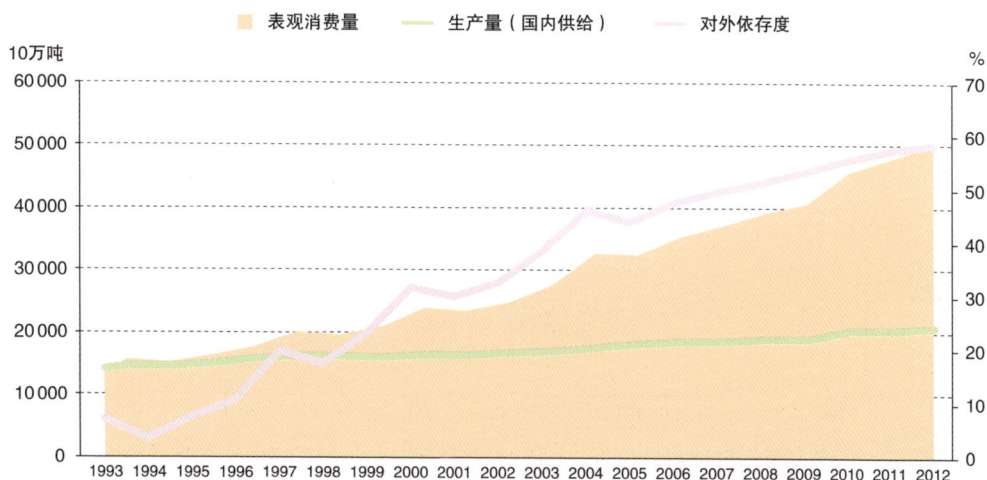

	1993	1994	1995	1996	1997	1998	1999	2000	2001	2002	2003	2004	2005	2006	2007	2008	2009	2010	2011	2012
表观消费量	1 562	1 513	1 622	1 757	2 004	1 951	2 084	2 392	2 346	2 483	2 760	3 263	3 241	3 530	3 710	3 911	4 067	4 566	4 776	4 995
生产量（国内供给）	1 451	1 460	1 500	1 573	1 607	1 610	1 600	1 630	1 639	1 670	1 696	1 758	1 813	1 847	1 863	1 904	1 894	2 030	2 028	2 074
进口依存度	7.1	3.5	7.5	10.4	19.8	17.4	23.2	31.8	30.1	32.7	38.5	46.1	44.0	47.6	49.7	51.3	53.4	55.5	57.5	58.4

说明：进口依存度有不同算法，如：进口量/消费量；净进口量/消费量；（消费量－生产量）/消费量；（进口量－出口量－库存增量）/消费量等。这里采用净进口量/表观消费量的计算方法。其中，净进口量为进口量与出口量之差；表观消费量为生产量与净进口量之和。

资料来源：根据《中国能源统计年鉴》数据计算

汽车工业增加值占全国GDP比重提升至1.66%

"把汽车制造业作为重要的支柱产业"，是1986年"七五"计划首次明确提出的。产出规模大和产业关联广是支柱产业的基本特征。经过5个五年计划的发展，我国汽车工业规模持续增长，汽车产量从1985年的44万辆增长到2013年的2 212万辆，汽车工业增加值从1985年的92亿元增长到2013年的8 606.2亿元；占全国GDP的比重稳步提升，从当初不足1%增长到2013年的1.66%。

2000—2013年汽车工业增加值及占全国GDP比重

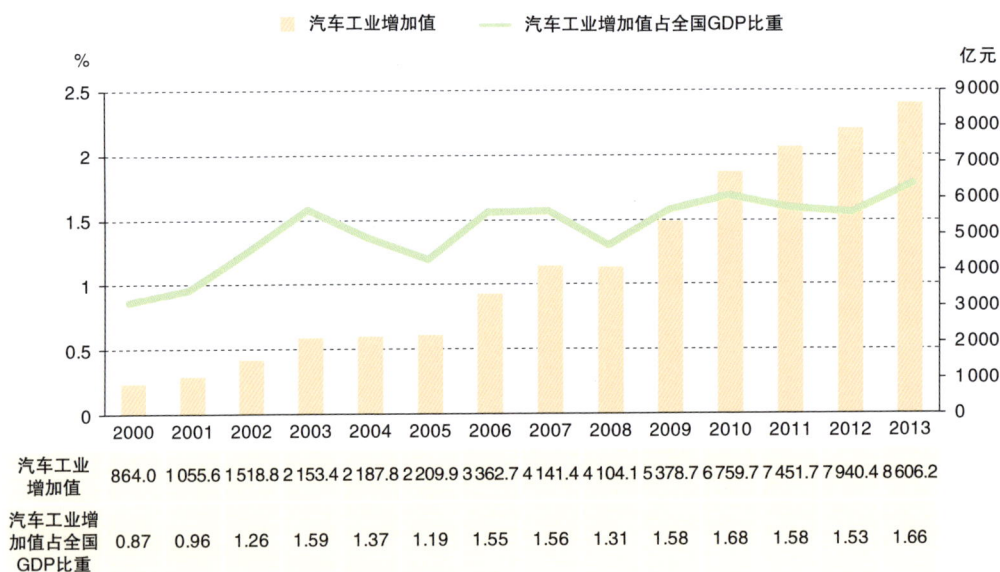

	2000	2001	2002	2003	2004	2005	2006	2007	2008	2009	2010	2011	2012	2013
汽车工业增加值	864.0	1 055.6	1 518.8	2 153.4	2 187.8	2 209.9	3 362.7	4 141.4	4 104.1	5 378.7	6 759.7	7 451.7	7 940.4	8 606.2
汽车工业增加值占全国GDP比重	0.87	0.96	1.26	1.59	1.37	1.19	1.55	1.56	1.31	1.58	1.68	1.58	1.53	1.66

资料来源：根据《中国汽车工业年鉴》数据计算

中国汽车千人保有量仅为世界平均水平的60%左右

2000年在中共中央关于制订"十五"计划的建议中,首次提出"鼓励轿车进入家庭",开启了中国汽车产业以规模迅速扩张为特点的发展阶段。中国汽车保有量从2001年的1 802万辆增长到2013年的12 683万辆,增长了6倍,年均增长17.7%。千人汽车保有量从2001年的14辆/千人,增长到2013年的93辆/千人。发展速度之快、成果之大令世人瞩目。但时至今日,我国汽车千人保有量水平才及世界(2012年)平均水平的60%左右,不仅远低于世界发达国家500~800辆/千人的水平,甚至与墨西哥这样的发展中国家或俄罗斯、巴西、南非等金砖国家相比,都还有不小的差距。可以预见,已位列世界第一的我国汽车市场,未来仍具有巨大的发展潜力。

2012年中国及部分其他国家千人汽车保有量

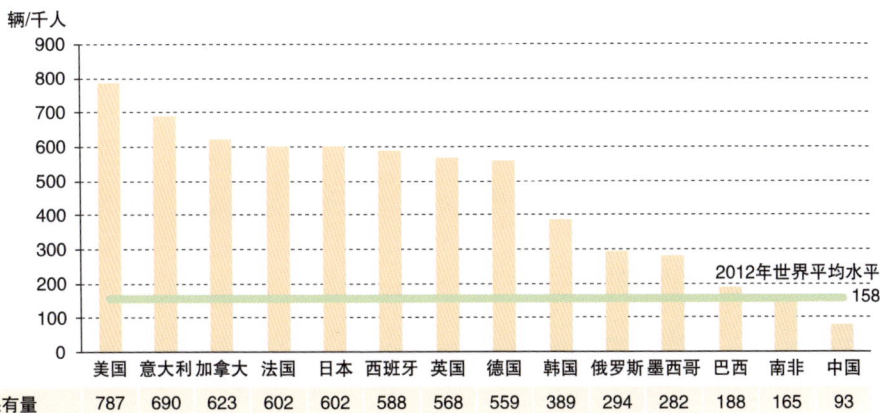

辆/千人

	美国	意大利	加拿大	法国	日本	西班牙	英国	德国	韩国	俄罗斯	墨西哥	巴西	南非	中国
千人保有量	787	690	623	602	602	588	568	559	389	294	282	188	165	93

2012年世界平均水平 158

说明:中国为2013年数据,加拿大为2011年数据,南非为2010年数据,其余为2012年数据。

资料来源:《世界汽车统计年鉴2013》《The Motor Industry of Japan 2014》《中国汽车工业年鉴》《中国统计年鉴》

单车道路资源占有量高于世界平均水平，各地汽车保有密度相差悬殊

就汽车千人保有量来说，2012年我国总体水平为80辆／千人，只为世界2012年平均水平158辆／千人的50%左右，即使北京、天津也仅达到或略高于世界（2012年）平均水平，分别为239辆／千人和156辆／千人，而多数省份的汽车千人保有量处于全国平均水平以下。就单位公路里程汽车保有量来说，同样是多数省份处于全国平均水平以下。全国单位公路里程汽车保有量平均水平为26辆／公里，低于世界（2009年）平均水平的32辆／公里，即我国单车道路资源占有量高于世界平均水平。由此可见，目前各大城市越来越严重的交通拥堵状况，并不能简单地归咎于车多了。除了北京、上海等特大型城市外，解决交通拥堵问题应更多着眼于提高道路建设速度、道路规划水平和交通管理水平。

2012年各省、自治区及直辖市千人汽车保有量

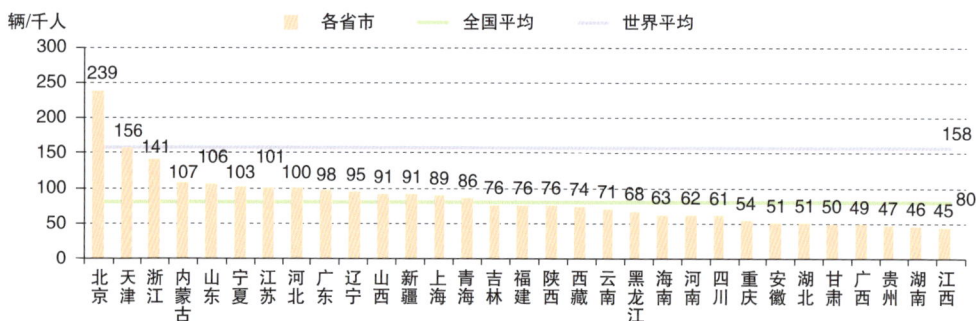

辆/千人   各省市   全国平均   世界平均

北京 239
天津 156
浙江 141
内蒙古 107
山东 106
宁夏 103
江苏 101
河北 100
广东 98
辽宁 95
山西 91
新疆 91
上海 89
青海 86
吉林 76
福建 76
陕西 76
西藏 74
云南 71
黑龙江 68
海南 63
河南 62
四川 61
重庆 54
安徽 51
湖北 51
甘肃 50
广西 49
贵州 47
湖南 46
江西 45

全国平均 80
世界平均 158

2012年各省、自治区及直辖市单位公路里程汽车保有量

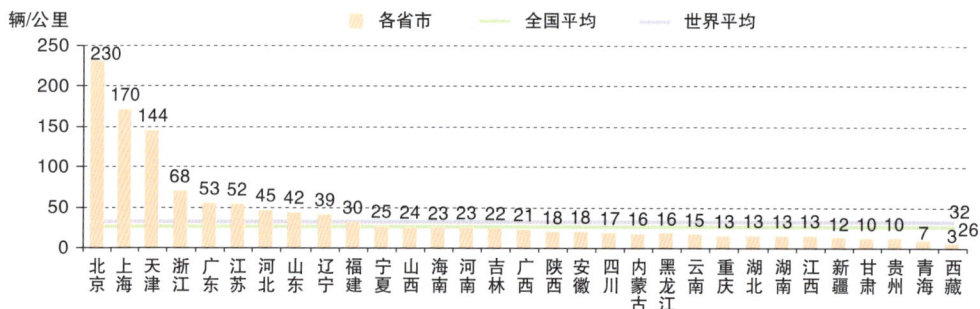

辆/公里   各省市   全国平均   世界平均

北京 230
上海 170
天津 144
浙江 68
广东 53
江苏 52
河北 45
山东 42
辽宁 39
福建 30
宁夏 25
山西 24
海南 23
河南 23
吉林 22
广西 21
陕西 18
安徽 18
四川 17
内蒙古 16
黑龙江 16
云南 15
重庆 13
湖北 13
湖南 13
江西 13
新疆 13
甘肃 12
贵州 10
青海 10
西藏 7
3

全国平均 26
世界平均 32

说明：单位公路里程汽车保有量世界平均水平为2009年数据。

资料来源：《中国汽车工业年鉴2014》、《中国统计年鉴2013》、
《World Development Indicator 2012》（世界银行）、JAMA2014

排放标准全面升级到国Ⅳ，部分地区进入国Ⅴ

我国从2000年实施第一阶段机动车排放标准（国Ⅰ）以来，逐步升级，现已全面实施第四阶段标准。虽然由于受技术准备、油品供应、使用环境等因素影响，部分车型国Ⅲ、国Ⅳ标准实施时间有所推迟（其中，国Ⅳ轻型柴油车制造、销售产品合规时间推迟至2015年1月1日，国Ⅲ柴油车产品不再允许销售；国Ⅳ重型柴油车制造、销售产品合规时间也推迟到2015年1月1日，比原计划推迟五年），但15年间我国汽车排放技术水平快速提高。根据环保部2013年9月17日发布的轻型车第五阶段标准，我国轻型车将从2018年1月1日起实施国Ⅴ。

中国机动车排放标准原定实施时间表

排放阶段	车型及适用标准	型式核准时间		制造、销售产品合规时间	
国Ⅰ	轻型车 GB 14961—1999 GB 18352.1—2001	汽油车 柴油车	第一类车 2000.1.1 第二类车 2001.1.1 第一类车 2000.1.1 第二类车 2001.1.1	汽油车 柴油车	第一类车 2000.7.1 第二类车 2001.10.1 第一类车 2000.7.1 第二类车 2001.10.1
	重型车 GB 17691—2001 GB 14762—2002	柴油车 2000.9.1 汽油车 2002.7.1		柴油车 2001.9.1 汽油车 2003.7.1	
国Ⅱ	轻型车 GB 18352.2—2001	汽油车 柴油车	第一类车 2004.7.1 第二类车 2005.7.1 第一类车 2004.7.1 第二类车 2005.7.1	汽油车 柴油车	第一类车 2005.7.1 第二类车 2006.7.1 第一类车 2005.7.1 第二类车 2006.7.1
	重型车 GB 17691—2001 GB 14762—2002	柴油车 2003.9.1 汽油车 2003.9.1		柴油车 2004.9.1 汽油车 2004.9.1	
国Ⅲ	轻型车 GB 18352.3—2005	汽油车 2007.7.1 柴油车 2007.7.1		汽油车 2008.7.1 柴油车 M类：2008.7.1 　　　 N类：2009.7.1	
	重型车 GB 17691—2005 GB 14762—2008 GB 17691—2005	压燃式 2007.1.1 点燃式 2009.7.1 气体燃料点燃式 2007.1.1		压燃式 2008.1.1 点燃式 2010.7.1 气体燃料点燃式 2008.1.1	
国Ⅳ	轻型车 GB 18352.3—2005	汽油车 2010.7.1 柴油车 2010.7.1		汽油车 2011.7.1 柴油车 2011.7.1	
	重型车 GB 17691—2005 GB 14762—2008 GB 17691—2005	压燃式 2010.1.1. 点燃式 2012.7.1 气体燃料点燃式 2010.1.1		压燃式 2011.1.1 点燃式 2013.7.1 气体燃料点燃式 2011.1.1	
国Ⅴ	轻型车 GB 18352.5—2013 重型车 GB 17691—2005	2012.1.1		2018.1.1 2013.1.1	

说明：1. 第一类车：包括驾驶员座位在内，座位数不超过6座，且最大总质量不超过2 500kg的M1类汽车；第二类车：标准适用范围内除第一类车以外的其他所有汽车。

2. 轻型车国Ⅴ实施时间的说法与前有所不同：（1）从标准发布日起即可进行型式核准；（2）生产一致性检查自型式核准批准之日起执行；（3）所给出的时间点（2018年1月1日），指届时"所有销售和注册登记"的汽车必须合规。

资料来源：根据相关资料整理

汽车保有量快速增长条件下，主要污染物排放总量基本持平，CO不升反降

从"十一五"开始的2006年全面实施国Ⅱ以来，我国汽车排放法规升级加速。在汽车保有量从2006年的3 697万辆增加到2012年的10 933万辆，增长到近3倍的情况下，汽车主要污染物排放总量基本持平。其中，CO排放不升反降，已低于3000万吨水平；HC排放基本保持稳定；NO_x排放仅增长21.6%；颗粒物PM排放仅增长6.7%。

具体来看，全国汽车CO排放量从1993年、1998年和2007年分别超过1 000万吨、2 000万吨和3 000万吨；HC排放量从1991年、1996年和2000年分别超过100万吨、200万吨和300万吨；NO_x排放量从1986年、1993年、1997年、2001年和2009年分别超过100万吨、200万吨、300万吨、400万吨和500万吨；颗粒物排放量从1982年、1989年、1993年和2000年分别超过10万吨、20万吨、30万吨、40万吨和50万吨，到2012年，全国汽车CO、HC、NO_x和颗粒物PM排放量分别为2 866万吨、345万吨、583万吨和59万吨。

2006—2012年汽车保有量与污染物排放增长趋势对比

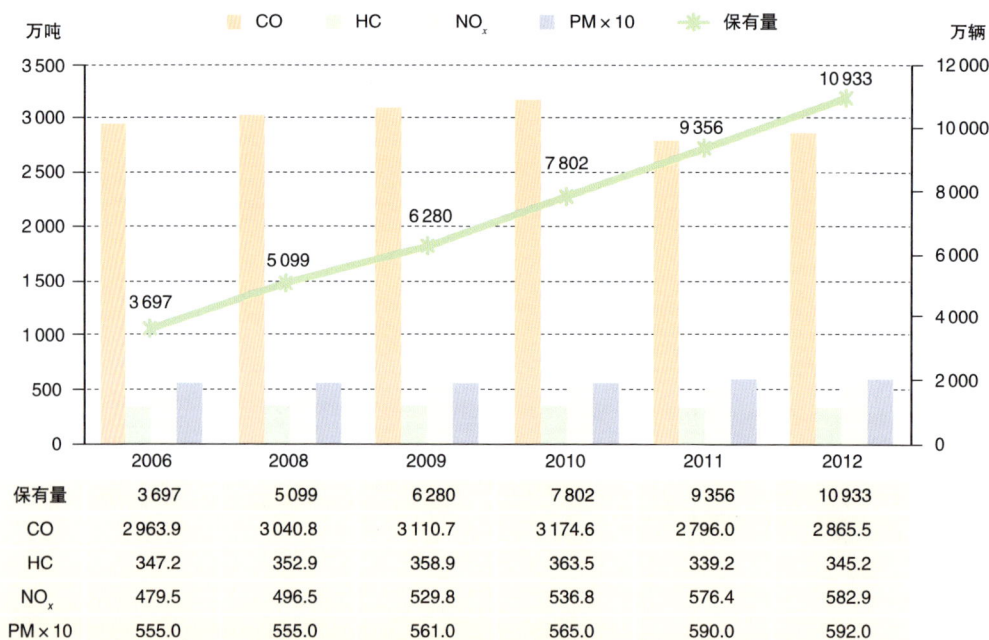

	2006	2008	2009	2010	2011	2012
保有量	3 697	5 099	6 280	7 802	9 356	10 933
CO	2 963.9	3 040.8	3 110.7	3 174.6	2 796.0	2 865.5
HC	347.2	352.9	358.9	363.5	339.2	345.2
NO_x	479.5	496.5	529.8	536.8	576.4	582.9
PM × 10	555.0	555.0	561.0	565.0	590.0	592.0

资料来源：《中国汽车工业年鉴》《中国机动车污染防治年报》

单车污染物排放强度不断降低

随着排放标准的提高，新生产汽车的单车排放量不断降低。根据《中国机动车污染防治年报2011》，国Ⅲ阶段与国Ⅰ前相比，轻型汽油车的CO、HC和NO$_x$排放量分别下降了97.2%、97.3%和98.0%；重型柴油车的CO、HC、NO$_x$和颗粒物PM分别下降了88.6%、97.2%、77.0%和98.8%。国Ⅴ阶段与国Ⅲ相比，轻型汽油车的CO、HC和NO$_x$排放量将进一步分别下降56.5%、50.0%和60.0%；重型柴油车的CO、HC、NO$_x$和颗粒物PM将再分别下降28.6%、30.3%、60.0%和80.0%。即国Ⅴ阶段与国Ⅰ前相比，轻型汽油车的CO、HC和NO$_x$排放量将分别下降98.8%、98.6%和99.2%；重型柴油车的CO、HC、NO$_x$和颗粒物PM将分别下降91.9%、98.0%、90.8%和99.8%。

国Ⅰ前至国Ⅴ轻型汽油车单车污染物排放强度变化

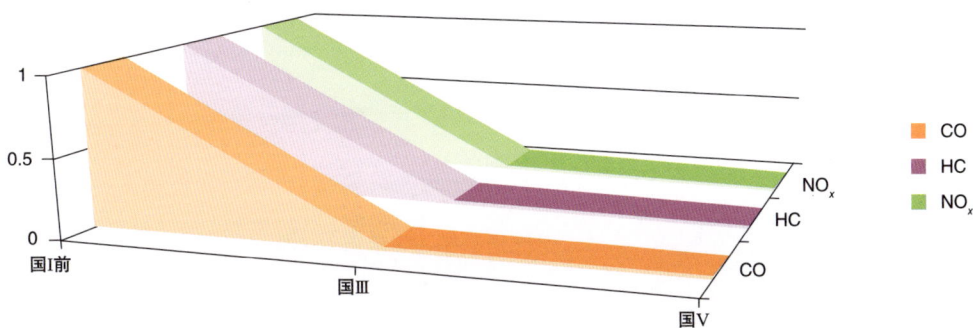

国Ⅰ前至国Ⅴ重型柴油车单车污染物排放强度变化

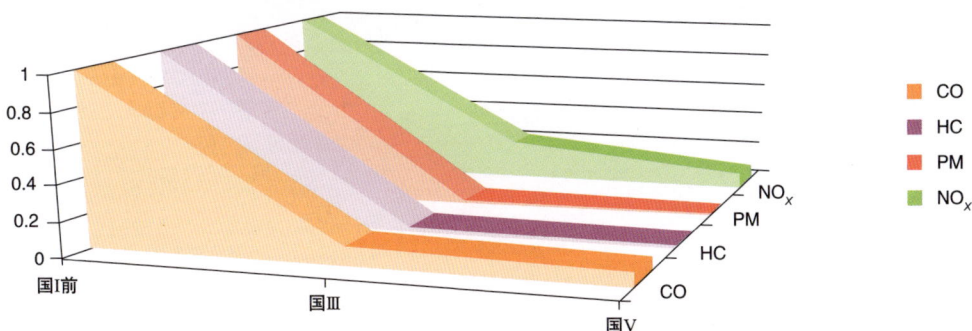

资料来源：《中国机动车污染防治年报2011》、各阶段排放法规

乘用车燃料消耗量标准实施即将进入第四阶段

　　我国2004年公布了第一个汽车燃油经济性标准《乘用车燃料消耗量限值》（GB 19578—2004），规定了第一、二阶段燃料消耗量限值；2011年12月30日公布了《乘用车燃料消耗量评价方法及指标》（GB 27999—2011），规定了车型燃料消耗量和企业平均燃料消耗量的评价方法及指标，即第三阶段乘用车油耗标准，从2012年7月1日起执行。第四阶段乘用车油耗标准已于2014年12月22日发布，将于2016年1月1日开始实施。

　　第三、四阶段标准与第一、二阶段的主要差别是：①采用单车限值标准和企业平均燃料消耗量（CAFC）达标双重管理，前者为车辆产品公告准入依据，后者为企业达标强制性要求；②不仅针对国产车生产企业，而且针对进口车经销商；③第四阶段标准在核算企业CAFC时，通过增大计算权重等方式，对新能源汽车（纯电动、燃料电池、插电式）、超低油耗汽车（2.8L/100km以下）和采用先进节能技术（如轮胎气压监测系统）的传统汽车予以鼓励；④规定了2015年和2020年我国乘用车油耗平均水平目标，分别为6.9L/100km和5.0L/100km；⑤规定了逐步实现100%达标的导入期。

中国乘用车燃料消耗量标准实施阶段

阶　段	开始实施时间	适用标准	备　注
第一阶段	新认证车型：2005年7月1日 在生产车型：2006年7月1日	GB 19578—2004	为单车限值要求 针对国内生产车型
第二阶段	新认证车型：2008年1月1日 在生产车型：2009年1月1日	GB 19578—2004	为单车限值要求 针对国内生产车型
第三阶段	2012年7月1日	GB 19587—2004 GB 27999—2011	对国内生产车型的限值要求和对生产、进口企业的CAFC要求并行 目标：到2015年乘用车油耗平均水平达到6.9L/100km
第四阶段	2016年1月1日	GB 19587—2014 GB 27999—2014	对国内生产车型的限值要求和对生产、进口企业的CAFC要求并行 目标：到2020年乘用车油耗平均水平达到5.0L/100km

资料来源：根据相关资料整理

第四阶段油耗标准
大幅加严单车限值和目标值，高整备质量段尤甚

第一、二阶段油耗标准只有单车限值概念，即对整备质量处于不同范围的汽车，规定了不同的油耗限值。从第三、四阶段开始，在单车限值基础上，又引入了目标值概念，前者用于车辆的产品公告准入，后者用于核算企业平均燃料消耗量目标值并以此对企业达标与否进行判定。相同阶段标准中，相同质量段车型的油耗目标值严于油耗限值。三阶段限值即为二阶段限值，四阶段限值则为三阶段目标值。

从油耗标准加严幅度看，第二阶段限值比第一阶段加严10%左右；第三阶段目标值比第二阶段限值（或第三阶段限值）加严15%～20%；第四阶段目标值比第三阶段目标值加严25%～37%，加严幅度不断增大。此外，整备质量越大，油耗目标值加严幅度就越大，是油耗标准从第三阶段过渡到第四阶段的突出特点，体现出鼓励小型、轻量化车型和限制大型、重量化车型的政策倾向。

中国乘用车燃料消耗量标准各阶段限值与目标值

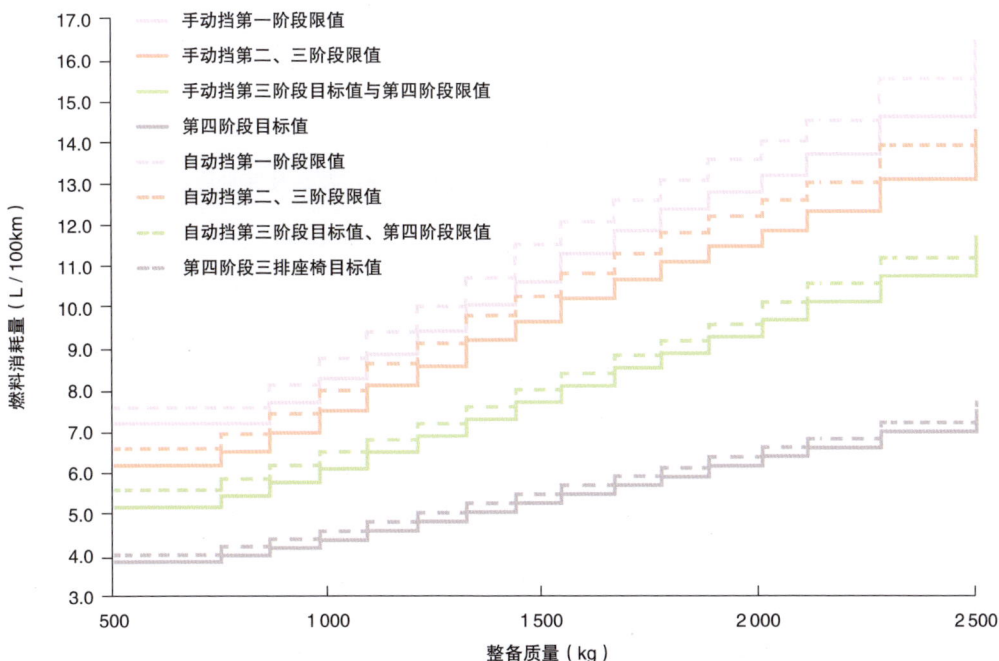

图例：
- 手动挡第一阶段限值
- 手动挡第二、三阶段限值
- 手动挡第三阶段目标值与第四阶段限值
- 第四阶段目标值
- 自动挡第一阶段限值
- 自动挡第二、三阶段限值
- 自动挡第三阶段目标值、第四阶段限值
- 第四阶段三排座椅目标值

纵轴：燃料消耗量（L / 100km）
横轴：整备质量（kg）

资料来源：《中国乘用车燃料消耗量发展年度报告》，iCET

汽车生产和消费持续快速发展

进入21世纪以来，中国汽车产量从2001年的234万辆增长到2014年的2 372万辆，增长了9倍，年均增长19.5%。其间，2002—2008年，以每年增长100万辆的速度达到900多万辆，金融危机后的2009年又超高速增长至千万辆级水平，达到1 300多万辆，2013年再次跨上新台阶，进入两千万辆级水平，达到2 200多万辆。汽车市场规模从2001年的237万辆增长到2014年的2 349万辆，增长了8.9倍，年均增长19.3%。其间，在2003年、2006年和2009年分别超过德国、日本和美国。截至2014年，中国已连续六年位列世界汽车产销量首位，在世界汽车产量中的占比从2001年的4.2%提高到2013年的25.3%，在世界汽车销量中的占比从2001年的4.5%提高到2013年的25.7%。

2001—2013年，世界汽车产销量分别从5 577万辆和5 259万辆增长到8 730万辆和8 539万辆，在净增的3 153万辆和3 280万辆中，中国的贡献分别为1 978万辆和1 961万辆，贡献率分别为63%和60%。

2001—2014年中国汽车销量世界排名

万辆

排名	2001	2002	2003	2004	2005	2006	2007	2008	2009	2010	2011	2012	2013	2014
1	美国 1747	美国 1713	美国 1697	美国 1729	美国 1744	美国 1705	美国 1645	美国 1349	中国 1364	中国 1806	中国 1851	中国 1931	中国 2198	中国 2349
2	日本 591	日本 579	日本 583	日本 584	日本 585	中国 722	中国 879	中国 934						
3	德国 363	德国 355	中国 439	中国 507	中国 576									
4	英国 277	中国 325												
5	法国 275													
6	意大利 264													
7	中国 237													

2001—2014年中国汽车产销量及在世界的占比

万辆　　■ 产量　　■ 销量　　△ 产量占比　　✕ 销量占比　　%

	2001	2002	2003	2004	2005	2006	2007	2008	2009	2010	2011	2012	2013	2014
产量	234	325	444	597	571	728	888	935	137	182	184	192	221	237
销量	237	325	439	507	576	722	879	934	136	180	185	193	219	234
产量占比	4.2	5.5	7.3	7.9	8.6	10.5	12.1	13.3	22.4	23.5	23.0	22.9	25.3	—
销量占比	4.5	5.6	7.4	7.9	8.6	10.4	12.2	15.1	25.0	24.2	23.8	23.6	25.7	—

资料来源：根据《中国汽车工业年鉴》和世界汽车制造商协会数据整理

4 技术应用状况

节能环保安全   # 乘用车中柴油车份额仅为0.3%

先进柴油车指采用了诸如电控喷油、高压共轨、废气再循环和废气后处理等新技术的柴油车，其最大特点是具有比汽油车高30%～40%的燃油经济性。但我国乘用车中柴油车的数量微乎其微，且产量占比呈逐年下降态势，目前仅为0.33%。柴油车相对于汽油车较高的NO_x和颗粒物PM排放水平，以及在此基础上的不鼓励政策是形成这一状况的主要原因。以我国轻型汽车国Ⅲ、国Ⅳ排放标准中的颗粒物PM排放限值为例，国Ⅲ标准的轻型柴油车限值约为轻型汽油车的100倍，即使国Ⅳ标准的轻型柴油车限值也在国Ⅲ轻型汽油车的30倍以上，要到第Ⅴ、Ⅵ阶段柴油车才能与汽油车大致拉平。

应该说，柴油车市场规模的扩大首先取决于柴油在国家能源战略中的地位，以及由此而形成的有利的燃油税、车辆购置税、消费税、油耗标准和排放标准等政府政策。此外，燃油供给、油品品质、产品技术和成本等因素也对柴油车的发展至关重要。

2009—2013年乘用车中柴油车产量及占比

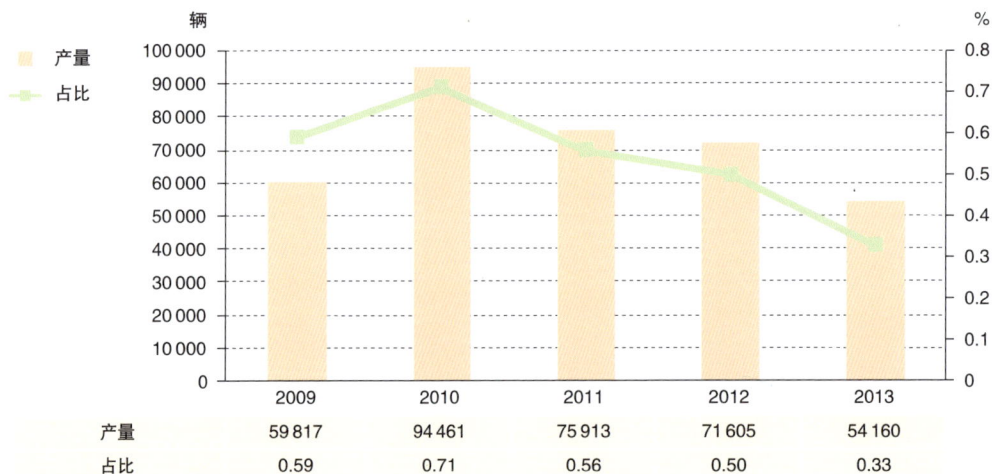

	2009	2010	2011	2012	2013
产量	59 817	94 461	75 913	71 605	54 160
占比	0.59	0.71	0.56	0.50	0.33

资料来源：根据相关资料整理

汽油乘用车缸内直喷技术应用快速增长，占比仍低

缸内直喷技术是改善汽油机燃油经济性的有效措施。与单点喷射或多点喷射将汽油喷至进气道或进气歧管处不同，它直接将汽油喷入燃烧室内。缸内直喷技术的特点是喷油压力高，燃油雾化好，显著提高发动机压缩比，并使稀薄燃烧和分层燃烧成为可能，从而能够大幅提高发动机的燃油经济性，节油效果可达8%～15%。近年来，我国新生产的汽油乘用车中，缸内直喷技术的应用比例增速较快，2009年以来，新生产汽车的采用率提高了10个百分点，采用量年均增长74.78%，但占比仍低，仅为12%，低于欧美30%～40%的水平。

2009—2013年汽油乘用车缸内直喷技术应用量及占比

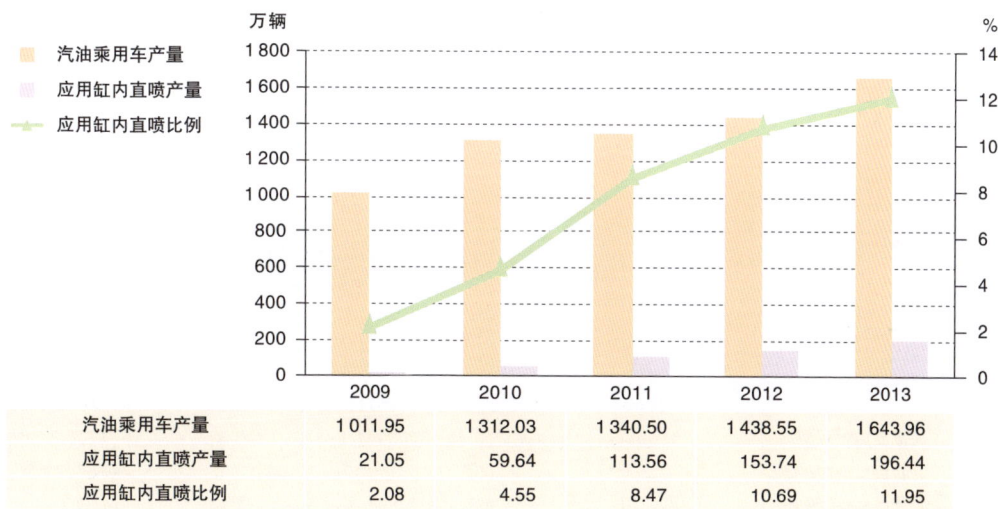

	2009	2010	2011	2012	2013
汽油乘用车产量	1 011.95	1 312.03	1 340.50	1 438.55	1 643.96
应用缸内直喷产量	21.05	59.64	113.56	153.74	196.44
应用缸内直喷比例	2.08	4.55	8.47	10.69	11.95

资料来源：根据相关资料整理

汽油乘用车涡轮增压技术应用比例为15%

涡轮增压的主要目的是提高发动机进气量，从而在不增大发动机排量的条件下，大幅提高发动机的功率和扭矩。采用涡轮增压技术的发动机，其最大功率可以提高40%甚至更高。以1.8T涡轮增压发动机来说，其功率相当于2.4L自然吸气发动机的水平，但油耗却只比1.8L自然吸气发动机略高，这就意味着采用涡轮增压技术可以达到提高燃油经济性和降低尾气排放的双重目的。

近年来，我国汽油乘用车涡轮增压技术的应用规模不断扩大，在新生产汽油车中的占比从2009年的3.48%提升至2013年的14.99%，提高了11.51个百分点，采用量年均增长62.65%。

2009—2013年汽油乘用车涡轮增压技术应用量及占比

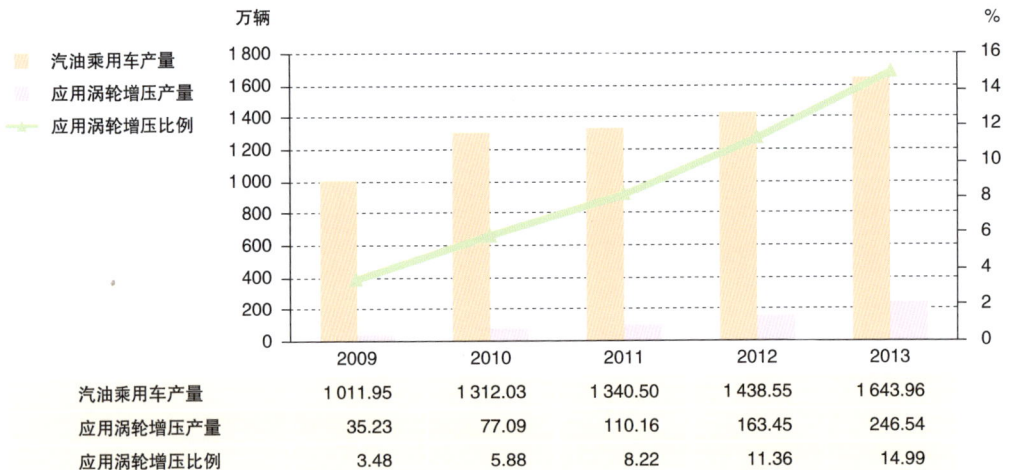

	2009	2010	2011	2012	2013
汽油乘用车产量	1 011.95	1 312.03	1 340.50	1 438.55	1 643.96
应用涡轮增压产量	35.23	77.09	110.16	163.45	246.54
应用涡轮增压比例	3.48	5.88	8.22	11.36	14.99

资料来源：根据相关资料整理

自动变速器占比逐年提高，
AT为市场主流，其次是DCT和CVT

不同类型的自动变速器具有不同的技术特点和性能特点。对汽车用户来说，省油、动感、舒适是主要诉求，对汽车厂商来说，技术条件和生产条件是选型的主要影响因素。

目前，我国乘用车变速器市场仍以手动变速器为主，占新车市场份额的一半以上，但呈现逐年下降趋势，已从2009年的68.93%下降到2013年的53.96%。与此同时，自动变速器（包括液力自动变速器AT、电控机械自动变速器AMT、双离合变速器DCT和无级变速器CVT）的市场份额逐年提高，从2009年的31.07%增长到2013年的46.04%。AT、AMT、DCT、CVT的市场份额均呈上升趋势，其中，CVT的市场份额从2009年的2.89%增长到2013年的5.95%；AT的市场份额从2009年的27%增长到2013年的33%；DCT的市场份额从2009年的0.75%增长到2013年的6.65%，增长幅度最大。2013年，在自动变速器中，AT占比为72%，为自动变速器市场主流，其次是DCT占比14.44%和CVT占比12.92%。

2009—2013年乘用车中各类变速器的应用比例

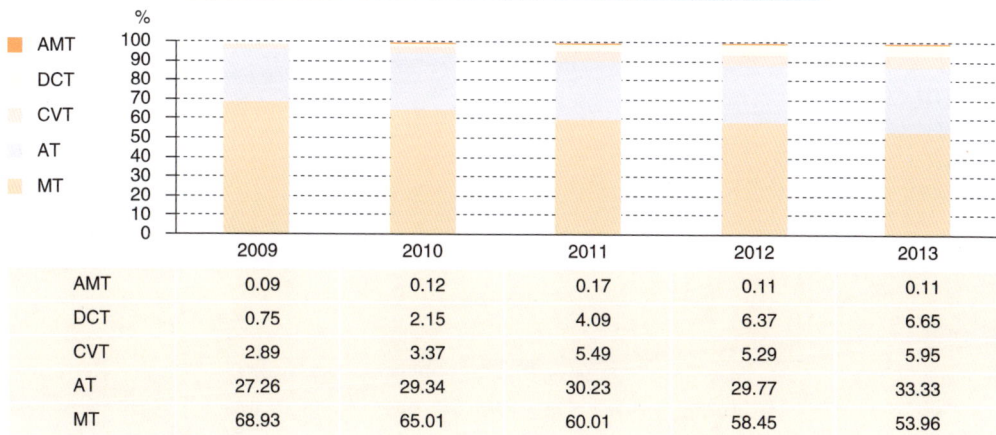

	2009	2010	2011	2012	2013
AMT	0.09	0.12	0.17	0.11	0.11
DCT	0.75	2.15	4.09	6.37	6.65
CVT	2.89	3.37	5.49	5.29	5.95
AT	27.26	29.34	30.23	29.77	33.33
MT	68.93	65.01	60.01	58.45	53.96

2013年新生产乘用车各类自动变速器市场份额

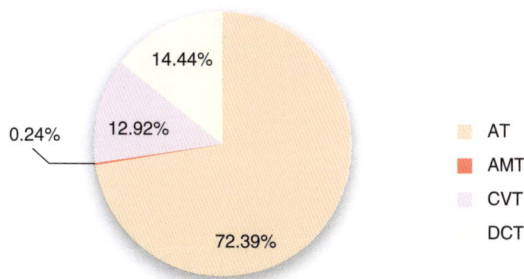

资料来源：根据相关资料整理

五挡变速器为市场主流，但多挡化趋势明显

近年来，我国新生产乘用车变速器呈现多挡化趋势。较多的挡位使变速器具有较大的变速比范围和较细密的挡位间变速比分配，能够最大限度地使车速与最佳的发动机转速相匹配，从而有利于改善汽车的动力性、经济性和换挡平顺性。从我国近年来新生产的乘用车变速器挡位的变化情况可以看到，五挡变速器是市场主流，但五挡变速器和四挡变速器一样，市场份额均呈下降趋势，分别从2009年的76.29%和12.01%下降到2013年的57.58%和6.59%。与此同时，6挡及以上变速器的市场份额大幅提升，从2009年的8.72%增长到2013年的29.87%，增长了21个百分点。

2009—2013年乘用车不同挡位变速器市场份额

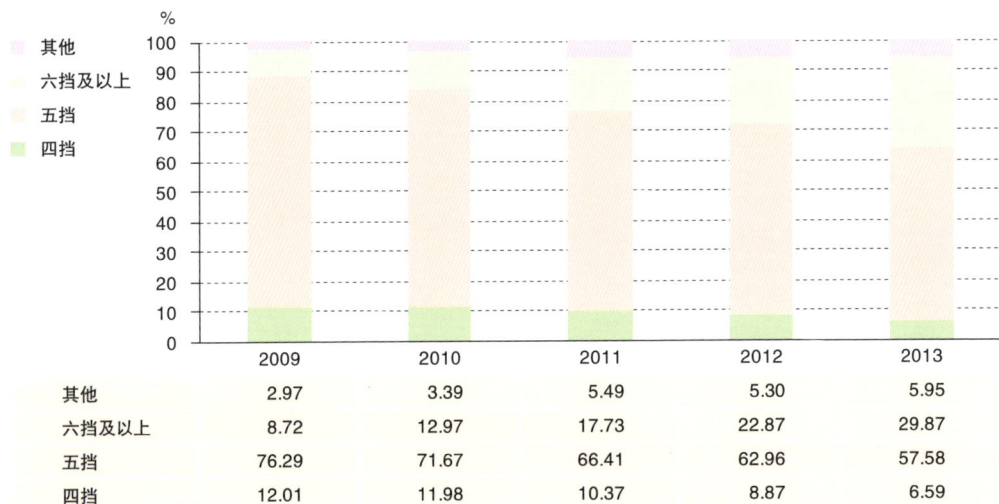

	2009	2010	2011	2012	2013
其他	2.97	3.39	5.49	5.30	5.95
六挡及以上	8.72	12.97	17.73	22.87	29.87
五挡	76.29	71.67	66.41	62.96	57.58
四挡	12.01	11.98	10.37	8.87	6.59

资料来源：根据相关资料整理

在先进供油技术和先进进气技术应用上，
自主品牌远落后于合资品牌

从2013年新生产乘用车应用缸内直喷技术和涡轮增压技术的品牌情况可以看到，自主品牌汽车在先进的发动机供油技术和进气技术的应用上，远远落后于合资品牌。有些合资品牌甚至100%的产品应用了这两项技术。

2013年新生产乘用车按品牌的缸内直喷技术应用情况

超过5万辆的品牌			
新帕萨特*	上海大众汽车有限公司	奥迪Q5*	一汽-大众汽车有限公司
途观*	上海大众汽车有限公司	奥迪A6L	一汽-大众汽车有限公司
朗逸	上海大众汽车有限公司	高尔夫	一汽-大众汽车有限公司
迈腾*	一汽-大众汽车有限公司	君越*	上海通用汽车有限公司
奥迪A4L*	一汽-大众汽车有限公司	BMW525Li*	华晨宝马汽车有限公司
速腾	一汽-大众汽车有限公司		
超过1万辆但不足5万辆的自主品牌			
比亚迪速锐	比亚迪汽车有限公司	比亚迪G6	比亚迪汽车有限公司

*采用率为100%或接近100%。

2013年新生产乘用车按品牌的涡轮增压技术应用情况

超过5万辆的品牌			
新帕萨特*	上海大众汽车有限公司	奥迪A6L	一汽-大众汽车有限公司
途观*	上海大众汽车有限公司	高尔夫	一汽-大众汽车有限公司
朗逸	上海大众汽车有限公司	哈弗H6*	长城汽车股份有限公司
迈腾*	一汽-大众汽车有限公司	长城C50*	长城汽车股份有限公司
奥迪A4L*	一汽-大众汽车有限公司	翼虎*	长安福特马自达汽车有限公司
速腾	一汽-大众汽车有限公司	BMW525Li*	华晨宝马汽车有限公司
奥迪Q5*	一汽-大众汽车有限公司	昂科拉*	上海通用汽车有限公司
超过1万辆但不足5万辆的自主品牌			
远景	浙江吉利控股集团有限公司	陆风X5	江铃汽车股份有限公司
瑞风S5	安徽江淮汽车股份有限公司	传祺GS5	广州汽车集团乘用车有限公司
比亚迪速锐	比亚迪汽车有限公司	荣威W5	上海汽车集团股份有限公司
比亚迪G6	比亚迪汽车有限公司		

*采用率为100%或接近100%。

资料来源：根据相关资料整理

在先进自动变速器技术应用上，
自主品牌同样落后于合资品牌

从2013年新生产乘用车应用无级变速器CVT技术和双离合变速器DCT技术的品牌情况可以看到，自主品牌汽车在先进自动变速器技术的应用上，同样远落后于合资品牌。

2013年新生产乘用车按品牌的CVT技术应用情况

超过2.5万辆的品牌	
奥迪A6L	一汽-大众汽车有限公司
奥迪A4L	一汽-大众汽车有限公司
轩逸	东风汽车有限公司
新骐达	东风汽车有限公司
天籁	东风汽车有限公司
逍客	东风汽车有限公司
阳光	东风汽车有限公司
骊威	东风汽车有限公司
雅阁	广汽本田汽车有限公司
RAV4	一汽丰田汽车有限公司
接近或超过0.5万辆但不足2.5万辆的自主品牌	
帝豪EC7	浙江吉利控股集团有限公司
比亚迪G6	比亚迪汽车有限公司
凯美瑞	广汽丰田汽车有限公司
瑞虎3	奇瑞汽车股份有限公司
艾瑞泽7	奇瑞汽车股份有限公司

2013年新生产乘用车按品牌的DCT技术应用情况

超过2.5万辆的品牌	
新帕萨特	上海大众汽车有限公司
朗逸	上海大众汽车有限公司
迈腾	一汽-大众汽车有限公司
速腾	一汽-大众汽车有限公司
奥迪Q3	一汽-大众汽车有限公司
高尔夫	一汽-大众汽车有限公司
CC	一汽-大众汽车有限公司
福克斯	长安福特马自达汽车有限公司
翼搏	长安福特马自达汽车有限公司
嘉年华	长安马自达汽车有限公司
菲翔	广汽菲亚特汽车有限公司
超过1万辆但不足2.5万辆的自主品牌	
比亚迪L3	比亚迪汽车有限公司

资料来源：根据相关资料整理

乘用车油耗与排量、整备质量反向变化体现技术进步

我国乘用车从2009年和2012年起全面实施第二阶段和第三阶段燃油经济性标准，降耗进程加速。乘用车按产量加权的平均油耗从2009年的7.77L/100km降低到2013年的7.23L/100km，共降低了7%，年均降幅1.8%左右。与此同时，平均排量和平均整备质量却分别提高了4%和8.7%。

我们知道，在同等技术水平下，油耗与排量、车重呈线性正相关关系，排量和车重越大，油耗越高。短期看，随着人们对汽车安全性、动力性和舒适性要求的不断提高，汽车排量和车重的增大可能不可避免。在这种情况下，要想满足日益严格的油耗法规，一方面仍要通过政策加强对小型化消费引导，另一方面必须通过采用一系列节能技术来提高车辆的技术水平。下图所示的油耗与排量、整备质量反向变化的状况，是我国近年来乘用车技术进步的反映。

2009—2013年国产乘用车平均油耗、排量和整备质量的变化

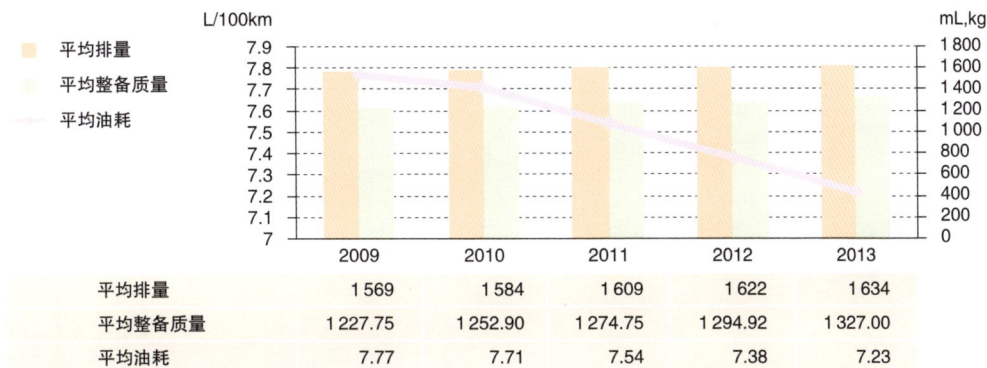

	2009	2010	2011	2012	2013
平均排量	1 569	1 584	1 609	1 622	1 634
平均整备质量	1 227.75	1 252.90	1 274.75	1 294.92	1 327.00
平均油耗	7.77	7.71	7.54	7.38	7.23

2009—2013年国产乘用车平均油耗、排量和整备质量相对值的变化

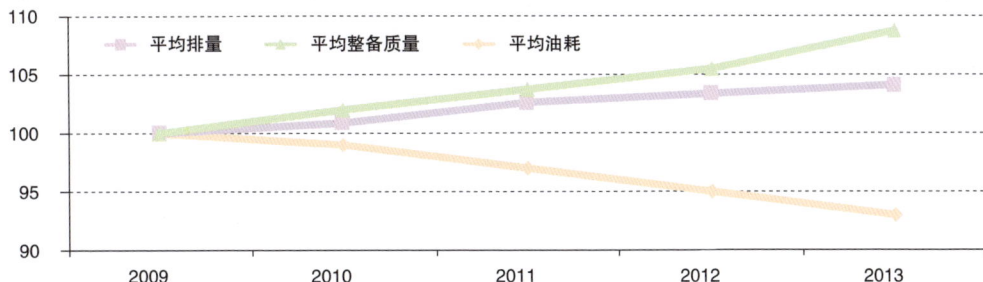

说明：设2009年为100，其他为与2009年相比的相对值。

资料来源：《中国乘用车企业平均燃料消耗量报告》，工信部装备司、《中国汽车节能战略研究主报告》，UNIDO、《中国乘用车燃料消耗量发展年度报告》，*i*CET

主流排量区间为1~1.6L，
但车型结构出现大型化趋势

从我国乘用车按排量的车型结构看，多年来一直是以1~1.6L为主流排量区间，但近年来出现平均排量逐渐增大，车型结构逐渐大型化的趋势。近年来的主要变化，一是1L以下小排量从2009年的14.84%降低到2013年的7.36%，2010年比2009年曾小幅上升，2011年之后出现持续下降；二是1~1.6L排量占比从2009年的55.72%增大到2013年的60.83%；三是1.6L以下排量占比从2009年的70.56%下降到2013年的68.19%。

节能技术水平和发动机排量是影响汽车燃油经济性水平的两项重要因素。技术的发展和普及应用是一个相对漫长且耗资较大的过程，而排量的降低或车型结构的小型化则更易实现。相比日本1L以下排量乘用车占比30%~40%，尚处于轿车普及阶段特别是二、三线城市轿车普及阶段的我国，在车型小型化上是有发展空间的。由于这关乎市场选择，因此通过适宜的政策进行市场导向将是关键。

2009—2013年不同排量范围乘用车占比及各年平均排量

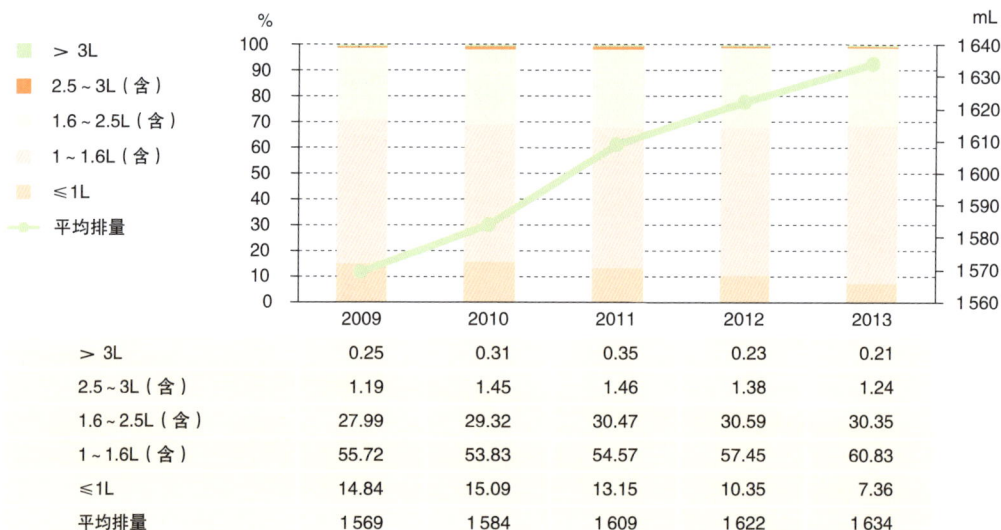

	2009	2010	2011	2012	2013
> 3L	0.25	0.31	0.35	0.23	0.21
2.5~3L（含）	1.19	1.45	1.46	1.38	1.24
1.6~2.5L（含）	27.99	29.32	30.47	30.59	30.35
1~1.6L（含）	55.72	53.83	54.57	57.45	60.83
≤1L	14.84	15.09	13.15	10.35	7.36
平均排量	1 569	1 584	1 609	1 622	1 634

资料来源：根据相关资料整理

合资企业平均油耗下降幅度东风日产最大，
小型化、轻量化和采用先进技术使然

下图是部分乘用车合资生产企业2013年企业平均油耗与2006年企业平均油耗的对比。这些企业平均油耗均有所下降，下降幅度在4.6%~21.4%。东风日产、上海大众和一汽-大众的下降幅度位列前三，其中东风日产的降幅最大，为21.4%，从2006年的8.54L/100km下降到2013年的6.71L/100km。

东风日产企业平均油耗的下降主要是车型排量和整备质量减小及节油技术广泛

应用所致。例如2013年"阳光"主力车型的排量为1.5L，整备质量为1 000kg，油耗为6L/100km左右，而2006年"阳光"主力车型排量为2.0L，整备质量为1 300kg，油耗为9L/100km。此外，无级变速器CVT技术在东风日产车型上得到广泛应用，2013年"天籁"2.5L车型的油耗为7.5L/100km，而该车型2006年的油耗为10.3L/100km，油耗降低了27%。

部分合资企业2006年和2013年平均油耗对比

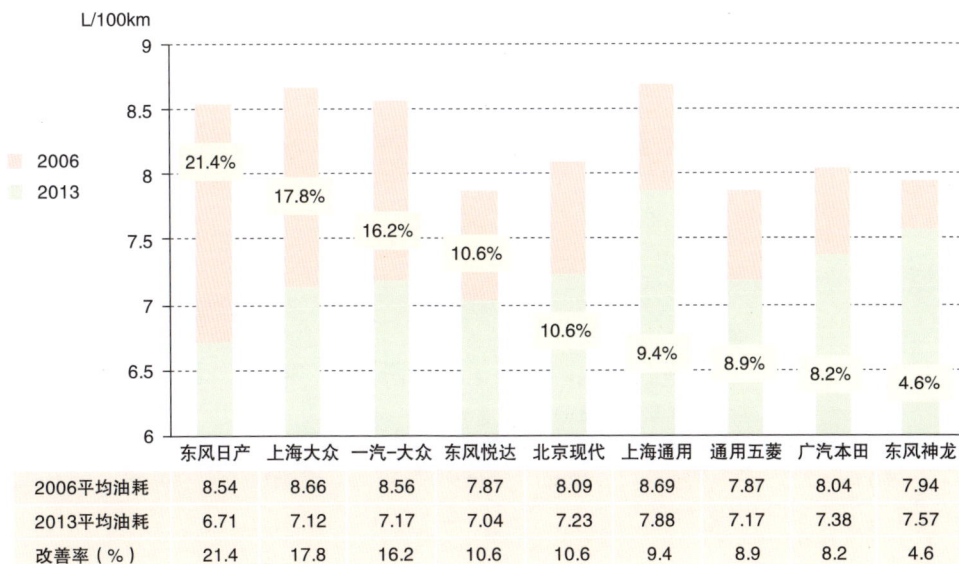

	东风日产	上海大众	一汽-大众	东风悦达	北京现代	上海通用	通用五菱	广汽本田	东风神龙
2006平均油耗	8.54	8.66	8.56	7.87	8.09	8.69	7.87	8.04	7.94
2013平均油耗	6.71	7.12	7.17	7.04	7.23	7.88	7.17	7.38	7.57
改善率（%）	21.4	17.8	16.2	10.6	10.6	9.4	8.9	8.2	4.6

资料来源：工信部装备司中国汽车燃料消耗量网站、《中国乘用车燃料消耗量发展年度报告》，iCET

自主品牌企业平均油耗下降幅度长城汽车最大，主要是产品结构改变所致

下图是部分乘用车自主品牌企业2013年企业平均油耗与2006年企业平均油耗的对比。这些企业平均油耗均有所下降，下降幅度在9.1%～29.0%。其中，长城汽车从2006年的9.63L/100km下降到2013年的6.84L/100km，下降幅度最大，为29.0%。

长城汽车企业平均油耗的大幅下降，主要得益于近年来其产品结构发生了较大变化。2006年时，长城汽车产品单一，均为SUV车型，油耗较高，单车油耗在9.5～10.5L/100km。2013年长城汽车的车型产品呈现多样化，C50和C30等小排量轿车产品的市场表现良好，其中C30年销量超过12万辆，而SUV车型也呈现多样化，出现了油耗较低的小型SUV车型，如M4车型的油耗仅为5.9L/100km。

部分自主品牌企业2006年和2013年平均油耗对比

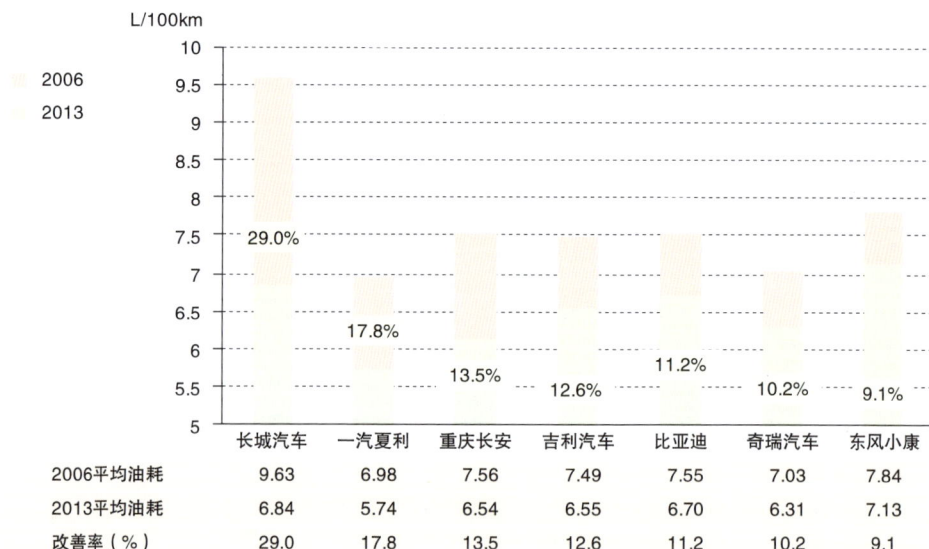

	长城汽车	一汽夏利	重庆长安	吉利汽车	比亚迪	奇瑞汽车	东风小康
2006平均油耗	9.63	6.98	7.56	7.49	7.55	7.03	7.84
2013平均油耗	6.84	5.74	6.54	6.55	6.70	6.31	7.13
改善率（%）	29.0	17.8	13.5	12.6	11.2	10.2	9.1

资料来源：工信部装备司中国汽车燃料消耗量网站、《中国乘用车燃料消耗量发展年度报告》，*i*CET

从企业平均油耗和平均排量
分布看处于低油耗区和高油耗区企业

2013年产量在1万辆以上的国产乘用车企业的平均燃料消耗量与平均排量的分布情况如下图所示。在图中，我们以全行业平均燃料消耗量（7.23L/100km）的水平线和平均排量（1.634L）的垂直线将图面分为4个部分。其中，右上角企业的平均排量和平均油耗均大于行业平均数，称为大排量区域；左下角企业的平均排量和平均油耗均小于行业平均数，称为小排量区域；右下角企业的平均排量大于行业平均数，但油耗却低于行业平均数，称为低油耗区域；左上角企业的平均排量小于行业平均数，但油耗却高于行业平均数，称为高油耗区域。

在企业平均燃料消耗量与平均排量分布图中，处于低油耗区域的企业有一汽-大众、长安马自达、东风日产、长安福特、一汽海马、北京现代、东风悦达、长城汽车、华普汽车；处于高油耗区域的企业有广汽菲亚特、一汽吉林、郑州日产、天津一汽丰田、江铃控股、江铃汽车、北汽股份、重庆力帆、北汽银翔、华晨金杯。

2013年乘用车产量万辆以上企业平均油耗和平均排量分布

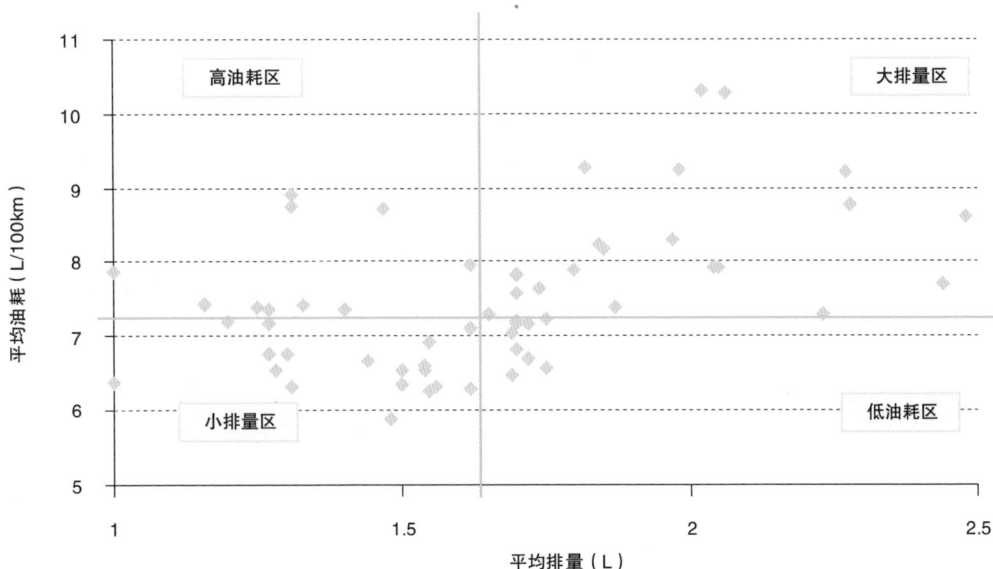

资料来源：工信部装备司中国汽车燃料消耗量网站、《中国乘用车燃料消耗量发展年度报告》，*i*CET

从企业平均油耗和平均整备质量 分布看处于低油耗区和高油耗区企业

2013年产量在1万辆以上的国产乘用车企业的平均燃料消耗量与平均整备质量的分布情况如下图所示。在图中，我们以全行业平均燃料消耗量（7.23L/100km）的水平线和平均整备质量（1 327kg）的垂直线将图面分为4个部分。其中，右上角企业的平均整备质量和平均油耗均大于行业平均数，称为大整备质量区域；左下角企业的平均排量和平均油耗均小于行业平均数，称为小整备质量区域；右下角企业的平均整备质量大于行业平均数，但油耗却低于行业平均数，称为低油耗区域；左上角企业的平均整备质量小于行业平均数，但油耗却高于行业平均数，称为高油耗区域。

在企业平均燃料消耗量与平均整备质量分布图中，处于低油耗区域的企业有：一汽-大众、奇瑞汽车、长安福特、一汽海马、上海大众、长城汽车；处于高油耗区域的企业有：一汽吉林、天津一汽丰田、江铃控股、江铃汽车、北汽股份、重庆力帆、北汽银翔、华晨金杯。

2013年乘用车产量万辆以上企业平均油耗和平均整备质量分布

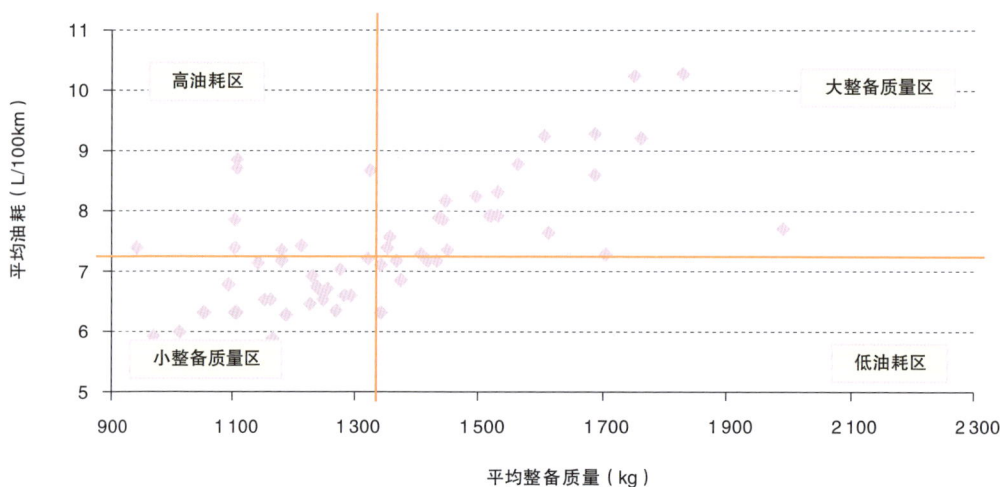

资料来源：工信部装备司中国汽车燃料消耗量网站、《中国乘用车燃料消耗量发展年度报告》，iCET

混合动力汽车市场潜力巨大，但生产尚未形成规模

截至2013年年底，进入《节能与新能源汽车示范推广应用工程推荐车型目录》的混合动力汽车生产企业共37家（商用车企业28家，乘用车企业9家），共有453款混合动力汽车产品获得国家汽车新产品公告。其中，商用车产品公告车型410款，乘用车43款。

自2008年以来，我国混合动力汽车销量（含进口车型）保持稳步增长，尤其2012年是2011年的2.69倍，2013年比2012年同比增长50%。但是，从混合动力汽车产量情况来看，受政策导向因素影响增长缓慢，2013年和2014年甚至出现负增长情况。因此，我国混合动力汽车市场潜力巨大，但受政策因素影响，混合动力汽车尚未进入规模化生产阶段，混合动力车型较少，缺乏主力车型。

2008—2014年混合动力汽车产销量

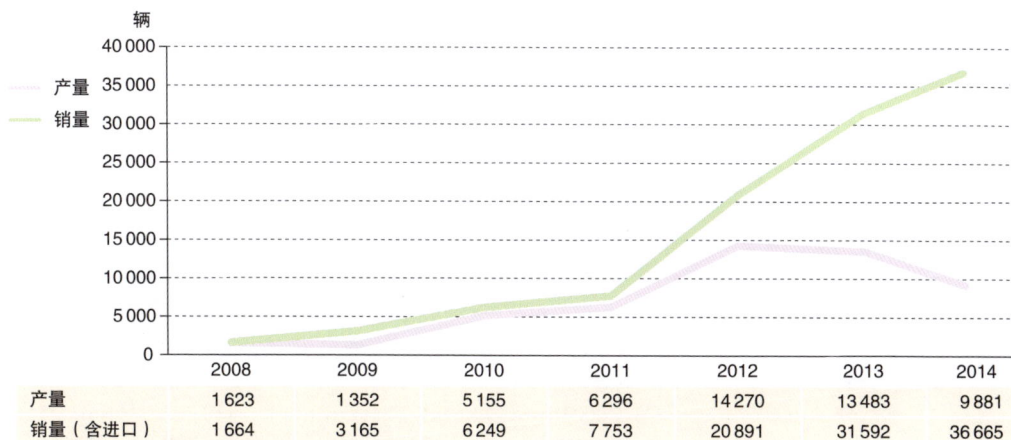

	2008	2009	2010	2011	2012	2013	2014
产量	1 623	1 352	5 155	6 296	14 270	13 483	9 881
销量（含进口）	1 664	3 165	6 249	7 753	20 891	31 592	36 665

2008—2013年混合动力汽车累计产量及车型占比

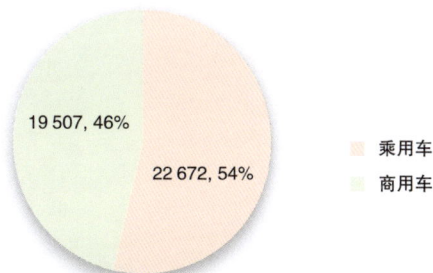

19 507, 46%
22 672, 54%

乘用车
商用车

数据来源：产量数据来自CATARC、销量数据来自Fourin、2014年数据来自中国汽车工业协会

混合动力乘用车技术起步较晚，企业发展亟需迎头赶上

目前，国际混合动力汽车技术逐渐成熟，节油效果显著，已经在欧、美、日等国家和地区得到大规模应用。

本田Civic Hybrid发动机排量1.5L，动力输出大幅提升，在油耗方面，2012款Civic Hybrid油耗仅为5.3L/100km，与传统型相比（Civic 1.8L AT2012款），节油率达24.5%；动力电池方面，由镍氢电池换成了锂离子电池。

丰田Prius第三代的发动机排量为1.8L，动力性提升，高速时发动机转速大幅下降，燃油经济性达到4.3L/100km。在驱动电机方面，使用永磁交流同步电机，电机功率较大，采用DC/DC驱动电压较高。动力电池方面，电池电压201.6V，容量6.5Ah，纯电行驶里程2km。

相较于丰田Prius第三代和本田Civic Hybrid，荣威750混合动力版的百公里油耗明显偏高。荣威750混合动力轿车动力电池采用磷酸铁锂电池，电池电压115V，容量4.0Ah。相较于同款的传统燃油车，荣威750混合动力版的节油率为20%。

国内外混合动力乘用车技术参数对比

类别	参数	丰田Prius第三代（THS Ⅲ）	本田Civic Hybrid(2012款)	荣威750混合动力版
整车	长/宽/高（mm）	44 460/1 745/1 490	4 504/1 752/1 430	4 865/1 765/1 422
	整备质量（kg）	1 379	1 305	—
	风阻系数（cd）	0.25	—	—
	最大功率（kW）	—	—	—
	最大扭矩（Nm）	—	—	—
	基于传统车平台	—	第九代Civic	荣威750
发动机	类型	1.8L VVT-i	1.5L i-VETC SOHC	1.8L 发动机
	发动机循环	阿特金森循环	—	Kavachi
	最大功率（kW）	73/5 200r/min	81/5 500r/min	118/5 500r/min
	最大扭矩（Nm）	142/4 000r/min	172/1 000r/min	215/2 500～4 500r/min
	燃油经济性（L/100km）	4.3	5.3（本田发布）	7.5（工信部）
电机	类型	永磁交流同步电机	永磁同步电机	三相异步电机
	运行电压（V）	650	—	—
	最大功率（kW）	60	17	20
	最大扭矩（Nm）	207	106	60
电池	类型	镍氢	锂离子电池	磷酸铁锂
	电压（V）	201.6	144	115
	容量（Ah）	6.5	—	4.0

资料来源：根据相关网络资料整理

获C-NCAP五星的测评车比例逐年提高至90%以上

C-NCAP是中国汽车技术研究中心于2006年推出的新车评价规程，是在统一试验工况下，对在我国销售的乘用车的碰撞安全性进行量化、规范化考核的评价规程。该评价规程的2006年版、2009年版、2012年版分别于2006年、2010年1月1日和2012年7月1日起实施。根据C-NCAP官方网站信息，2015年版评价规程已完成公示，正在进一步完善中。

已实施的3个版本的评价规程，在最初的50km/h正面100%重叠刚性壁障碰撞试验，56km/h正面40%重叠可变形壁障碰撞试验，50km/h可变形移动壁障侧面碰撞试验，以及安全带提醒和侧面安全气囊加分项基础上，逐渐增加了儿童安全座椅固定装置加分项，正面40%重叠碰撞速度提高至64km/h，增加了低速后碰撞颈部保护试验，增加了对汽车稳定控制系统加分项等，对汽车安全性能的要求不断提高。

截至2014年第四季度，共测评车辆262辆。从测评成绩看，获五星级评价的汽车比例由2006年的8.30%提高到2014年的92.50%，表明我国汽车产品的碰撞安全性能有了长足进步。

2006—2014年获C-NCAP五星的测评车比例

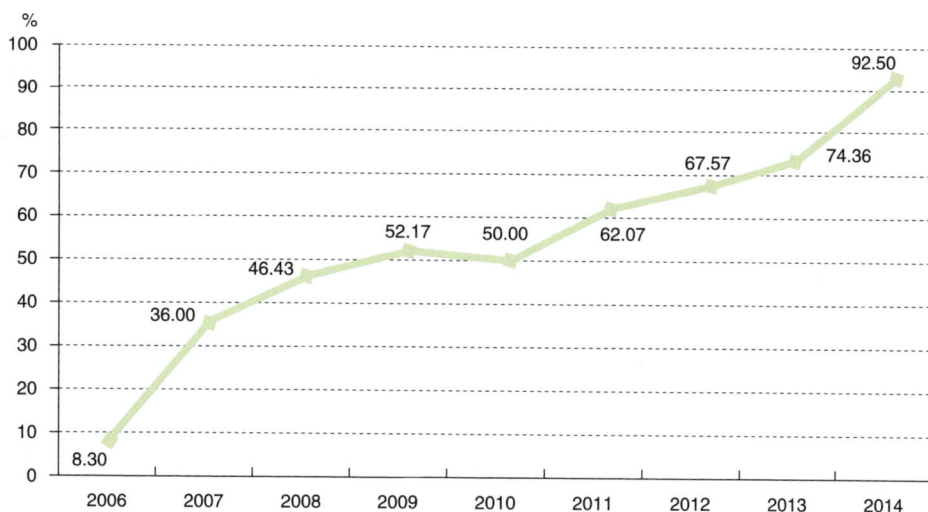

资料来源：《中国汽车安全发展报告》、中国新车评价规程（C-NCAP）官方网站

乘用车安全气囊采用率接近80%

汽车安全技术分为被动安全技术和主动安全技术。主动安全技术是指为了避免安全问题发生而采取的安全技术；被动安全技术是指车辆发生安全事故后，为了减少人员和财产损失而采取的安全技术。其中，汽车被动安全技术主要体现在车身结构设计、乘员约束系统、行人保护技术和被动安全零部件设计等方面，安全气囊属于乘员约束系统部件。

汽车安全气囊按照气囊数量可分为单气囊、双气囊和多气囊；按照控制方式可分为电子式和机械式；按照不同撞车方位和保护乘员的不同部位可分为正面安全气囊、侧面安全气囊、膝部安全气囊、腿部安全气囊和足部安全气囊等。从安全气囊技术发展趋势看，侧面安全气帘、翻滚气袋及防滑座椅气囊、头胸臀一体式保护侧面安全气囊、一体式正面保护气囊、制动辅助气囊等新型安全气囊正逐步扩大安全气囊的应用形式。

从下图乘用车安全气囊采用情况看，安全气囊在我国乘用车上的采用率接近80%，不少车型正从单气囊向双气囊和多气囊发展。

2009—2013年乘用车安全气囊采用率

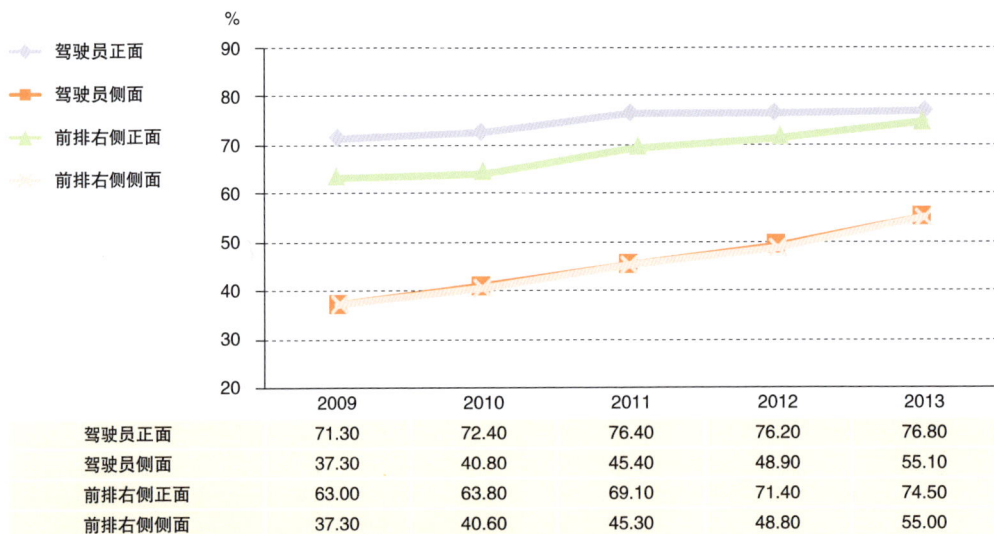

	2009	2010	2011	2012	2013
驾驶员正面	71.30	72.40	76.40	76.20	76.80
驾驶员侧面	37.30	40.80	45.40	48.90	55.10
前排右侧正面	63.00	63.80	69.10	71.40	74.50
前排右侧侧面	37.30	40.60	45.30	48.80	55.00

资料来源：根据相关资料整理

乘用车ABS采用率在65%左右

主动安全技术是当前及未来一段时间汽车安全发展的重点领域。汽车主动安全技术主要包括底盘主动控制技术、驾驶员辅助控制技术和自动驾驶控制技术三大类，而防抱死制动系统ABS则是应用最早的底盘主动控制技术。

ABS通过反复减小或增大制动力来保证车轮既受到制动又不完全抱死，使轮胎获得与路面之间的最大的纵向附着力，能够有效克服紧急制动时的侧滑、甩尾等情况，防止车身失控，提高车辆的制动稳定性。目前最先进的是四传感器四通道ABS，即每个车轮都由独立的液压管路和电磁阀控制，从而实现良好的防抱死功能。在欧、美、日，ABS为标准配置，我国乘用车ABS采用率快速增长，2013年已达到65%左右。

随着汽车电子技术和控制技术的发展，底盘一体化控制技术成为底盘主动控制技术的主要发展方向。其中，以电子稳定控制系统集成防抱死制动系统ABS，并加入电子制动力分配系统、制动辅助系统、牵引力控制系统等多个功能的集成方案为当前的主流技术方案之一。

2009—2013年乘用车ABS采用率

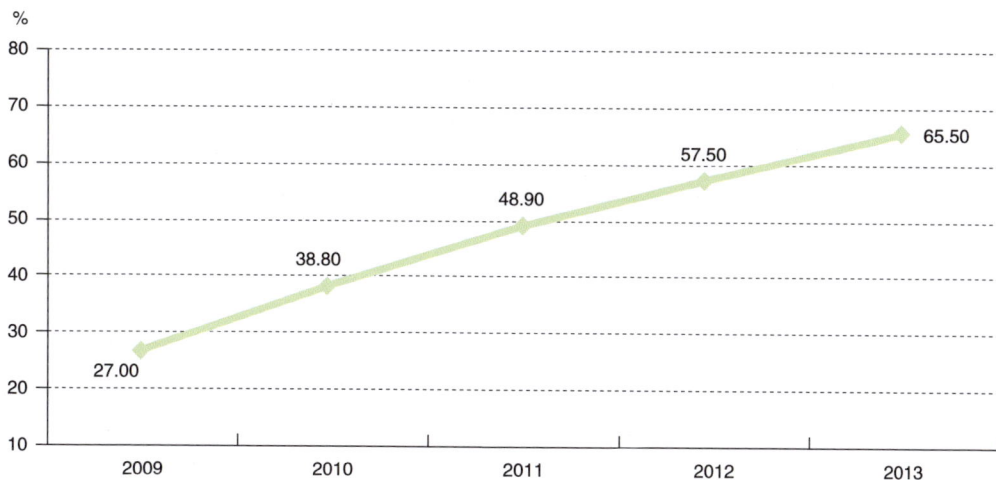

%

年份	采用率
2009	27.00
2010	38.80
2011	48.90
2012	57.50
2013	65.50

资料来源：根据相关资料整理

我国新能源汽车累计产量
相对于2020年目标的完成率为2.4%

世界主要汽车生产国均制定了百万级的新能源汽车发展目标。其中，美国计划至2015年和2020年分别推广100万辆和300万辆；德国计划至2020年和2030年分别推广100万辆和600万辆；日本计划至2020年纯电动汽车和插电式混合动力汽车累计销量为200万辆，在新车中的占比达到15%～20%；中国计划新能源汽车累计产销量至2015年和2020年分别达到50万辆和500万辆。

从各国新能源汽车发展目标的实现程度来看，不尽如人意。截至2014年，世界纯电动汽车和插电式混合动力汽车累计销售60万辆，相对于2020年2 000万辆的目标，总体完成率为3%。分国别来看，截至2014年年底，美国新能源汽车累计销售29万辆，相对于2000年300万辆的目标，完成率为9.7%；日本、德国相对于各自2020年目标的实现程度分别为5%、2.5%；截至2014年年底，我国新能源汽车累计产量为11.95万辆，相对于2020年500万辆的目标，完成率仅为2.4%，任务相当艰巨。

EVI国家（Electric Vehicle Initiative）2020年新能源汽车发展目标

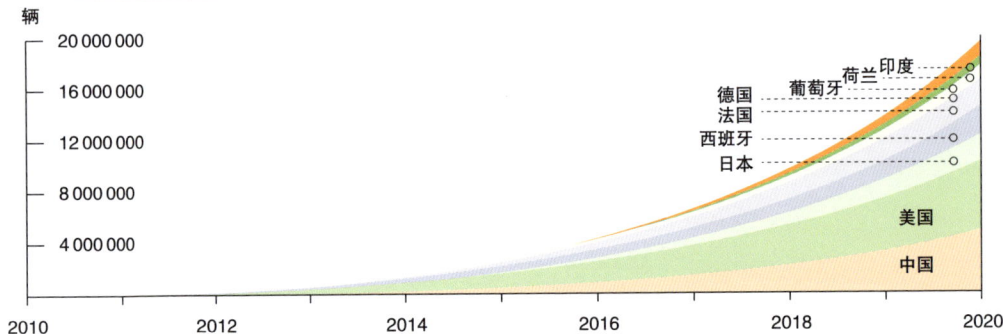

截至2014年年底美、德、日新能源汽车累计销量

	美国	德国	日本
2013年	96 702	7 463	29 761
2014年	114 773	12 800	33 603
累计销量	290 000	25 000	100 000

数据来源：中国汽车工程学会根据MARKLINES数据及有关公开资料整理

截至2014年累计生产新能源汽车11.95万辆

截止到2014年年底，我国共有1 253款新能源汽车车型进入国家机动车新产品公告（截至266批），其中，纯电动车型872款，插电式混合动力车型369款，燃料电池车型12款。与此同时，2014年12月24日，工信部发布了不符合节能与新能源汽车示范推广应用工程车型技术要求的20家车企的64款产品目录，标志着国家对新能源汽车产品的要求越来越严格。

截止到2014年年底，我国新能源汽车累计产量119 502辆。其中，2014年新能源汽车产量84 884辆，是2013年16 274辆的5.21倍，占新能源汽车累计产量的71%。

在新能源汽车中，纯电动汽车占比最大。截止到2014年年底，纯电动汽车累计产量83 069辆，占新能源汽车累计产量的69.5%；纯电动乘用车累计产量57 023辆，占新能源汽车累计产量的47.7%；插电式混合动力汽车累计产量36 331辆，占新能源汽车累计产量的30.4%。插电式混合动力乘用车技术逐渐成熟，产品获得市场认可，2014年比亚迪秦销售1.3万辆。燃料电池汽车仍处于小批量示范阶段，产量较小。

新能源汽车累计公告车型数及累计产量

项目		公告车型（个）	产量（辆）		
			2009—2013年	2014年	累计
车辆类型	纯电动 乘用车	132	18 151	38 872	57 023
	纯电动 客车	487	5 055	12 717	17 772
	纯电动 专用车	253	4 856	3 418	8 274
	插电式混合动力 乘用车	27	1 686	16 558	18 244
	插电式混合动力 客车	339	4 774	13 313	18 087
	插电式混合动力 专用车	3	0	0	0
	燃料电池 乘用车	8	90	6	96
	燃料电池 客车	4	6	0	6
合计		1 253	34 618	84 884	119 502

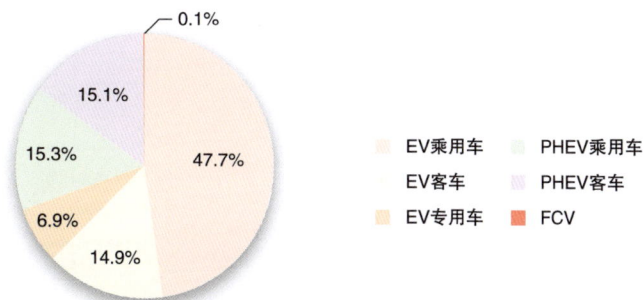

各类新能源汽车累计产量占比情况

- 0.1%
- 15.1%
- 15.3%
- 6.9%
- 14.9%
- 47.7%

EV乘用车　PHEV乘用车
EV客车　PHEV客车
EV专用车　FCV

数据来源：CATARC

2014年我国新能源汽车市场份额为0.3%

据中国汽车工业协会统计，2014年我国新能源汽车销售74 763辆，是2013年的4.2倍。其中，纯电动汽车销售45 048辆，是2013年的3.1倍，插电式混合动力汽车销售29 715辆，是2013年的9.8倍。

关于销售车辆类型，以2013年为例，插电式混合动力车型中乘用车占比为18%，客车占比为82%；纯电动车型中乘用车占比80%，客车占比9%，专用车占比11%。从汽车市场占比情况来看，2014年我国汽车总销量为2 349万辆，新能源汽车销量约占汽车总销量的0.3%，市场份额较小，新能源汽车实现市场化规模推广任重道远。

2011—2014年新能源汽车销量

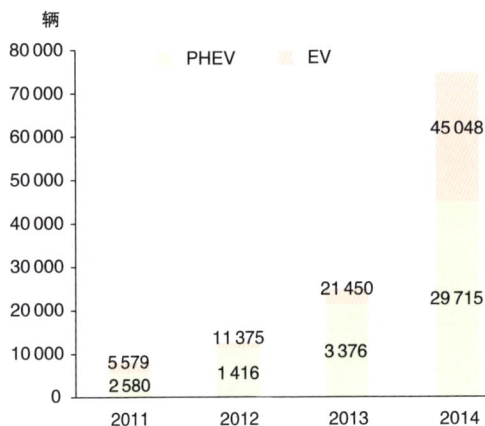

2013年纯电动汽车不同车型销量占比

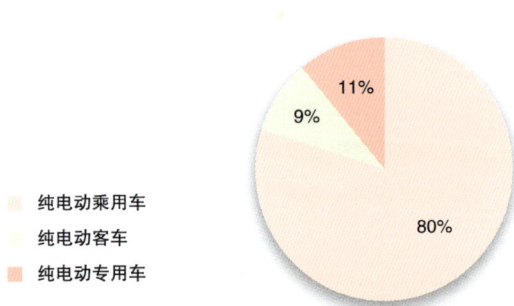

纯电动乘用车
纯电动客车
纯电动专用车

数据来源：中国汽车工业协会

插电式混合动力乘用车产品性能达到国际主流水平

近年来，我国插电式混合动力乘用车产品技术进步显著，主流车型产品的技术性能和可靠性明显提升，主要表现在纯电续驶里程进一步提高，能耗进一步降低，混合动力总成技术进一步优化成熟。代表性产品有比亚迪秦、上汽荣威550插电式混合动力车型。以比亚迪秦为代表的产品性能水平已经达到国际主流水平，并具有一定的性价比优势，产品成熟度较高。

但受传统汽车关键技术水平落后影响，国内插电式混合动力汽车技术与国外相比，仍有差距，主要表现在整车和零部件的工程化不足，成本较高，混合动力系统集成设计水平和可靠性有待提升。

国内外插电式混合动力乘用车产品技术参数对比

车型名称	Prius PHEV	Volt	秦	荣威550 PHEV
生产企业	丰田	通用	比亚迪	上汽股份
长×宽×高（mm）	4 480×1 745×1 510	4 498×1 787×1 439	4 740×1 770×1 480	4 648×1 827×1 479
整备质量（kg）	1 420	1 700	1 650	1 670
动力系统	直列4缸/顶置双凸轮轴/电喷/16气门发动机，永磁同步电动机	1.4L直列四缸发动机，两套日立永磁电机	采用比亚迪第二代双模系统，1.5L涡轮增压发动机+110kW电机	1.5L VTi-Tech高效能发动机，永磁同步电机
纯电续驶里程（km）	26.5	80	70	58
0—100km/h加速时间（s）	9	9	5.9	10.5
最高车速（km/h）	180	160	185	200
电池能量（kWh）	8	16.5	13	11.8
油耗（L/100km）	2.6	2.5	1.6	2.3
参考价格（万元）	19.5	21.8	18.98	24.88

资料来源：国内企业产品数据根据工信部《车辆生产企业及产品公告》整理、国外企业产品数据根据公开资料整理

高性能纯电动汽车技术与国外相比差距明显

关于纯电动汽车研发，我国已掌握车辆动力系统匹配与车辆集成设计、整车控制系统等领域的核心技术。以比亚迪e6为例，近年来，我国在纯电动汽车电池、电机和整车研发与产业化等方面均取得重大突破。但在高性能纯电动汽车产品的可靠性（故障率）和工程化能力上，仍落后于国外先进产品。相对于国外的全新结构车型，国内电动汽车多以改装车为主，车辆在产品能耗水平、轻量化技术、产品竞争力、品牌溢价能力等诸多方面存在不足。由下表可以看出，多数国内纯电动车型在电机输出功率、最高车速、加速性能、续航里程等方面均落后于国外产品。

此外，部分电机和电池所需零部件材料、控制器基础硬件、芯片等核心关键零部件仍依赖进口，车辆整体成本居高不下。

国内外纯电动乘用车技术参数对比

	车型名称	同悦	e6	E150EV	荣威E50	Leaf	Model S
	生产企业	江淮	比亚迪	北汽集团	上汽	日产	特斯拉
整车参数	车长（mm）	4 155	4 560	3 998	3 569	4 445	4 978
	整备质量（kg）	1 200	2 295	1 370	1 080	1 493	2 090
驱动电机	电机类型	永磁同步	永磁同步	永磁同步	永磁同步	永磁同步	异步电机
	最大功率（kW）	27	90	45	52	80	225
	最大转矩（Nm）	170	450	144	155	280	600
动力电池	电池类型	磷酸铁锂	磷酸铁锂	锂离子	锂离子	锂离子	锂离子
	电池能量（kWh）	18	63	22	18	24	70
整车性能	最高车速（km/h）	95	140	115	130	150	200
	0—100km/h加速时间（s）	—	＜10	16	14.6	9.9	6.2
	续驶里程（km）	150	300	150	180	200	370
参数价格（万元）		7.5	30.98	13.98	23.49	2.9万美元（约18万元人民币）	6.4万美元（约39万元人民币）

资料来源：国内企业产品数据根据工信部《车辆生产企业及产品公告》整理、
　　　　　国外企业产品数据根据公开资料整理

燃料电池汽车技术与国际先进水平差距拉大

我国燃料电池汽车发展与国外同时起步，但发展进程缓慢。近年来，国外燃料电池及燃料电池汽车技术取得突破性进展，燃料电池整车成本显著下降，而我国燃料电池汽车仍处于研发和试验考核阶段，推出车型较少。与国际先进水平相比，燃料电池汽车技术差距进一步拉大。

我国燃料电池汽车技术与国外的差距主要表现在：①国外开始采用700bar（$7 \times 10^7 Pa$）车载储氢系统，一次加注的续驶里程大大提高；②动力系统配置的差距主要体现在燃料电池输出功率和扭矩上。国外燃料电池发动机输出功率在80～100kW，远高于国内水平，而且具有很高的质量功率密度和体积功率密度；③在同等输出功率的情况下，国外电机产品具有更高的输出扭矩，比国内高50Nm左右，高出25%～40%。

国内外燃料电池汽车技术参数对比

项目	上汽 上海牌	上汽集团 F-cell	戴克 F-Cell	本田 Clarity	丰田 FCHV adv	通用 Provoq
整车整备质量（kg）	1 833	1 890	1 700	1 625	1 880	1 978
0—100km/h加速时间（s）	15	15	10	11	/	8.5
最高车速（km/h）	150	150	170	160	155	160
一次加氢续驶里程（km）	300[1]	300[1]	616[2]	570[4]	830[3]	483[3]
燃料电池功率（kW）	55	30	80	100	90	88
储氢压力（MPa）	35	35	70	70	70	70
冷启动温度（℃）	-10	-10	-25	-30	-30	-25
电机功率（kW）/扭矩（Nm）	90/210	88/210	100/290	100/260	90/260	150/-

① 中国城市循环工况

② 欧盟NEDC工况

③ 美国EPA工况

④ 日本10～15工况

资料来源：国内企业产品数据根据工信部《车辆生产企业及产品公告》整理、国外企业产品数据根据公开资料整理

新能源汽车累计示范推广规模为4.64万辆

2009年启动"十城千辆"工程，2013年9月，四部委颁布《关于继续扩大新能源汽车推广应用工作的通知》(财建〔2013〕551号)，启动了第二轮新能源汽车推广示范工作。

截至2014年9月，全国各示范城市共推广新能源汽车46 400辆。其中，2013年以来示范推广速度加快，全年新能源汽车示范推广量达到14 300辆，推广规模较2012年的5 616辆增长1.5倍；2014年1—9月新能源示范推广量为20 490辆。

从示范推广的车辆类型来看，截止到2013年年底，新能源乘用车的示范推广规模为17 665辆，占新能源示范推广规模的68%；新能源客车的示范推广规模为5 899辆，占比23%；新能源专用车的示范推广规模为2 346辆，占比9%。

截至2014年9月新能源汽车累计示范推广规模

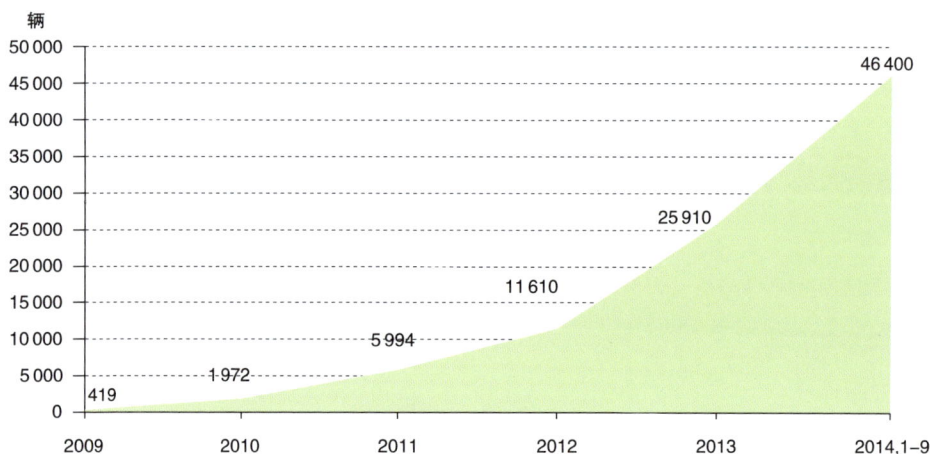

截至2013年年底新能源汽车不同车型累计示范推广规模及占比

乘用车   客车   专用车

数据来源：科技部

示范推广的新能源汽车生产企业较集中

纯电动乘用车2013年示范推广规模为9 159辆，主要车型包括康迪、江淮同悦、北汽E150EV、比亚迪e6、众泰等。前三款车型的示范推广数量为6 877辆，占纯电动乘用车推广总量的3/4，市场集中度较高。康迪电动车2013年示范推广规模为3 019辆，占纯电动乘用车示范推广规模的1/3，这主要得益于其商业模式的创新。

纯电动客车2013年的推广示范规模为2 299辆，其中排名前三位的比亚迪、五洲龙、安凯的示范推广规模为1 496辆，占纯电动客车示范推广规模的71%。

纯电动专用车2013年示范推广规模为1 152辆，主要由北京华林、东风汽车、成都王牌、四川一汽、中联重科等汽车企业生产或改装。北京华林和东风两家企业的专用车示范推广规模分别为496辆和400辆，合计占纯电动专用车推广规模的近80%。

插电式混合动力汽车2013年示范推广规模为1 690辆。其中，乘用车生产企业主要是比亚迪F3DM，2013年共推广421辆；客车生产企业主要包括重庆恒通、五洲龙、安凯、宇通、扬子江、南车时代。

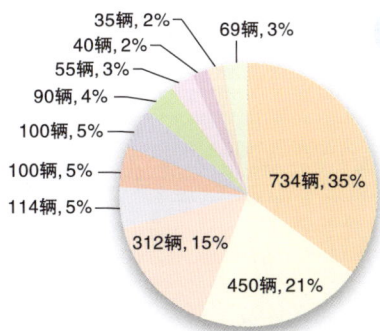

2013年纯电动客车示范推广车型规模及占比

35辆，2%
40辆，2%
55辆，3%
90辆，4%
100辆，5%
100辆，5%
114辆，5%
312辆，15%
450辆，21%
734辆，35%
69辆，3%

比亚迪　万向　一汽客车
五洲龙　宇通　上海万象
安凯　北汽福田　其他
申沃　南京金龙

2013年纯电动乘用车示范推广车型规模及占比

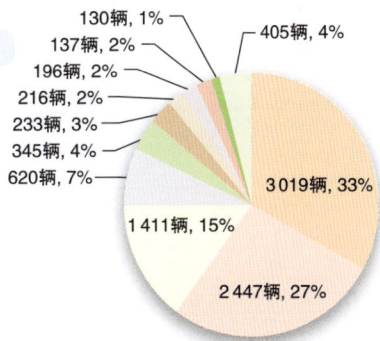

康迪　众泰　荣威E50
江淮同悦　奇瑞瑞麒　东风启辰
北汽E150EV　长安E30　其他
比亚迪e6　昌河

130辆，1%
137辆，2%
196辆，2%
216辆，2%
233辆，3%
345辆，4%
620辆，7%
405辆，4%
3 019辆，33%
2 447辆，27%
1 411辆，15%

数据来源：科技部

新能源汽车基础设施建设集中于少数大城市，加氢站建设差距较大

目前，我国电动汽车充电基础设施包括充电桩和充（换）电站两大类，集中建设在各示范城市。截至2014年4月，全国39个示范推广城市（群）已建成524座充（换）电站，2万多个充电桩。

充（换）电站建设主要集中于浙江城市群、北京、深圳等城市，这三地的充（换）电站建设规模占充（换）电站总规模的半数以上。我国充电桩共计超过2万个的建设规模，与发达国家充电桩建设规模相仿，主要集中于合肥、深圳、北京、杭州等私人电动汽车推广数量相对较多的城市。

燃料电池汽车加氢站建设，与美国、日本相比有较大差距，美国68座，日本26座，我国仅建成5座。目前全球正在运行中的加氢站点共208座，我国已建成的5座加氢站中，实际运行的只有2座，分别是北京清能华通加氢站和上海安亭加氢站。

截至2014年4月电动汽车充电基础设施建设情况

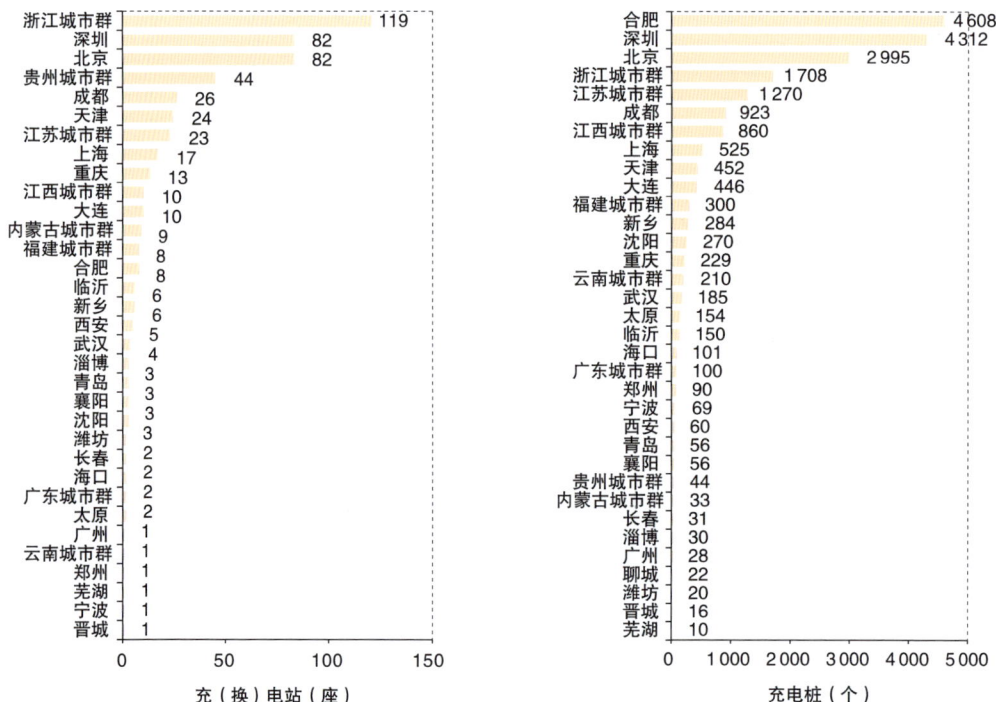

左图：充（换）电站（座）

城市	充（换）电站（座）
浙江城市群	119
深圳	82
北京	82
贵州城市群	44
成都	26
天津	24
江苏城市群	23
上海	17
重庆	13
江西城市群	10
大连	10
内蒙古城市群	9
福建城市群	8
合肥	8
临沂	6
新乡	6
西安	5
武汉	4
淄博	3
青岛	3
襄阳	3
沈阳	3
潍坊	2
长春	2
海口	2
广东城市群	2
太原	1
广州	1
云南城市群	1
郑州	1
芜湖	1
宁波	1
晋城	1

右图：充电桩（个）

城市	充电桩（个）
合肥	4 608
深圳	4 312
北京	2 995
浙江城市群	1 708
江苏城市群	1 270
成都	923
江西城市群	860
上海	525
天津	452
大连	446
福建城市群	300
新乡	284
沈阳	270
重庆	229
云南城市群	210
武汉	185
太原	154
临沂	150
海口	101
广东城市群	100
郑州	90
宁波	69
西安	60
青岛	56
襄阳	56
贵州城市群	44
内蒙古城市群	33
长春	31
淄博	30
广州	28
聊城	22
潍坊	20
晋城	16
芜湖	10

数据来源：科技部

新能源汽车示范推广城市2015年推广计划

预计到2015年年底，全国39个示范推广城市（群）累计推广应用新能源汽车327 316辆，各城市（群）的示范推广车辆目标均在5 000辆以上。其中，有8个城市和5个城市群新能源汽车推广规模超过10 000辆，北京、深圳推广目标分别为35 020辆和35 000辆。

从车辆应用领域看，到2015年年底，39个城市（群）在公共服务领域将累计推广新能源汽车20多万辆，占推广总量的60%以上，主要服务于公交、出租、公务、环卫、物流等公共领域；私人乘用车推广规模为12.6万辆，占推广总量的38%。

预计到2015年年底，全国将累计建成充（换）电站1 527座，充电桩230 045个。其中北京、深圳充电桩的计划建设规模均超过30 000个；深圳、哈尔滨、珠三角城市群计划建设的充电站数量最多，主要为公交车配套。

截至2015年年底示范城市（群）新能源汽车推广目标及基础设施建设计划

城市	新能源汽车(辆)	充电桩（个）	充电站（座）
北 京	35 020	35 700	5
上 海	10 000	6 000	0
天 津	12 000	6 900	24
重 庆	10 000	700	30
广 州	10 000	9 970	105
深 圳	35 000	33 586	244
合 肥	5 720	5 000	6
沈 阳	5 000	4 550	10
大 连	5 000	3 840	7
武 汉	10 500	11 440	0
成 都	5 000	3 000	16
西 安	11 000	3 520	36
哈尔滨	5 000	0	250
长 春	5 000	5 000	30
青 岛	52 000	3 540	17
聊 城	5 000	2 680	3
临 沂	5 000	5 260	6
潍 坊	5 010	5 000	6
淄 博	5 000	580	11
郑 州	5 500	2 800	7

续表

城市	新能源汽车(辆)	充电桩（个）	充电站（座）
宁　波	5 000	5 000	7
芜　湖	5 110	6 000	10
新　乡	5 000	2 550	81
襄　阳	5 000	5 000	9
长株潭	6 100	3 600	16
海　口	5 000	4 100	6
泸　州	5 000	4 000	30
兰　州	5 000	6 900	21
太　原	5 000	1 570	14
晋　城	5 000	5 340	15
珠三角城市群	10 000	9 018	194
浙江城市群	10 100	3 000	56
江苏城市群	15 135	0	0
河北城市群	13 141	5 455	83
福建城市群	10 000	6 550	42
江西城市群	5 300	680	4
昆明+3城市群	5 000	5 236	15
贵州城市群	5 000	3 000	80
内蒙古城市群	7 500	3 800	31

数据来源：各示范城市新能源汽车推广计划数据来自科技部，
　　　　车辆用途分类数据来自《2014年节能与新能源汽车产业发展报告》

磷酸铁锂电池占装车总容量95%以上，
为汽车动力电池主导类型

我国新能源汽车产业的发展带动了关键零部件电池产业的发展。

2013年，国内新能源汽车示范推广车辆的电池装车总容量为86.52万kWh。其中，磷酸铁锂电池占主导地位，电池总容量达到82.1万kWh，占装车总容量的95%左右，其他类型钛酸锂、锰酸锂、三元锂离子、聚合物锂离子、超级电容的电池总容量为4.4万kWh，仅占电池装车总容量的5%左右。钛酸锂电池主要装配重庆恒通插电式混合动力客车，锰酸锂电池主要为丹东黄海客车配套。

从电池配套车型情况来看，首先是纯电动客车配套电池容量占到60%以上，约为54万kWh，其次是纯电动乘用车，占配套电池总容量的1/4。

2013年各类动力电池装车容量及占比

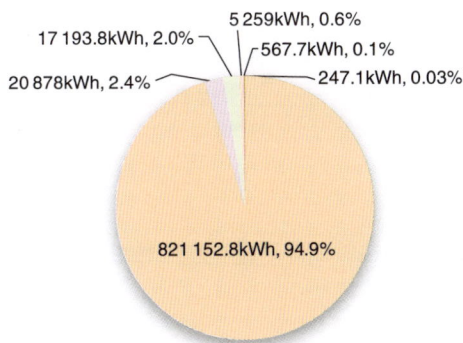

17 193.8kWh, 2.0%
20 878kWh, 2.4%
5 259kWh, 0.6%
567.7kWh, 0.1%
247.1kWh, 0.03%
821 152.8kWh, 94.9%

磷酸铁锂　三元锂离子　钛酸锂　超级电容　锰酸锂　聚合物锂离子

2013年各类新能源汽车动力电池装车容量及占比

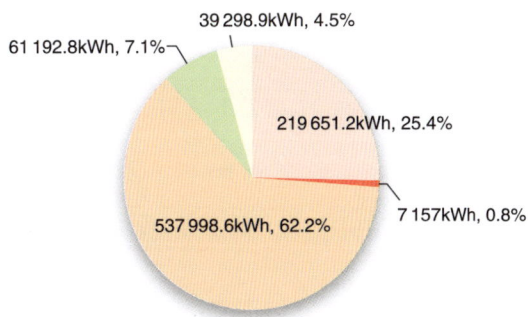

61 192.8kWh, 7.1%
39 298.9kWh, 4.5%
219 651.2kWh, 25.4%
537 998.6kWh, 62.2%
7 157kWh, 0.8%

纯电动乘用车　插电式客车　插电式乘用车　纯电动专用车　纯电动客车

数据来源：科技部

百余家锂电池生产企业产能利用率低，仅两家达到10%

截止到2013年年底，我国锂离子动力电池企业超过100家。2013年配套新能源汽车示范推广车辆的电池供应商数量超过30家，排名前10位的企业电池装车容量为78万kWh，占电池装车总容量的91%。

2013年，锂电池装车容量市场份额占比最大的是比亚迪，其装车容量为28.4万kWh，占锂电池装车容量总规模的33%，比亚迪生产的动力电池主要供应比亚迪纯电动乘用车及商用车。国轩高科、沃特玛、

普莱德、万向等磷酸铁锂电池企业的主要配套企业有安凯客车、江淮、康迪、五洲龙、北汽等。湖州微宏的钛酸锂电池主要配套重庆恒通客车，装车容量为2万kWh。

目前国内车用动力电池产能利用率偏低。2010—2013年6月，国内主流的纯电动汽车电池生产厂家产能利用率在10%以上的只有安徽合肥国轩高科和比亚迪两家公司，分别为13.7%和11.5%，其他厂商的产能利用率均不足10%。

2013年各汽车动力电池企业电池装车容量及市场份额

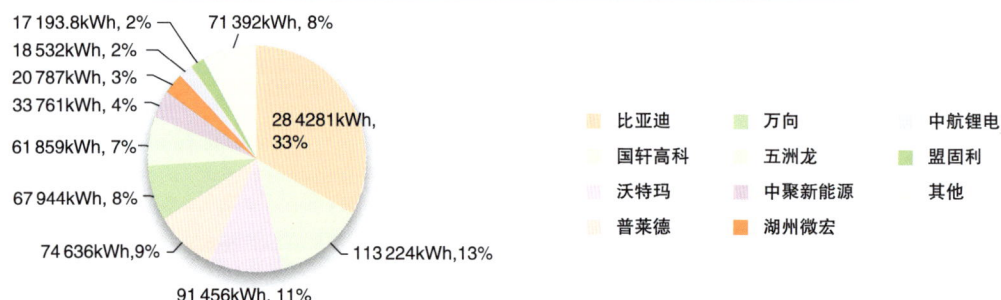

图例		
比亚迪	万向	中航锂电
国轩高科	五洲龙	盟固利
沃特玛	中聚新能源	其他
普莱德	湖州微宏	

- 17 193.8kWh, 2%
- 18 532kWh, 2%
- 20 787kWh, 3%
- 33 761kWh, 4%
- 61 859kWh, 7%
- 67 944kWh, 8%
- 74 636kWh, 9%
- 91 456kWh, 11%
- 113 224kWh, 13%
- 71 392kWh, 8%
- 28 4281kWh, 33%

2010年1月—2013年6月为纯电动汽车配套的动力电池装车容量和产能利用率

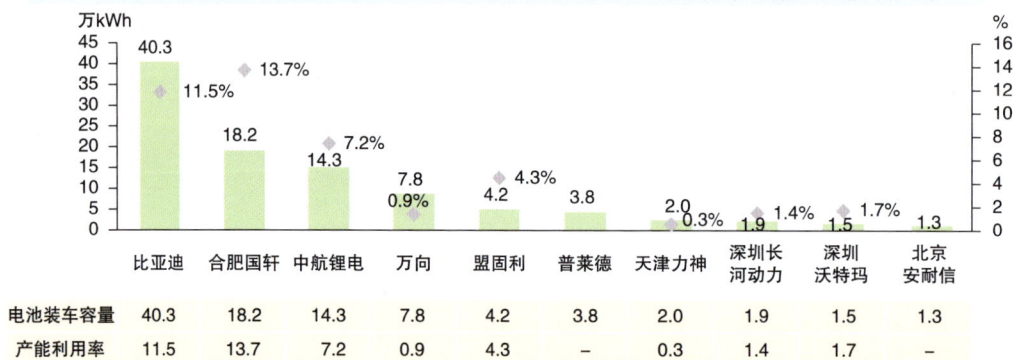

	比亚迪	合肥国轩	中航锂电	万向	盟固利	普莱德	天津力神	深圳长河动力	深圳沃特玛	北京安耐信
电池装车容量	40.3	18.2	14.3	7.8	4.2	3.8	2.0	1.9	1.5	1.3
产能利用率	11.5	13.7	7.2	0.9	4.3	—	0.3	1.4	1.7	—

数据来源：科技部、赛迪顾问、《2013年全球锂离子电池市场中日韩三分天下》、OFweek锂电网，2014年5月29日

高功率锂离子动力电池综合性能水平有待提高，
生产成本略占优势

目前，国际上电动汽车用锂离子动力电池成组后的能量密度可达120Wh/kg，寿命可达到5～10年，而成本则可降低至3～5元/（Wh），已经具备了产业化条件，大规模生产将有助于进一步提高电池的一致性并降低成本。

我国在科技部"863"计划的大力支持下，动力电池的技术水平有了很大提升，磷酸铁锂动力电池系统的比能量超过90Wh/kg，循环寿命超过1 000次，动力电池成本逐步下降。

但与全球先进技术水平相比，我国车用锂离子动力电池的技术性能仍存在差距，主要表现在电池成组技术和电池集成技术水平不高，电池能量密度和循环寿命两个重要指标落后，仅在成本上略占优势。

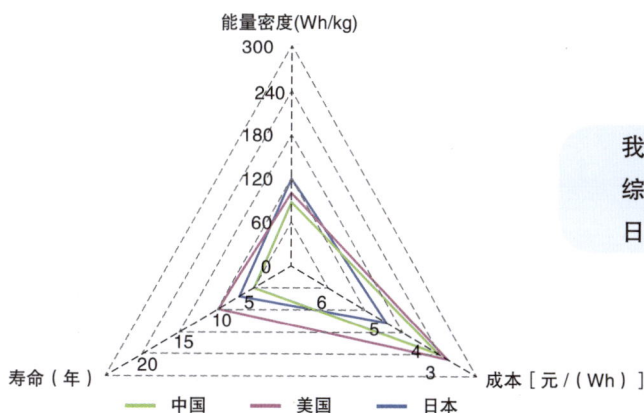

我国电动汽车用锂离子电池的
综合性能水平及其与美、
日同类电池的比较

2013年我国"863"能量型磷酸铁锂/石墨锂离子动力电池技术参数

50AhLFP锂离子电池	最终目标	2013年目标	实际结果
标称电压（V）	≥3.2	3.2	3.2
标称容量（Ah）	50	50	52.082
比功率（W/kg）	≥650	≥600	915.5
比能量（Wh/kg）	≥140	≥130	138.5
容量保持率，28d储存（%）	90	90	＞97
循环寿命（次）	≥3 000	≥2 500	94.1%在1 200次
安全性	符合国家标准		通过测试

数据来源:《2014年中国新能源汽车产业发展报告》

比亚迪从F3DM到秦的动力电池技术进步明显

比亚迪的锂离子电池产品系铝壳方形设计，虽然单体电池比能量不高，但是比功率均超过2 000W/kg，有利于满足车辆加速和提供高的辅助功率及刹车制动能量回收等需求。

近年来，比亚迪通过生产技术改进和完善，产品性能及质量水平不断提升，产品具有较长的循环寿命（45℃下依然保持较高的循环寿命），良好的温度特性（-10℃下可充电，0℃充电获得80%额定容量，-30℃下放电超过90%的额定容量）及安全性等。

比亚迪电池产品已经用于K9纯电动公交车、e6纯电动轿车、F3DM以及秦等新能源汽车产品。由F3DM发展至秦，电池体积和重量降低了一半，比能量分别由66.6Wh/L和72.7Wh/kg提升至120Wh/L和131.6Wh/kg，而总能量仅由16kWh降至13kWh，技术提升非常显著。

比亚迪秦所用锂离子动力电池主要技术参数

参数	F3DM	秦
单体电池容量（Ah）	50	26A
电池包尺寸（mm）	1896×967×131	953×369×307
单体电池数	100	152
体积（L）	240.18	107.96
重量（kg）	220.1	98.75
总能量（kWh）	16	13
标称电压（V）	330	500

数据来源：《2014年中国新能源汽车产业发展报告》

排名前五的纯电动乘用车型和客车车型均装配磷酸铁锂动力电池

锂离子电池热稳定性较好，是当前热门的动力电池类型。国内主流的纯电动乘用车和商用车主要配套使用磷酸铁锂电池。

从主流新能源乘用车车型的动力电池配套类型来看，电池组总成能量密度大多在60~100Wh/kg，较国外目前120Wh/kg的平均水平还有差距。在这种情况下，国内新能源乘用车主流车型的单车电池容量在20~30kWh，续航里程为80~120km。

纯电动客车在城市特定区域或沿特定路线行驶，行驶范围相对固定。为保证其行驶顺畅，单车电池容量在500~600kWh，一次充满电续驶里程在200~250km，这样纯电动客车在夜间采用慢充方式充满电后，再利用白天运行间歇进行短暂补电，基本能满足一天的运行需求。

排名前五的纯电动乘用车车型配套电池

序号	车辆型号	2013年推广规模（辆）	电池配套厂商	电池类型	单车电池容量（kWh）	总成标称电压（V）	总成能量密度（Wh/kg）
1	江淮 HFC7000AEV	2 447	合肥国轩	磷酸铁锂	19	304,307	85.2
2	上海华普 SMA7000BEV	1 400	万向，中聚新能源	磷酸铁锂	21.12	80	70
3	上海华普 SMA7001BEV	1 399	万向，中聚新能源	磷酸铁锂	21.12	80	70
4	北汽股份 BJ7000B3D1-BEV	947	普莱德	磷酸铁锂	22	—	—
5	比亚迪 QCJ7006BEVF	620	比亚迪	磷酸铁锂	63.4	316.8	85

排名前五的纯电动客车车型配套电池

序号	车辆型号	2013年推广规模（辆）	电池配套厂商	电池类型	单车电池容量（kWh）	总成标称电压（V）	总成能量密度（Wh/kg）
1	比亚迪 CK6120LGEV2	390	比亚迪	磷酸铁锂	600	540	101.25
2	五洲龙 FDG6113EVG3	340	五洲龙，沃特玛	磷酸铁锂	500	537.6	64
3	北汽股份 BJ6400L3R-BEV	200	普莱德	磷酸铁锂			
4	比亚迪 CK6120LGEV1	190	比亚迪	磷酸铁锂	600	540	101.25
5	比亚迪 CK6120LGEV	151	比亚迪	磷酸铁锂	600	540	101.25

数据来源：科技部

车用电机系统各项性能达到或接近国际先进水平

我国电动汽车所用的驱动电机系统几乎全部由国内电机生产企业配套。目前我国不同规模的驱动电机系统生产企业20余家。

2013年，我国节能与新能源汽车的电机装车规模达到15 434台，其中，混合动力汽车的电机装车规模为1 134台，新能源汽车的电机装车规模为14 300台。在新能源汽车的电机装车规模中，永磁同步电机占主导地位，为8 822台，占60%以上；其次是交流异步电机，装车规模为5 450台，占38%。混合动力汽车中，永磁同步电机占77%，交流异步电机占23%。

从装车类型看，配套新能源乘用车的电机近万台，占新能源汽车电机配套总规模的67%，以永磁同步电机为主；配套新能源客车的电机规模为3 568台，占25%，同样以永磁同步电机为主。

永磁同步电机使用广泛的原因主要是我国丰富的稀土资源使国内生产的永磁同步电机性价比优势较大。目前，我国生产永磁同步电机的主要企业包括上海电驱动、上海大郡、大洋电机、精进电动、南车株洲电力机车研究所等。目前，国内车用驱动电机系统在功率等级、功率密度和效率等方面，均已达到或接近国际先进水平。

2013年节能与新能源汽车不同类型电机配套量及市场份额

交流异步电机
永磁同步电机
无刷直流电机

28台, 0.2%
5 712台, 37.0%
9 694台, 62.8%

2013年各类节能与新能源汽车不同类型电机配套车型及占比

车辆类型	电机类型	装车规模（辆）	占比（%）	合计（辆，%）
新能源乘用车	交流异步电机	3 877	25.12	9 580, 62.07
	永磁同步电机	5 693	36.89	
	无刷直流电机	10	0.06	
新能源客车	交流异步电机	1 322	8.57	3 568, 23.12
	永磁同步电机	2 228	14.43	
	无刷直流电机	18	0.12	
新能源专用车	交流异步电机	251	1.62	1 152, 7.46
	永磁同步电机	901	5.84	
混合动力客车	交流异步电机	262	1.70	1 094, 7.09
	永磁同步电机	832	5.39	
混合动力轿车	永磁同步电机	40	0.26	40, 0.26
合计		15 434	100.00	

数据来源：科技部

驱动电机产业有比较优势，
电机系统向高效率、轻量化、小型化方向发展

创新材料和创新结构是电机研发的重点，国际上未来电机系统逐渐成为多学科融合发展的产物。我国大力研究和推广稀土永磁电机的开发及应用，尤其是近年来高耐热性、高磁性能钕铁硼永磁体的成功开发及电力电子器件的进一步发展，促使稀土永磁同步电机研发向着高转速、高扭矩、大功率方向发展。

通过多领域集成设计优化，我国多个电机企业已经研制出功率密度超过3.0kW/kg高速高密度永磁电机，并在多款纯电动轿车、插电式混合动力轿车上应用，具有较高的性价比和可靠性。

目前，我国轮毂/轮边电机的研发仍主要集中于高校、科研单位，实际应用于车辆的实例较少。中国汽研与上海电驱动合作，采用分布式驱动系统，开发出集成行星减速器的轮边电机和一体化电动轮毂，轮边电机峰值功率达25kW，峰值扭矩达375Nm，功率密度达2.0kW/kg。

电机控制器领域，国内电力电子集成控制器本体的质量密度和体积密度与国外相比，仍存在较大差距，在芯片集成设计、热设计、产品化设计方面的差距更大。

国外电机系统技术研发现状

国家	日本				美国	
研发机构	安川电机	北海道大学	名古屋大学	黑田精工	大陆集团	特斯拉
电机类型	QMET Drive电机系统	铁氧体永磁同步电机	混合励磁电机	驱动电机转子铁芯	电励磁同步电机	异步电机
适用车型	纯电动、混合动力汽车	混合动力汽车		混合动力汽车	电动汽车	纯电动汽车
创新点	提高电机效率	电机体积减小	稀土用量减半	铁芯体积变小	效率提升；安全性提升；稀土用量减少	铁芯材料、绕组结构优化，效率提升
产品性能		输出功率50kW	功率密度3.4kW/kg		峰值功率70kW；最高扭矩226Nm；最高转速12 000r/min	最大功率185kW；最高扭矩270Nm

车用驱动电机系统的技术目标

指标	2015年		2020年	
	乘用车	商用车	乘用车	商用车
系统成本[①]（元/kW）	200	300	150	240
电机功率密度[②]（kW/kg）	>2.7		>3.2	
电机扭矩密度[②]（Nm/L）	>55		>75	
控制器质量密度（kW/kg）	>6.0		>10	
控制器体积密度（kW/L）	>8.0		>12	
系统最高效率（%）	>94		>94	
系统高效区（η>80%）（%）	>75		>80	

① 系统成本指电机及其控制系统总成本，功率指系统峰值功率；
② 电机质量按照转定子的质量计算，电机体积按照转定子和绕组端部包络体积计算。

资料来源：《2014年中国新能源汽车产业发展报告》

轻量化

汽车轻量化包含设计、材料和制造技术三大研究方向，并非简单的材料替代

汽车轻量化不是简单的材料替代，而是在满足车辆安全性、动力性、经济性和各种功能要求，并考虑成本因素条件下，通过先进设计技术、先进材料技术、先进制造技术的综合集成应用，使汽车实现减重的过程。汽车轻量化是一个涉及技术、经济、安全、环境等诸多方面的复杂系统工程，需要不同技术领域诸多关键技术的支撑，其中包括材料技术、零部件优化设计和检测技术、先进制造技术、材料回收与再利用技术、车辆维修技术等。

目前，汽车轻量化技术的三大研究领域为轻量化设计技术、轻量化材料技术和轻量化制造技术。其中，设计技术是龙头，材料技术是基础，制造技术是纽带。

轻量化设计技术是汽车轻量化研究的传统方向，包括结构拓扑优化、尺寸优化和形状优化，并且以车身的轻量化为主要研究方向。轻量化材料技术是指对高强度钢、铝、镁、钛合金、塑料及复合材料等的开发和在汽车上的应用，是当前汽车轻量化技术的重要研究方向。

在越来越多地采用先进轻量化材料的同时，先进制造技术随之同步发展，在车身制造上，体现为先进的成形和连接工艺，在零部件制造上，与铝合金、镁合金相关的真空压铸工艺是当前的研究热点。

汽车轻量化技术三大研究领域

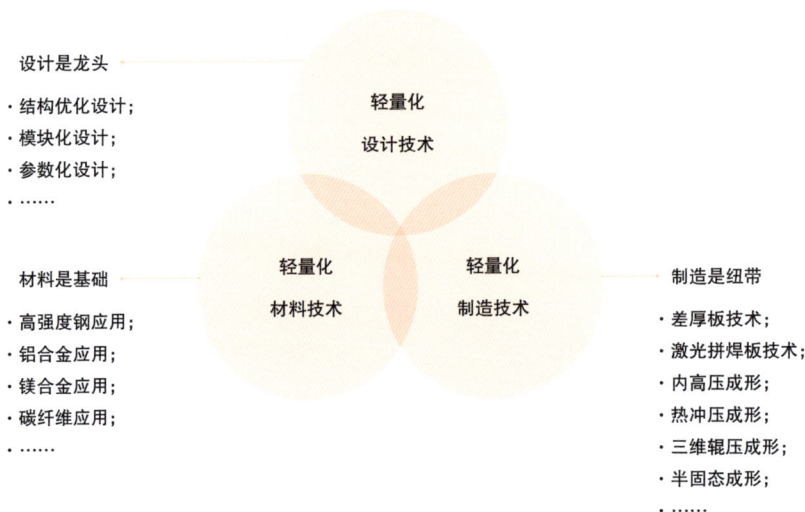

设计是龙头
- 结构优化设计；
- 模块化设计；
- 参数化设计；
- ……

轻量化设计技术

材料是基础
- 高强度钢应用；
- 铝合金应用；
- 镁合金应用；
- 碳纤维应用；
- ……

轻量化材料技术

轻量化制造技术

制造是纽带
- 差厚板技术；
- 激光拼焊板技术；
- 内高压成形；
- 热冲压成形；
- 三维辊压成形；
- 半固态成形；
- ……

资料来源：根据相关资料整理

汽油乘用车整备质量每降低100kg，油耗降低0.5L /100km

汽车轻量化是节能减排的有效措施之一。自20世纪90年代以来，许多大型研究计划积极推动和开展了汽车轻量化技术研究，如美国的PNGV（Partnership for New Generation of Vehicles）计划、国际钢铁协会组织的ULSAB（Ultra Light Steel Auto Body）研究计划，欧洲的全铝车计划（BTITE–EURAM2）、3升车计划（3 Liter Car）等。我国也在2007年成立了汽车轻量化技术创新战略联盟（以下简称轻量化联盟）。

轻量化联盟秘书处对2012年中国市场在售的3 858个汽油乘用车型（含进口、合资、自主品牌车型）数据进行了分析，分析结果表明，汽油乘用车整备质量每降低100kg，油耗可降低0.5L/100km。国际铝业协会2003年的报告指出，汽车质量每降低10%，可降低油耗6%～8%，排放下降4%。大众集团近年的研究结果表明，汽车质量每减少100kg，可节油0.3～0.5L/100km。

2012年在售汽油乘用车整备质量和油耗的关系

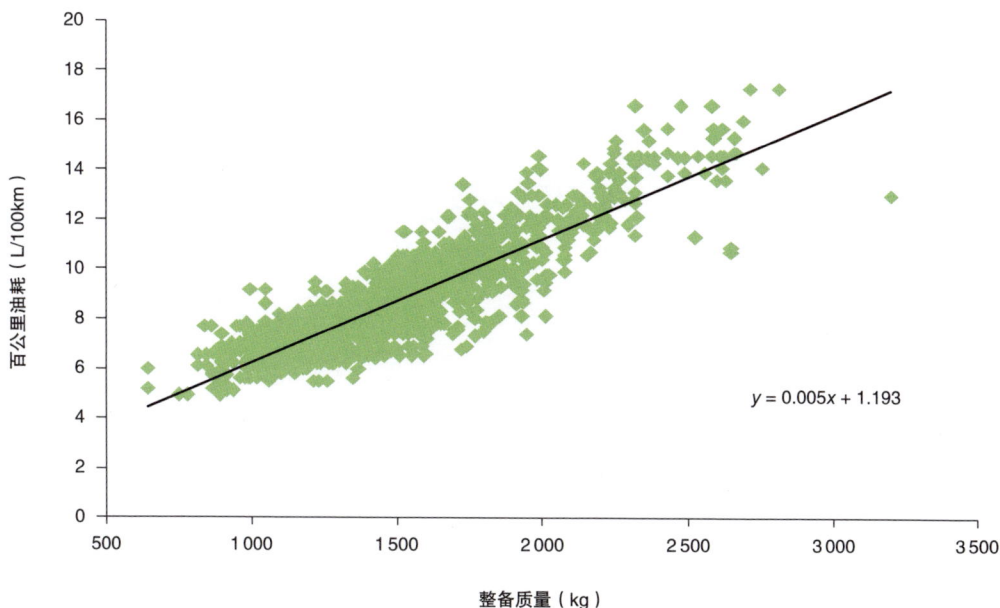

$$y = 0.005x + 1.193$$

资料来源：轻量化联盟秘书处根据2012年中国市场在售的汽油乘用车数据分析

自主品牌乘用车质量比功率高于外资品牌，轻量化水平较差

轻量化联盟试图用质量比功率来评价乘用车轻量化水平。质量比功率（kg/kW）为车辆整备质量与发动机功率之比。质量比功率越小，意味着单位发动机功率负担的质量越小，如果假定发动机排量相同且技术水平相当，则整车的轻量化水平越高。

轻量化联盟秘书处对2012年中国市场在售的3 858个汽油乘用车车型（含进口、合资、自主品牌车型）数据进行了分析，结果显示，在同一排量下，自主品牌产品质量比功率均值高于外资品牌，意味着自主品牌产品单位发动机功率负担的质量较高，整体轻量化水平较差。

2012年在售汽油乘用车质量比功率

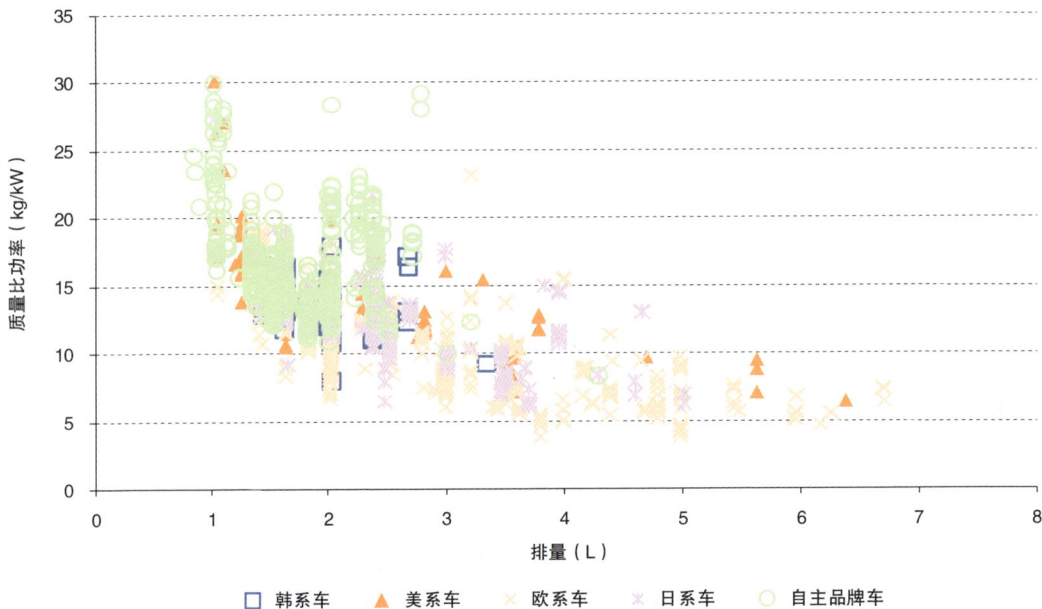

资料来源：轻量化联盟秘书处根据2012年中国市场在售的汽油乘用车数据分析

重型自卸车和载货车以载质量利用系数衡量的
轻量化水平落后于国外品牌

轻量化联盟试图用载质量利用系数（汽车额定装载质量与整备质量之比）来反映自卸汽车和载货汽车的轻量化情况。对于相同整备质量（吨位）的自卸汽车和载货汽车来说，载质量利用系数越大，意味着能装载更重的货物，也即轻量化水平越高。轻量化联盟秘书处2011年对《车辆生产企业及产品》第226～229批次公告产

品中的582个重型载货车车型和963个重型自卸车车型数据进行了统计分析，发现超过96%的自主品牌重型自卸汽车的载质量利用系数在0.95～1.10，仅43%的自主品牌重型载货车的载质量利用系数在1.60以上，而国外品牌载货车的载质量利用系数多数在1.60以上，个别达到了1.75（如广州日野）。

重型载货汽车和重型自卸车载质量利用系数情况

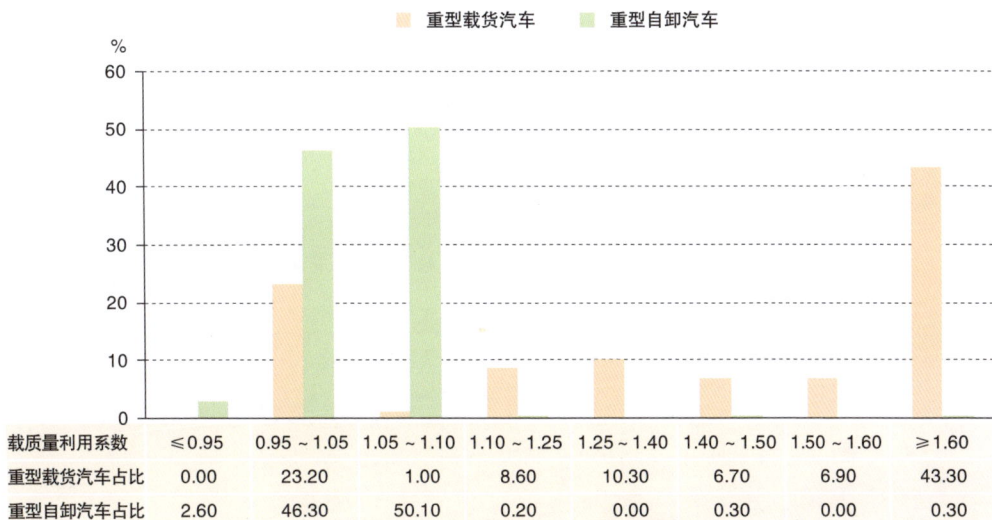

重型载货汽车　重型自卸汽车

载质量利用系数	≤0.95	0.95～1.05	1.05～1.10	1.10～1.25	1.25～1.40	1.40～1.50	1.50～1.60	≥1.60
重型载货汽车占比	0.00	23.20	1.00	8.60	10.30	6.70	6.90	43.30
重型自卸汽车占比	2.60	46.30	50.10	0.20	0.00	0.30	0.00	0.30

资料来源：轻量化联盟秘书处根据《车辆生产企业及产品》第226～229批次公告有关车型数据整理

自主品牌牵引车以挂牵比衡量的轻量化水平落后于国外品牌

轻量化联盟试图用挂牵比（挂车总质量与整备质量之比）来反映牵引车的轻量化情况。对于相同整备质量（吨位）的牵引车来说，挂牵比越大，意味着能牵引更重的货物，也即轻量化水平越高。轻量化联盟秘书处2011年对《车辆生产企业及产品》的第226～229批次公告产品中835个牵引车车型进行了统计分析，发现我国大多数自主品牌重型牵引车的挂牵比在4.5～5.0，占比近49%，仅有3.7%的车辆的挂牵比超过6.0，而国外品牌的先进车型挂牵比在5.2以上，个别甚至达到6.9（如奔驰Actros）。

牵引车挂牵比情况

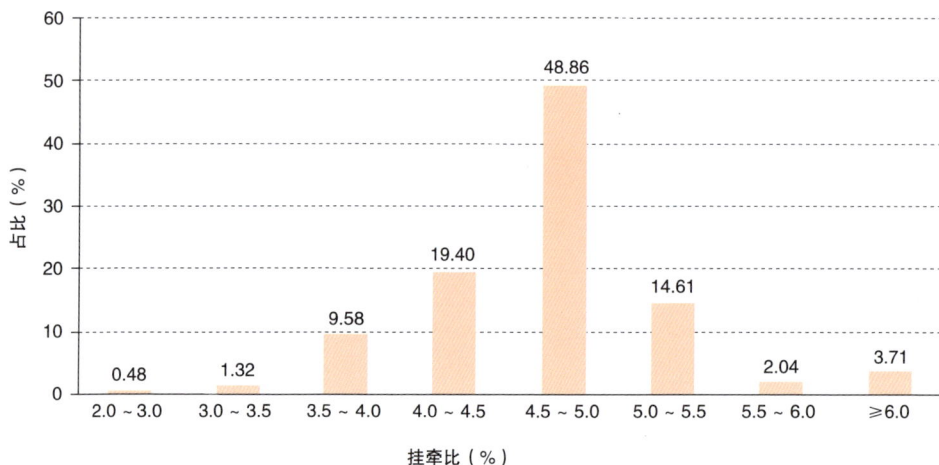

资料来源：轻量化联盟秘书处根据《车辆生产企业及产品》第226～229批次公告有关车型数据整理

车身参数化轻量化设计技术由联盟成员单位成功开发和应用

轻量化设计是汽车轻量化的三大研究领域之一，是轻量化汽车产品开发的基础和前提。应用于汽车结构轻量化设计的方法主要有：有限元方法、单一目标优化方法、多目标优化方法、多学科协同优化方法、灵敏度分析方法、拓扑优化、形貌优化和尺寸优化方法、车身参数化轻量化设计方法等。其中，有限元方法和灵敏度分析方法应用最多，技术相对最成熟，其他方法大多处于探索之中。为推动我国汽车

轻量化技术的进步，轻量化联盟组织重庆长安汽车股份有限公司和吉林大学共同开发了车身参数化轻量化设计技术，并应用于长安某车型，使其白车身在满足刚度、模态及正面、侧面碰撞等被动安全性的条件下，质量由330.7kg降为296.2kg，降低34.5kg，减重率10.4%。目前，该技术已经或即将在奇瑞汽车股份有限公司、浙江吉利控股集团有限公司、长城汽车股份有限公司部分车型中推广应用。

长安汽车某车型白车身的全参数化模型

资料来源：国家科技支撑计划项目"汽车关键轻量化技术开发与整车的集成应用"

高强度钢在自主品牌乘用车白车身的应用比例达50%

我国在售车型尤其是自主品牌汽车，受成本限制，车身材料构成仍以全钢为主。随着高强度钢（屈服强度不小于210MPa的钢）在国内的应用越来越受到重视，自主品牌车身的高强度钢用量与强度级别均显著提高。奇瑞、吉利和长城等公司新开发车型白车身的高强度钢应用比例已达50%左右。其中，奇瑞某车型白车身应用屈服强度大于340MPa的高强度钢的比例已达40%，部分车型达50%；长城汽车大量采用了高强度钢，其中CHK011车型白车身的高强度钢应用比例达到62.90%；吉利汽车某SUV车型白车身高强度钢应用比例达到51.40%。

奇瑞汽车某车型白车身用钢的屈服强度分布图

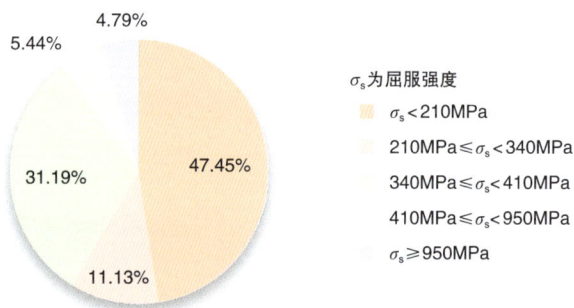

σ_s为屈服强度
- $\sigma_s < 210$MPa
- 210MPa$\leqslant \sigma_s < 340$MPa
- 340MPa$\leqslant \sigma_s < 410$MPa
- 410MPa$\leqslant \sigma_s < 950$MPa
- $\sigma_s \geqslant 950$MPa

4.79%
5.44%
47.45%
31.19%
11.13%

长城汽车几款在研车型的白车身高强度钢用量占比

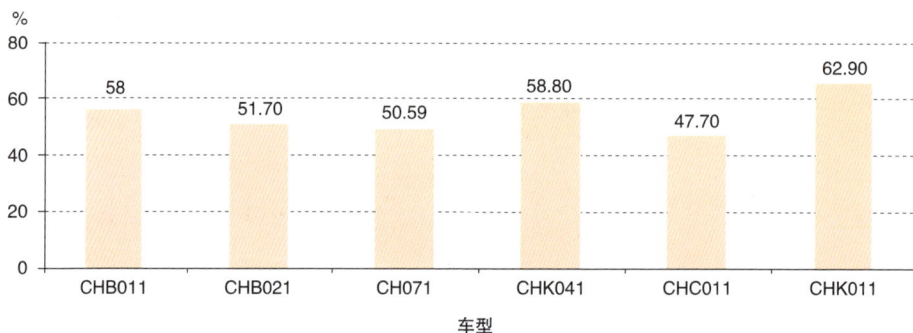

车型	用量占比（%）
CHB011	58
CHB021	51.70
CH071	50.59
CHK041	58.80
CHC011	47.70
CHK011	62.90

资料来源：国家科技支撑计划项目"汽车关键轻量化技术开发与整车的集成应用"

我国乘用车单车平均用铝量不足100kg

铝的密度只有钢铁的1/3，并具有良好的机械性能、耐腐蚀性、导热性，其合金还具有高强度、易回收、吸能性好等特点，是一种优良的轻量化材料。汽车用铝合金分为铸造铝合金和变形铝合金（包括板材、挤压型材、锻造铝合金等）两大类，在铸造铝合金应用方面，我国与国外大致相仿，但在变形铝合金特别是铝合金板材的应用方面与国外差距较大。总体来看，铝合金在北美的用量最大，美国2011年汽车单车用铝量达到161kg，欧洲2012年达到145kg。受成本和技术水平制约，

铝合金板材在我国自主品牌汽车产品上尚未大规模应用。自主品牌乘用车铝合金占整车质量的6%～10%，平均用铝量不足100kg。在车身方面，长安汽车开展了铝合金板材在发动机罩上的研究应用，实现轻量化30%以上；奇瑞、长城汽车也开展了铝合金在发动机罩上的应用工作，系统地解决了汽车铝板应用过程中的冲压、连接与涂装技术问题。在客车方面，东风汽车开发出了全铝车身混合动力客车，白车身质量从1 916kg降为1 132kg，降低784kg，减重率40.9%。

长城汽车铝合金发动机罩

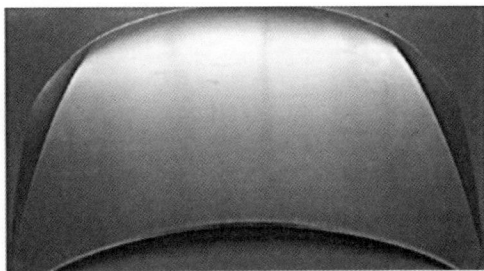

奇瑞汽车铝合金发动机罩

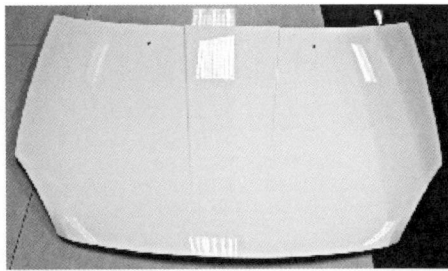

东风汽车某混合动力客车全铝白车身

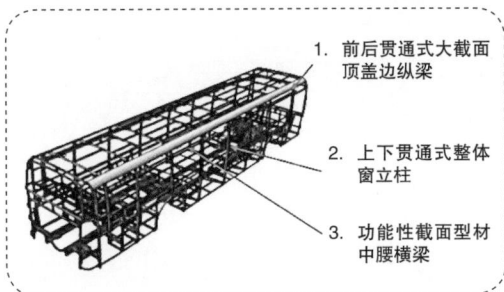

1. 前后贯通式大截面顶盖边纵梁

2. 上下贯通式整体窗立柱

3. 功能性截面型材中腰横梁

资料来源：国家科技支撑计划项目"汽车关键轻量化技术开发与整车的集成应用"

我国乘用车单车平均用镁量不足1.5kg

镁的密度约为铝的2/3，在汽车实际应用的各种金属中是最轻的。镁合金吸振能力强、切削性能好、金属模铸造性能好，很适合制造轻量化汽车零部件。镁合金大部分以压铸件的形式在汽车上应用，所用的镁合金材料主要为AZ（Mg-Al-Zn）和AM（Mg-Al-Mn），少量采用AE（Mg-Al-Re）和AS3（Mg-Al-Si）。欧洲正在使用和研制的镁合金汽车零部件已超过60种，单车镁合金用量为9.3～20.3kg；北美正在使用

和研制的镁合金汽车零部件已超过100种，单车镁合金用量为5.8～26.3kg。受成本和成形技术的限制，国内平均单车用镁量不足1.5kg，主要应用于方向盘骨架。长安汽车开发了包括镁合金座椅骨架在内的21个镁合金零部件，这是我国自主品牌汽车单车用镁量首次突破20kg；奇瑞某高端车上已批量使用镁合金仪表板骨架，单件减重55%；上汽某车型也已批量应用镁合金仪表盘骨架。

镁合金方向盘骨架

奇瑞某车型应用的镁合金仪表板骨架

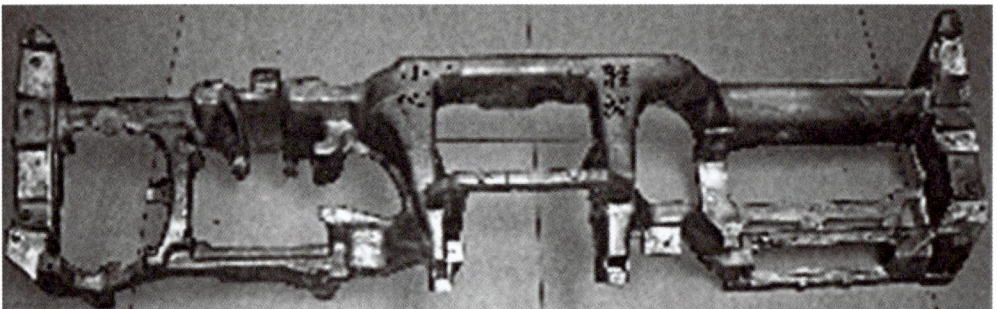

资料来源：国家科技支撑计划项目"汽车关键轻量化技术开发与整车的集成应用"

奇瑞某车型非金属材料用量达200kg，占整车质量的16%

30年来，非金属材料（包括玻璃、橡胶等）在汽车上的应用加速发展，最近10年更是出现爆发性的增长。近年来，我国自主品牌企业也在这一领域取得了大量成果。

长城汽车全面开展了塑料零部件产品的研究工作，部分已量产应用；上汽在一些车型上研究使用了许多LFT（长玻纤增强复合材料）和SMC（片状模塑料）零部件；江淮汽车目前在量产车上推广塑料前端模块、塑料后防撞横梁等产品；奇瑞汽车开发并应用了塑料前端模块，开发了PC后挡风玻璃、碳纤维前罩和SMC后背门等产品，并和杜邦、拜耳等建立联合实验室，共同开展塑料复合材料的研究应用，其某款车型的非金属材料（塑料、橡胶、皮革面料、泡沫等，不包括胶、油漆）用量达到200kg，占整车质量的16%。

各类非金属材料在奇瑞某车型中的应用比例

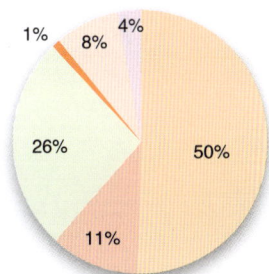

塑料 50%
纤维 11%
橡胶 26%
TPE 1%
泡沫 8%
其他 4%

各类塑料在奇瑞某车型中的应用比例

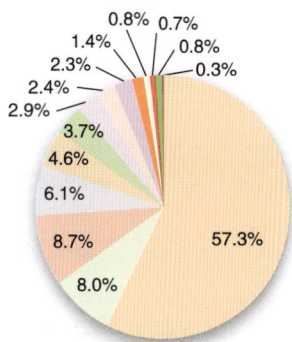

PP 57.3%
PA66 8.0%
PE 8.7%
PA6 6.1%
POM 4.6%
ABS 3.7%
PC+ABS 2.9%
PC 2.4%
ASA 2.3%
PBT 1.4%
PVC 0.8%
PMMA 0.7%
PA12 等 0.8%
其他 0.3%

资料来源：2014中国汽车轻量化技术研讨会资料

自主开发成功热冲压成形生产线，热冲压成形零部件开始应用

热冲压成形是生产1 500MPa以上级超高强度汽车零部件的一种新工艺，可以有效解决超高强度钢强度与成形性能的矛盾，其优点在于具有超高强度，成形精确，可避免高强度钢冷冲压成形的回弹问题。汽车用热冲压成形的零部件主要有：门内防撞杆，前后保险杠的防撞梁，车顶横梁、纵梁和侧边梁，A/B/C立柱的加强件，车身结构的腰部导轨等。

截至2011年，国外已建有110条热冲压成形生产线，主要分布在美国（19条）、德国（30条）、日本（10条），以及法国、西班牙、瑞典等国。截至2013年，国内已建成和在建的热冲压成形生产线30～40条（绝大多数为国外引进），2015年起批量供货，热成形件的产量可达到5 000万件。轻量化联盟2011年开始组织有关企业开发热冲压成形零部件，并于2013年在湖北襄阳建成第一条自主开发的热冲压成形生产线。吉利汽车与中国汽研联合开发了多个热冲压成形零部件并在吉利汽车某车型上应用；奇瑞汽车新上市的一款A级轿车，单车应用热冲压成形零部件达到7个，是国内自主品牌汽车应用热冲压成形零件最多的车型；一汽某车型白车身的前地板中通道、前围挡板横梁和前围挡板下板采用了热冲压成形工艺。

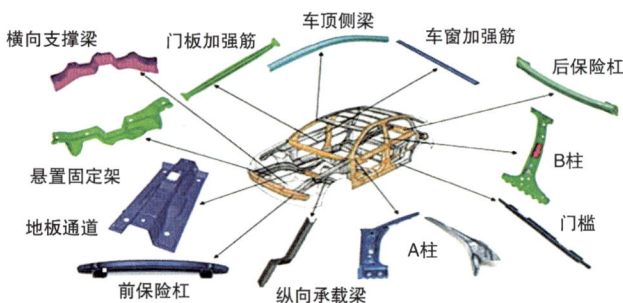

热成形技术在汽车车身的应用部位

B柱　$t=1.38$mm

防撞梁　$t=2.30$mm

前风挡立柱　$t=1.20$mm

门加强板　$t=1.00$mm

t为钢板厚度

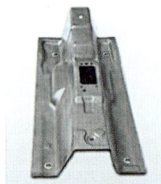

风洞　$t=1.00$mm

部分汽车用热冲压零件

资料来源：国家科技支撑计划项目"汽车关键轻量化技术开发与整车的集成应用"

液压成形部件已开始应用，减重效果显著

液压成形技术包括管材液压成形和板材液压成形。板材液压成形可以解决形状复杂和成形困难构件的成形问题，在汽车成形件上的应用正逐渐增多，有望在部分铝合金冲压件上得到应用。管材液压成形和冲压焊接件相比，可以大量减少零件数量，提高零件性能，有效实现轻量化。液压成形技术在底盘部件中应用较多，如前副车架主管、扭力梁、控制臂等，并正在向车身结构件（如A、B柱等）扩展应用。乘用车副车架采用管材液压成形可将原有的近10个零件减少为1个零件，简化加工工艺，有效提高零件的性能与可靠性，同时减重30%以上。哈尔滨工业大学对液压成形从装备到模具设计都进行了较深入的研究并取得了较好的进展，他们与一汽合作开发了某乘用车车型的后副车架主管、扭力梁、吸能盒等零部件。长城汽车分别在副车架、后摆臂等关键部件采用液压成形工艺，并成功应用在SUV、轿车等多款车型上。吉利某轿车后桥采用液压成形工艺后比传统型式后桥减重4.0kg。

一汽某乘用车车型液压成形后副车架主管

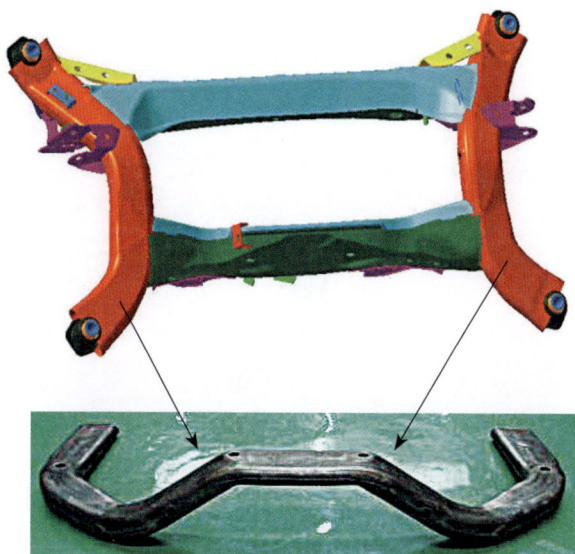

资料来源：国家科技支撑计划项目"汽车关键轻量化技术开发与整车的集成应用"

辊压成形技术使长安某车身部件减重30%

辊压成形技术是通过顺序配置的多道次成形轧辊，把卷材、带材等金属板带不断地进行横向弯曲，以制成特定断面型材的制造工艺技术。一般的辊压成形为等截面零件，近年来开始开发三维变截面辊压成形技术，其优势是合理设计型材的几何断面，提高承载能力，减轻零件重量。瑞典2005年开始开发3D柔性辊压，2011年开发完成世界第一条第三代柔性辊压生产线。德国DATA M公司也完成了3D柔性辊压生产线开发，用于生产商用车大梁及乘用车边梁。我国北方工业大学与一汽集团联合开发出我国第一条自主的三维辊压生产线。

目前，可采用辊压成形技术的零件主要包括保险杠横梁、门槛加强件、门内防撞梁等，其中保险杠横梁是应用最为成熟的零件，奇瑞、长城、吉利和长安汽车等企业已批量应用。长安汽车还采用辊压成形工艺制造了高强钢门槛加强件，原冷冲压方案采用厚度为2.0mm的B410LA材料，重量为6.80kg，现采用轻量化超高强钢辊压方案，采用厚度为1.4mm的超高强钢HC950/1180MS，重量为4.76kg，单件可减重2.04kg，减重率为30%，并能满足碰撞安全性能要求，现已完成试制装车，并已通过性能试验和整车试验。

能够采用辊压成形技术的
车身零部件（红色部分）

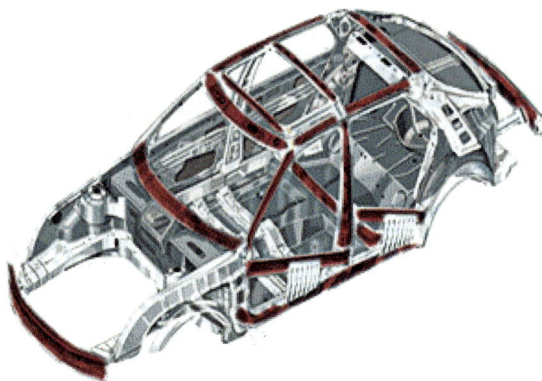

辊压成形侧围门槛加
强件焊接总成

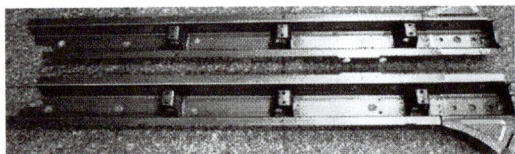

资料来源：国家科技支撑计划项目"汽车关键轻量化技术开发与整车的集成应用"

激光拼焊技术应用广泛

激光拼焊是采用激光能源，将若干不同材质、不同厚度、不同涂层的钢材、不锈钢材、铝合金材等进行自动拼合和焊接而形成一块整体板材、型材、夹芯板的技术。与传统工艺相比，采用激光拼焊技术可使车身零件数量减少约25%，车身重量减轻约20%，焊点减少数百个，并能够改善车身的弯曲刚度和扭转刚度。目前，在汽车上的应用主要有前/后车门内板、前/后纵梁、侧围、底板、车门内侧的A/B/C立柱、轮罩、尾门内板等零部件。我国一汽轿车、上海汽车、长城汽车、奇瑞汽车、吉利汽车等自主品牌企业对激光拼焊技术非常重视，应用的主要部件包括前纵梁、门内板和B柱等。一汽轿车某轿车车型的激光拼焊板用量达到16块，是目前公开资料中单车激光拼焊板用量最高的车型；奇瑞某款车型的前纵梁采用激光拼焊板设计，减轻重量的同时，提高了正碰性能，成本与普通点焊设计基本持平；不少汽车企业新开发车型的门内板和纵梁基本都采用了激光拼焊板技术。

我国自主品牌汽车部分激光拼焊板件

资料来源：国家科技支撑计划项目"汽车关键轻量化技术开发与整车的集成应用"

变截面轧制技术已成功开发并应用

目前，国内合资品牌汽车中应用的变截面轧制板（TRB）零件全部依赖进口。

东北大学为实现TRB产品的国产化，做了大量的研究、推广工作，他们与上海通用等单位合作，成功研发出变壁厚管（即差厚管），并应用于新君威和新君越的共用件——仪表盘横梁变壁厚管。该件现已完成试制，并搭载到整车上进行了相关道路试验。

奇瑞某车型前纵梁上率先进行了TRB调试，今后还将与东北大学合作，在新车型上开发TRB零件。

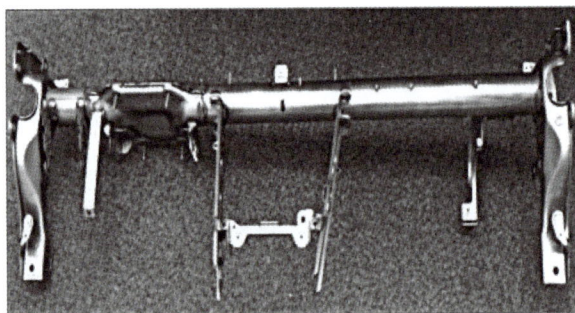

采用差厚管的新君威和新君越的共用件——仪表盘横梁

采用差厚管的奇瑞某车型前纵梁

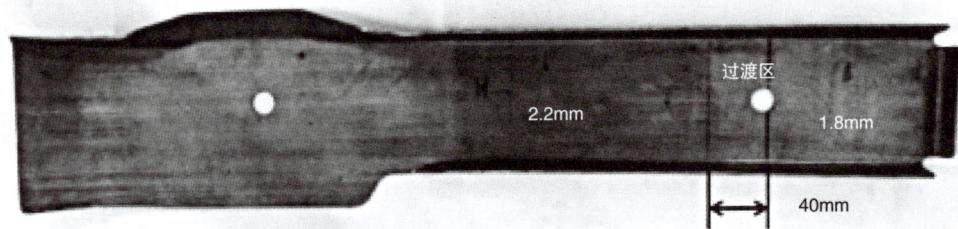

过渡区

2.2mm   1.8mm

40mm

资料来源：国家科技支撑计划项目"汽车关键轻量化技术开发与整车的集成应用"

三网融合的车联网概念、内涵和应用 车联网

车联网产业技术创新战略联盟（以下简称车联网联盟）将车联网定义为：车联网是以车内网、车际网和车载移动互联网为基础，按照约定的通信协议和数据交互标准，在车—X（X：车、路、行人及互联网等）之间，能够进行无线通信和信息交换的大系统网络，能够实现智能交通管理、智能动态信息服务和车辆智能化控制的一体化网络。

具体来说，组成车联网的三网包括：基于车载电气与电子系统的车内感知控制网络；车车间的自组织网络；车路间的短程信息网络、车辆及业务支撑平台间远程通信网络、融合与计算网关和计算信息网络平台等。从三网的技术实现来说，车内网是通过应用成熟的总线技术建立一个标准化的整车网络，实现电气间控制信号及状态信息在整车网络上的传递，实现对车载电气的控制、状态监控以及故障诊断等功能，车内网是实现车联网的基础。车际网是基于DSRC（专用短程通信）技术和IEEE802.11系列无线局域网协议的动态网络。车载移动互联网是车载终端通过3G/4G等广域无线通信技术与互联网进行无线连接，实现车辆与互联网的远程应用服务平台连通。

车联网能够提供的服务应用包括：基于车联网的信息服务应用、车辆行驶安全应用和节能减排应用，车联网终端、业务平台和通信传输网络对各项应用提供支撑。车联网的服务应用对象包括：车辆使用者、车队管理者、政府监管部门、汽车制造商、汽车销售商、汽车金融服务商等。

车联网的概念

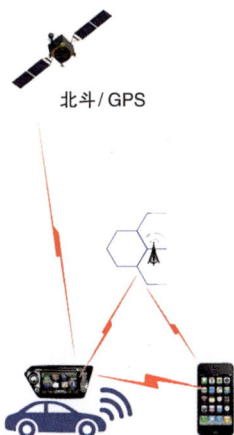

车内网是指通过应用成熟的总线技术建立一个标准化的整车网络。

车联网

车载移动互联网是指车载终端通过3G/4G等通信技术与互联网进行无线连接。

车际网是指基于DSRC技术和IEEE 802.11系列无线局域网协议的动态网络。

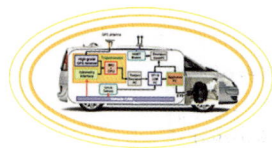

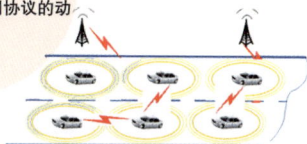

北斗/GPS

资料来源：《2014年中国汽车产业发展报告》

车联网各项关键技术构成"三纵四横"技术体系

车联网涵盖的技术内容十分广泛，涉及汽车、通信、电子、网络等诸多方面，并将通过对各领域技术的不断交叉、融合与创新，发展面向车联网应用的新技术。

车联网联盟通过对车联网的三大应用领域（汽车、交通与金融保险）和所涉及的四大共性关键技术（体系架构、通信与网络、智能终端及车联网平台）的分析，形成了"三纵四横"的车联网关键技术体系架构。

车联网"三纵四横"关键技术体系架构

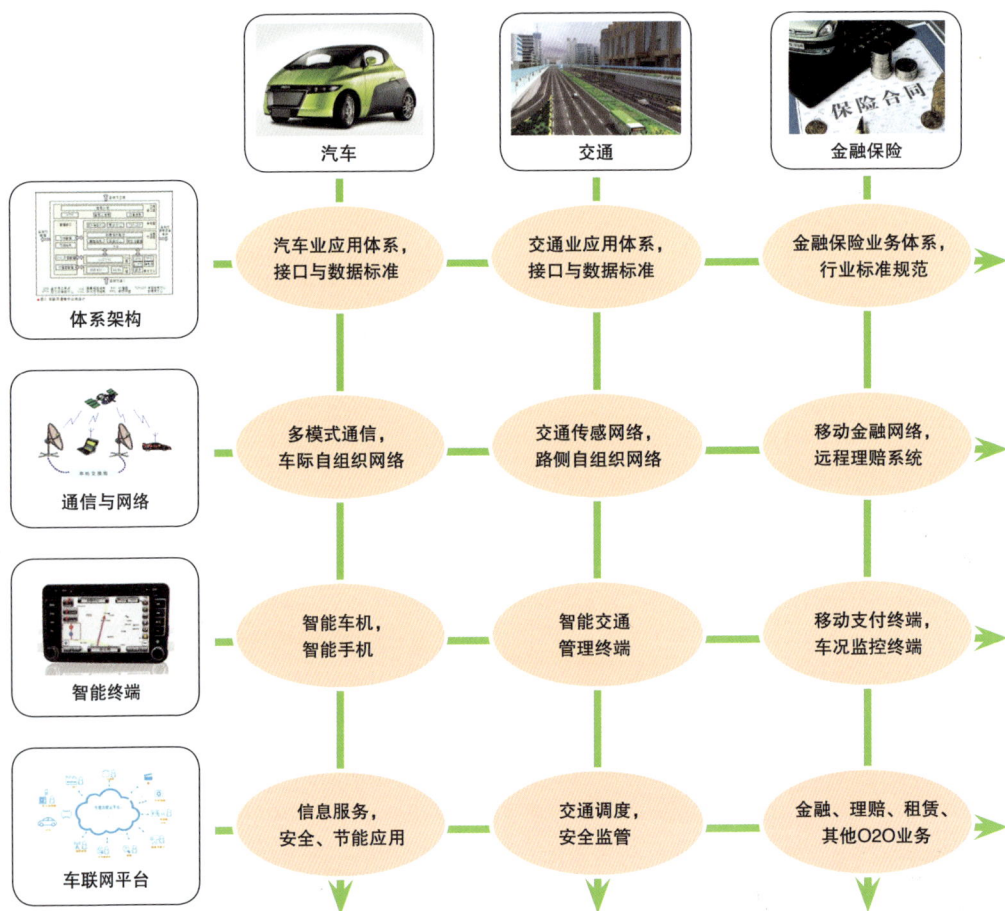

	汽车	交通	金融保险
体系架构	汽车业应用体系，接口与数据标准	交通业应用体系，接口与数据标准	金融保险业务体系，行业标准规范
通信与网络	多模式通信，车际自组织网络	交通传感网络，路侧自组织网络	移动金融网络，远程理赔系统
智能终端	智能车机，智能手机	智能交通管理终端	移动支付终端，车况监控终端
车联网平台	信息服务，安全、节能应用	交通调度，安全监管	金融、理赔、租赁、其他O2O业务

资料来源：《2014年中国汽车产业发展报告》

车联网十二大技术领域或技术方向

在以三大应用领域和四大共性关键技术形成的"三纵四横"的车联网关键技术体系架构中，其12个节点代表了车联网的十二大技术领域或技术方向。

车联网12大技术领域或技术方向

共性关键技术 ＼ 应用领域	汽车	交通	金融保险
体系架构	制定车联网体系架构		
体系架构	制定车内网、车际网接口标准体系，制定车内网、车－车、车－人、车－互联网数据交互标准，规划车联网在汽车工业中的应用体系	制定车路网接口标准，制定路－车、路－人、路－路、路－互联网数据交互标准，规划车联网与智能交通系统（ITS）的接合关系	制定基于车联网的汽车金融和保险业务数据库标准，规划基于车联网的金融保险业务体系架构
通信与网络	研究多模式协同通信，包括车内网、车－车、车－人、车－互联网和路－车、路－路、路－互联网以及人－车、人－路的集成通信技术		
通信与网络	研究车载移动自组织网络技术，研究智能车载网关和多源异构数据协同技术	研究路侧自组织网络技术，研究智能路侧网关和交通传感网络技术	基于车联网的金融保险业务网络建设技术
智能终端	研究在不同应用场景的多种智能终端		
智能终端	研究智能车载终端技术，包括智能车机、车载智能手机、智能车机－手机协同、基于车联网的智能应用技术	研究智能交通管理终端，包括智能交通信号控制机、智能可变信息板、智能交通控制技术	研究基于车联网的金融保险应用技术
车联网平台	研究基于云计算的车联网数据融合平台、车联网应用开发平台、车联网网络支持平台		
车联网平台	研究基于车联网的汽车安全、节能业务平台、汽车4S业务平台、汽车设计开发平台	研究基于车联网的智能交通安全、节能业务平台、出行智能业务平台、智能交通系统设计开发平台	研究基于车联网的保险业务平台、汽车金融业务平台、汽车租赁业务平台

资料来源：《2014年中国汽车产业发展报告》

车联网的功能

现有的车联网应用主要集中在车载信息服务领域，如导航、信息娱乐等。然而多年的市场经验表明，如果只将车联网定位于提供车载信息服务，而不与汽车核心性能的提升进行深度结合，则无法真正挖掘出车联网的内在价值，也不能形成有效的营利产业。

通过与汽车的深度结合，车联网在提高车辆安全性、促进节能减排、提高交通运行效率等方面的价值正在被逐渐挖掘出来。

车联网的功能

车载信息服务	• 动态导航 • 资讯与通信服务 • 车况实时监测 • 救援服务 • 防盗和追踪
促进节能环保	• 交通分流和诱导 • 减少怠速行驶 • 基于交通状况的经济车速和挡位优化
提高安全性能	• V2X协同式行驶安全预警 • 辅助驾驶与自动驾驶系统 • 智能化人机交互减少驾驶员注意力分散
提高交通效率	• 交通信息提示实现交通疏导，减少道路拥堵 • V2X信息交互减少道路占用，提高通行速度 • ETC等系统提高通行速度

资料来源：根据相关资料整理

车联网助力自动驾驶汽车发展

所谓自动驾驶汽车就是具备了智能的环境感知能力和决策控制能力，能够自动地分析汽车行驶的安全及危险状态，代替人进行各种判断和各项操作，并按照人的意志到达目的地的汽车。

显然，智能化的环境感知能力是汽车自动驾驶的必要条件，而车联网恰恰能赋予汽车这一能力。通过车—车、车—路以及车辆与互联网之间的信息传输，汽车将在现有GPS、雷达、摄像头等车载传感器所获数据基础上，非常方便地获得有关汽车运行状态、道路交通状态、周边车辆状态、气候条件情况等方面更为全面的信息，特别是那些以往基于汽车传感器难以获得或探测成本过高的信息，如前方车辆驾驶操作、盲区车辆状态、交通信号灯状态等。

可以预见，车联网的发展将会支撑自动驾驶技术的发展，并将使自动驾驶技术逐渐从目前的部分自动驾驶（即具有多项自动控制功能），发展到高度自动驾驶（即在某种特定驾驶和交通环境下的无人驾驶），再到完全自动驾驶（即全工况无人驾驶）。

下图是在车联网技术推动下，对汽车自动驾驶技术在自动驾驶控制、节能减排控制、智能安全控制和相关架构标准方面技术发展前景的展望。

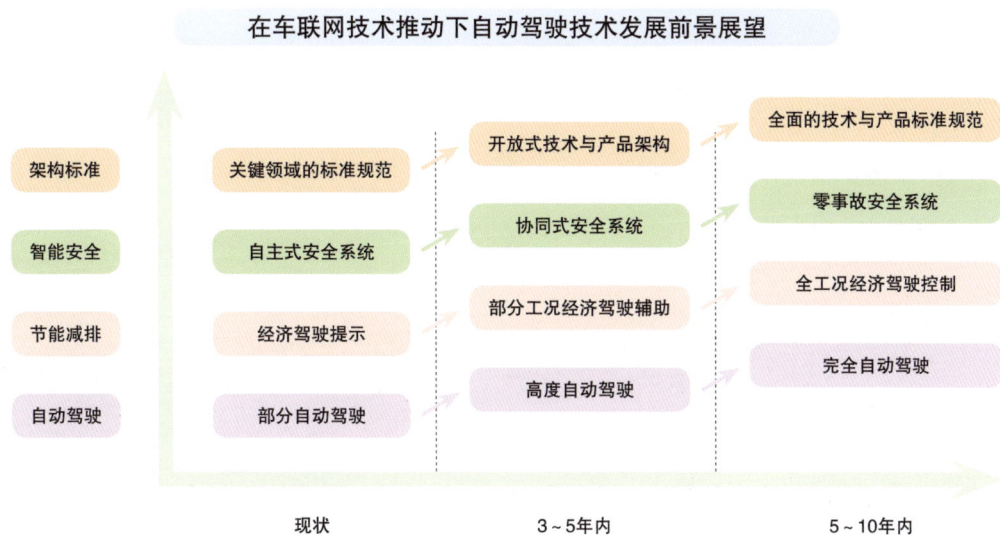

在车联网技术推动下自动驾驶技术发展前景展望

架构标准	关键领域的标准规范	开放式技术与产品架构	全面的技术与产品标准规范
智能安全	自主式安全系统	协同式安全系统	零事故安全系统
节能减排	经济驾驶提示	部分工况经济驾驶辅助	全工况经济驾驶控制
自动驾驶	部分自动驾驶	高度自动驾驶	完全自动驾驶
	现状	3～5年内	5～10年内

资料来源：《2014年中国汽车产业发展报告》

车联网标准与规范体系

车联网标准与规范体系包含基础标准、车联网终端标准、车联网通信标准、车联网平台标准、服务应用标准、测试规范、信息安全认证等部分。其中，基础标准包括标准体系、术语与符号、分类与编码等内容；车联网终端标准涉及各类型车载终端、路侧终端和手持终端标准；车联网通信标准涉及专用短程通信及应用于车联网的广域、局域通信相关标准；车联网平台标准涉及基础数据平台、公共服务平台及应用服务平台相关标准；服务应用标准涉及基于车联网开展的导航及位置服务、安全节能应用、数据挖掘等服务标准；测试规范涉及各类产品与服务的检测标准等。

车联网标准与规范体系

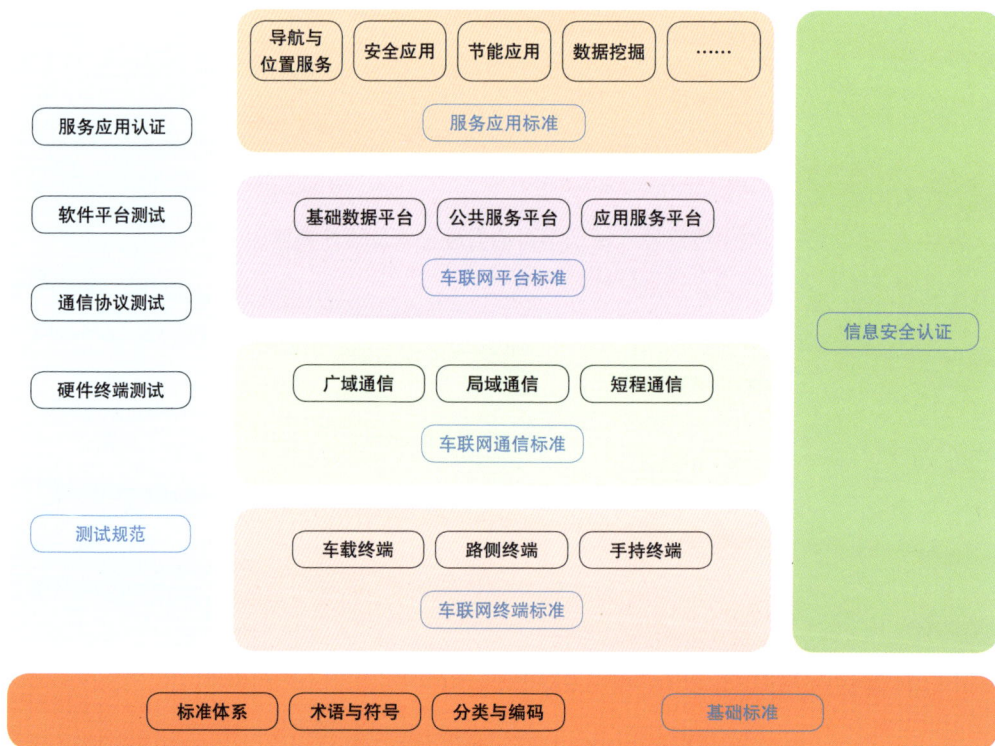

资料来源：《2014年中国汽车产业发展报告》

国内市场部分乘用车型的车联网系统

以通用的OnStar（安吉星）和丰田的G-BOOK为代表，在我国的国际汽车品牌已经推出了各具特色的车联网系统，并已大量搭载在国产车型上。相较国际品牌的车联网系统，中国自主品牌车联网起步较晚，但是发展比较迅速，在短短的两三年内陆续推出了自己的车联网系统和服务。

国内市场部分乘用车型的车联网系统

车企	车载系统	搭载车型
合资品牌		
丰田	G-BOOK	雷克萨斯全系车、皇冠高配车型、凯美瑞高配车型、汉兰达高配车型
通用	OnStar（安吉星）	凯迪拉克SLS/CTS/SRX/凯雷德/SLS/赛威/XTS、别克GL8/昂克雷/新君威/新君越/英朗GT/英朗XT/昂克拉、雪佛兰科鲁兹/爱唯欧/迈锐宝/沃兰达/赛欧
宝马	BMW Connected Drive	宝马全系车型（2014年）
日产	CARWINGS	天籁中高配车型、逍客高配车型、奇骏高配车型
福特	SYNC	翼虎中高配车型、翼博中高配车型、新福克斯、全新嘉年华
现代	BlueLink	全新胜达中高配车型
自主品牌		
上汽	Inka Net	荣威350、荣威550、MG5、W5等
吉利	G-Net Link	EC8等
一汽奔腾	D-Partner	B70等
奇瑞	奇瑞Telematics	A3、风云2等
长安	In Call	悦翔V5等
比亚迪	i系统	思锐

资料来源：根据相关资料整理

国内市场部分商用车型的车联网系统

根据国家对道路运输车辆动态监管的要求，所有"两客一危"车辆均要接入联网联控系统平台，商用车制造商纷纷推出车联网系统。商用车车联网系统不仅提供信息服务，还针对商用车运营需求，在安全驾驶、节油、故障诊断和救援等方面提供比较完善的服务。以商用车运营管理为主导的面向行业应用的产业链模式，已经成为目前车联网产业中发展最成熟、商业模式最清晰的产业链模式。

国内市场部分商用车型的车联网系统

企业	车联网品牌	主要功能
宇通客车	安节通	安全驾驶管理、油耗分析、故障诊断与预警、应急救援、路况提示与导航
苏州金龙	G-BOS	安全驾驶管理、驾驶员评价、车线匹配、维保管理、故障诊断与提示、3G视频监控
厦门金龙	龙翼	安全驾驶管理、收益优化管理、维护与救援、主动安全系统、智慧驱动控制系统、节油驾驶系统
陕汽重卡	天行健	车队管理、油耗分析、故障诊断、行车记录、重卡专用导航、智能配货
中国重汽	智能通	安全驾驶管理、维保管理、故障诊断与提示、销贷管理

资料来源：根据相关资料整理

5 研发能力基础

研发资金　　汽车工业研发经费持续增加

　　从汽车工业研发经费支出数据来看，近十年汽车工业研发经费逐年增加，2013年的R&D经费支出达到727.8亿元，是2003年的6.8倍。汽车工业的R&D经费支出占汽车工业销售额的比例在1%～2%，2008年这一比例最高，达到2.07%，2010—2012年在1.60%左右，2013年上升至1.96%。

2003—2013年汽车工业研发经费支出情况

R&D经费支出　　R&D经费/销售额

	2003	2004	2005	2006	2007	2008	2009	2010	2011	2012	2013
R&D经费支出	107.3	129.5	167.8	244.9	308.8	388.7	460.6	498.8	548	591.3	727.8
R&D经费/销售额	1.32	1.42	1.66	1.77	1.80	2.07	1.93	1.62	1.63	1.63	1.96

资料来源：《中国汽车工业年鉴》

不同产品生产企业中，整车生产企业研发经费最多

从近四年不同产品生产企业研发经费支出的数据看，整车生产企业R&D经费支出在汽车工业R&D经费支出中占比最高，2010年与2011年占比约50%，2012年这一占比显著提高，达73%。汽车零部件生产

企业R&D经费支出在汽车工业R&D经费支出中仅低于整车生产企业，2010年与2011年占比分别为33%、37%，2012年这一占比明显降低，2013年这一比例又显著升高。

2010—2013年不同产品生产企业研发经费支出

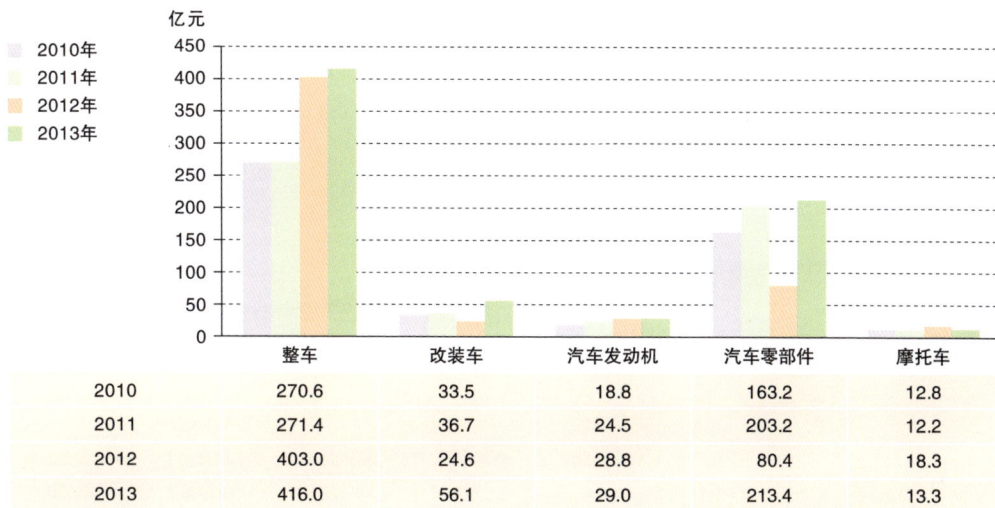

	整车	改装车	汽车发动机	汽车零部件	摩托车
2010	270.6	33.5	18.8	163.2	12.8
2011	271.4	36.7	24.5	203.2	12.2
2012	403.0	24.6	28.8	80.4	18.3
2013	416.0	56.1	29.0	213.4	13.3

2010—2013年不同产品生产企业研发经费支出占汽车工业研发经费支出总额比例

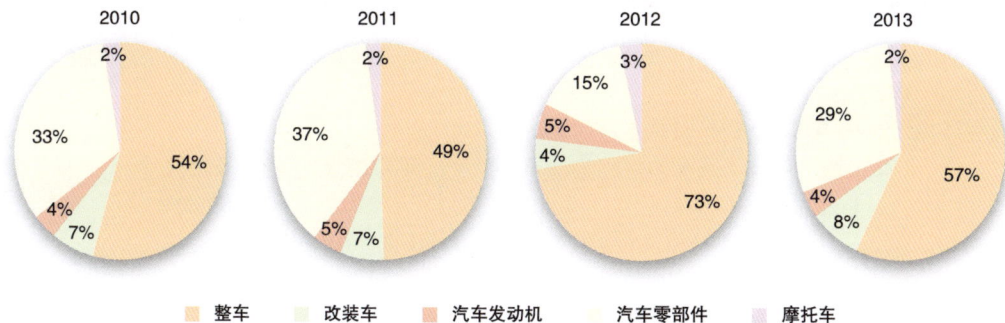

资料来源:《中国汽车工业年鉴》

大型整车生产企业研发经费支出
明显高于中小型企业

　　从近四年不同规模整车生产企业研发经费支出的统计数据来看，大型整车生产企业的研发经费支出明显高于中型企业和小型企业。2013年，大型整车生产企业的研发经费支出为407.70亿元，是中型企业研发经费支出的53.72倍。不同所有制形式企业中，其他内资整车生产企业在2011年、2012年研发经费支出较2010年有所减少，但在2013年又有较大提升。外商投资企业2011年、2012年研发经费支出较2010年支出有很大增长，2012年的研发经费支出是2010年的2.25倍。

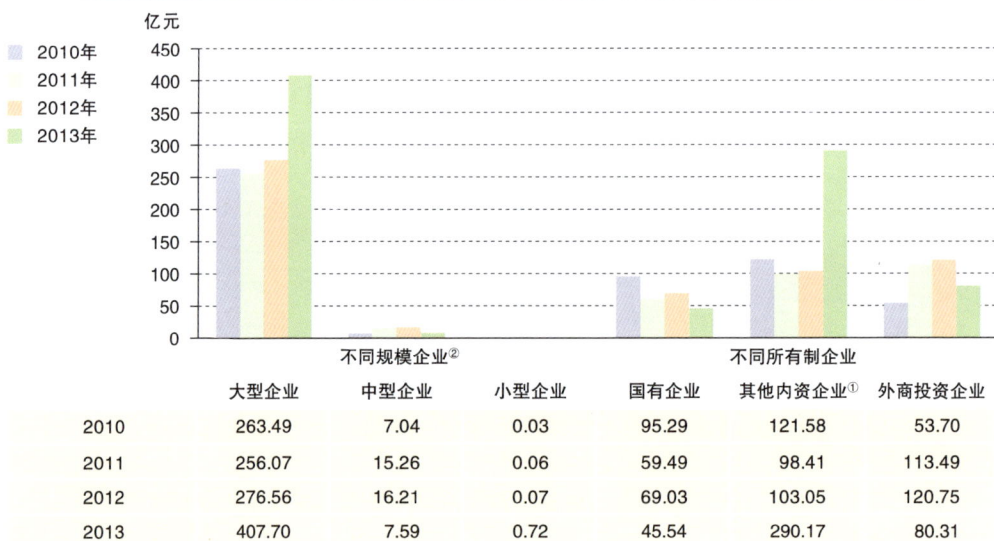

2010—2013年不同规模和所有制形式整车生产企业研发经费支出

| | 不同规模企业② | | | 不同所有制企业 | | |
	大型企业	中型企业	小型企业	国有企业	其他内资企业①	外商投资企业
2010	263.49	7.04	0.03	95.29	121.58	53.70
2011	256.07	15.26	0.06	59.49	98.41	113.49
2012	276.56	16.21	0.07	69.03	103.05	120.75
2013	407.70	7.59	0.72	45.54	290.17	80.31

① 其他内资企业包括除国有企业外的集体所有制企业、股份合作企业、联营企业、有限责任公司、股份有限公司、私营企业等。
② 国家统计局企业规模划分标准

企业规模	从业职工人数	主营业务收入	资产总计	备注
大型企业	≥2 000人	≥3亿元	≥4亿元	同时满足3个条件
中型企业	≥300人，<2 000人	≥3 000万元，<3亿元	≥4 000万元，<4亿元	同时满足3个条件的下限值
小型企业	<300人	<3 000万元	<4 000万元	满足一项即为小型企业

资料来源：《中国汽车工业年鉴》

改装车企业中其他内资企业研发经费支出最多

从近四年不同规模改装车生产企业研发经费支出的统计数据来看，大、中型改装车生产企业研发经费支出高于小型改装车生产企业。2013年，大型改装车生产企业的研发经费为32.05亿元，是小型改装车生产企业的4.54倍。在不同所有制形式改装车生产企业中，国有企业的研发经费最低，其他内资生产企业的研发经费最高，2013年其他内资企业的研发经费为49.11亿元，是国有企业的29.06倍。外商投资企业研发经费大幅增长，从2010年的2.42亿元增长到2012年的10.88亿元，但在2013年降为5.31亿元。

2010—2013年不同规模和所有制形式改装车生产企业研发经费支出

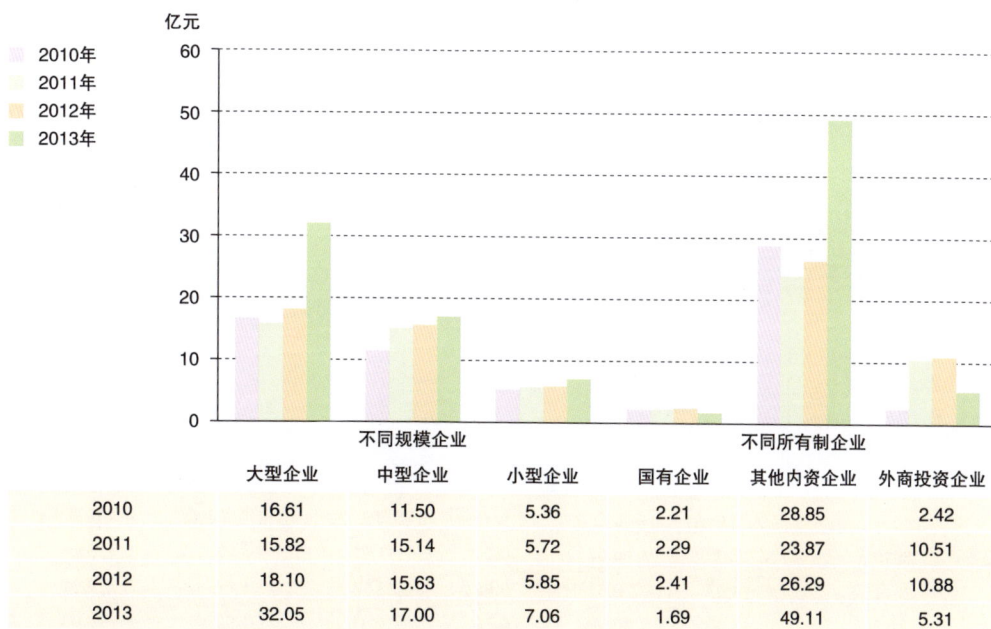

	大型企业	中型企业	小型企业	国有企业	其他内资企业	外商投资企业
2010	16.61	11.50	5.36	2.21	28.85	2.42
2011	15.82	15.14	5.72	2.29	23.87	10.51
2012	18.10	15.63	5.85	2.41	26.29	10.88
2013	32.05	17.00	7.06	1.69	49.11	5.31

说明："其他内资企业"含义和"企业规模划分"见P128。

资料来源:《中国汽车工业年鉴》

发动机生产企业中，大型国有企业研发经费支出明显高于其他类型企业

从近四年不同规模发动机生产企业研发经费支出的统计数据来看，大型、中型发动机生产企业的研发经费支出高于小型发动机生产企业。2013年，大型发动机生产企业研发经费为22.12亿元，是小型生产企业研发经费的170倍。在不同所有制形式发动机生产企业中，2010—2012年，国有企业、外商投资企业的研发经费支出连年增加，其他内资企业较2010年有所减少。外商投资企业的研发经费从2010年的3.64亿元增长到2012年的10.03亿元。2013年，国有企业、外商投资企业研发经费有所降低，但其他内资企业研发经费显著增加。

2010—2013年不同规模和所有制形式发动机生产企业研发经费支出

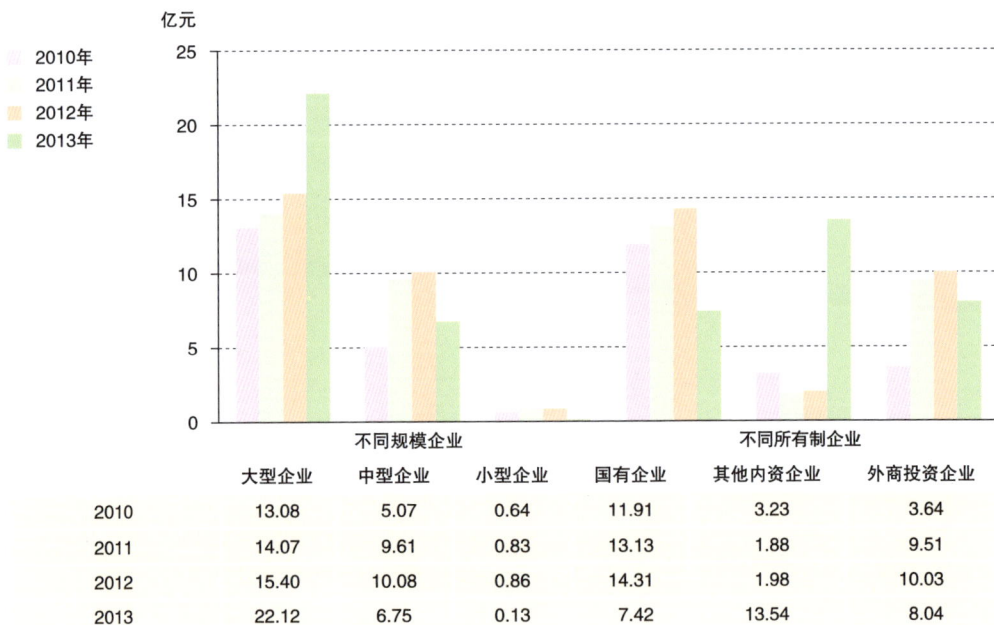

	不同规模企业			不同所有制企业		
	大型企业	中型企业	小型企业	国有企业	其他内资企业	外商投资企业
2010	13.08	5.07	0.64	11.91	3.23	3.64
2011	14.07	9.61	0.83	13.13	1.88	9.51
2012	15.40	10.08	0.86	14.31	1.98	10.03
2013	22.12	6.75	0.13	7.42	13.54	8.04

说明："其他内资企业"含义和"企业规模划分"见P128。

资料来源：《中国汽车工业年鉴》

零部件生产企业研发经费支出持续增加

从近四年不同规模零部件生产企业研发经费支出的统计数据可以看出,大中型零部件生产企业的研发经费支出相对较高。三年来,大型、中型、小型零部件生产企业的研发经费均持续增长。在不同所有制形式零部件生产企业中,其他内资企业的研发经费最高,国有企业的研发经费最低。2013年,其他内资企业研发经费支出为130.12亿元,是国有企业研发经费支出的122.75倍。外商投资企业的研发经费从2010年的52.08亿元增长到2012年的92.40亿元,增长幅度较大。

2010—2013年不同规模和所有制形式零部件生产企业研发经费支出

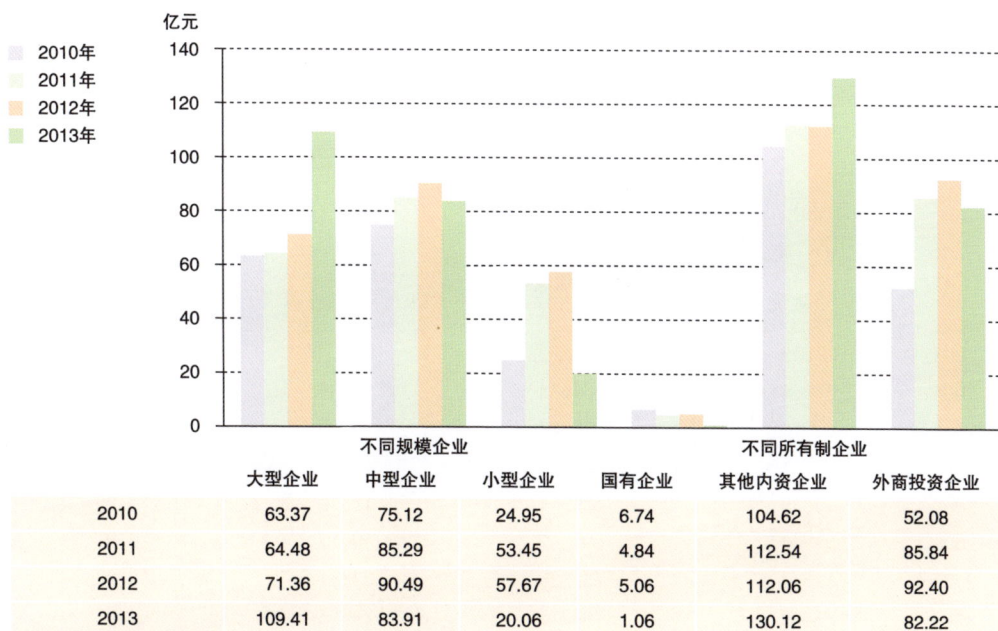

亿元

- 2010年
- 2011年
- 2012年
- 2013年

	不同规模企业			不同所有制企业		
	大型企业	中型企业	小型企业	国有企业	其他内资企业	外商投资企业
2010	63.37	75.12	24.95	6.74	104.62	52.08
2011	64.48	85.29	53.45	4.84	112.54	85.84
2012	71.36	90.49	57.67	5.06	112.06	92.40
2013	109.41	83.91	20.06	1.06	130.12	82.22

说明:"其他内资企业"含义和"企业规模划分"见P128。

资料来源:《中国汽车工业年鉴》

汽车工业每万名从业人员中
研发人员数量明显高于全国平均水平

从汽车工业研发人员总量变化及与全国比较的数据来看，近十年汽车工业R&D人员数量及每万名从业人员中R&D人员数量整体呈上升趋势。

2013年汽车工业R&D人员数量为26.2

万人，是2003年的4.26倍。汽车工业每万名从业人员中R&D人员数远高于全国平均水平，2012年汽车工业每万名从业人员中R&D人员数为803.75人，约为全国平均水平的21倍。

2003—2013年汽车工业研发人员数量情况

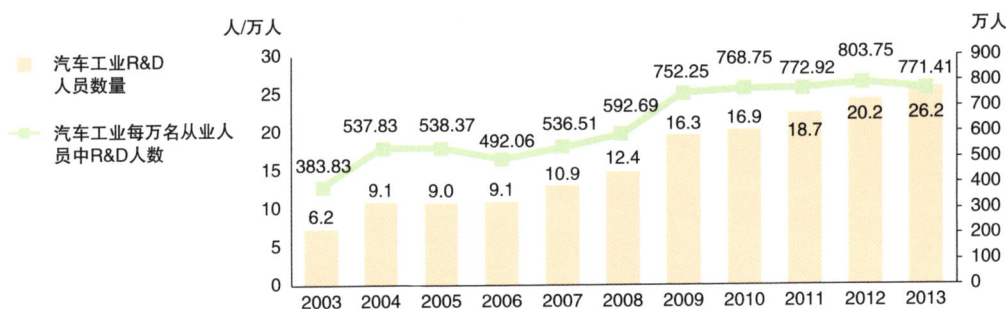

2003—2013年汽车工业研发人员数量及与全国的比较

年份	汽车工业		全国	
	R&D人员数量（万人）	每万名从业人员中R&D人数（人/万人）	R&D人员数量（万人）	每万名从业人员中R&D人数（人/万人）
2003	6.2	383.83	—	—
2004	9.1	537.83	—	—
2005	9.0	538.37	136.5	18.28
2006	9.1	492.06	150.3	20.04
2007	10.9	536.51	173.6	23.05
2008	12.4	592.69	196.5	26.01
2009	16.3	752.25	229.1	30.22
2010	16.9	768.75	255.4	33.56
2011	18.7	772.92	288.3	35.28
2012	20.2	803.75	324.7	38.40
2013	26.2	771.41	—	—

资料来源：《中国汽车工业年鉴》《中国科技统计数据》

不同产品生产企业中，
整车生产企业研发人员数量增速最快

从近四年不同产品生产企业研发人员数量来看，整车生产企业及汽车零部件生产企业研发人员数量较多，改装车生产企业、汽车发动机生产企业、摩托车生产企业研发人员相对较少。其中，2012年整车生产企业研发人员数量大幅增长，是2011年的2.65倍。

2013年，整车生产企业研发人员数量有所减少，但改装车、汽车发动机、汽车零部件、摩托车生产企业研发人员数量均有所增长。

2010—2013年不同产品生产企业研发人员数量

	整车	改装车	汽车发动机	汽车零部件	摩托车
2010	68 733	15 379	4 915	71 360	8 949
2011	51 875	18 526	6 630	103 881	5 880
2012	137 354	8 376	9 831	27 417	6 241
2013	108 488	29 703	13 072	102 955	8 049

资料来源：《中国汽车工业年鉴》

大型整车生产企业研发人员数量最多

从近四年不同规模整车生产企业研发人员数量的统计数据来看，大型整车生产企业的研发人员数量明显高于中、小型企业。2013年，大型整车生产企业的研发人员数量是中型企业的14.62倍。按所有制形式分，内资企业的研发人员数量2010年较高，2011年、2012年有所减少，其中国有企业的研发人员数量显著降低，2012年国有企业研发人员数量仅为2010年数量的17%。外商投资整车生产企业的研发人员数量在2011年、2012年有较大增长，2012年外商投资整车生产企业的研发人员数量是2010年的2.27倍。

2010—2013年不同规模和所有制形式整车生产企业研发人员数量

	大型企业	中型企业	小型企业	国有企业	其他内资企业	外商投资企业
2010	65 925	2 772	36	20 707	39 162	8 864
2011	47 966	3 893	16	2 174	30 752	18 949
2012	51 822	4 134	17	3 527	32 296	20 150
2013	101 142	6 917	529	5 484	86 022	16 982

说明："其他内资企业"含义和"企业规模划分"见P128。

资料来源：《中国汽车工业年鉴》

不同规模改装车生产企业研发人员数量连年增长

从近四年不同规模改装车生产企业研发人员数量的统计数据可以看出，大型、中型改装车生产企业的研发人员数量高于小型企业的研发人员数量。三年来，大型、中型、小型改装车生产企业的研发人员数量皆连年增长。按所有制形式分，内资企业的研发人员数量2010年较高，2011年、2012年有所减少，2013年又明显增加；外商投资改装车生产企业的研发人员数量在2011年、2012年有较大增长，2012年是2010年的4.86倍，但在2013年又明显减少。

2010—2013年不同规模和所有制形式改装车生产企业研发人员数量

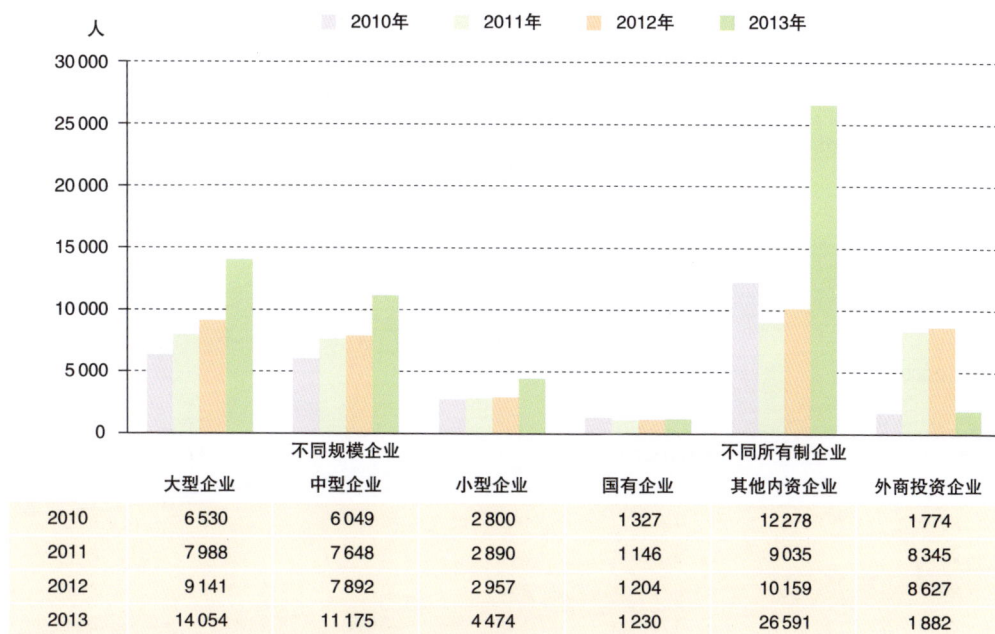

| | 不同规模企业 | | | 不同所有制企业 | | |
	大型企业	中型企业	小型企业	国有企业	其他内资企业	外商投资企业
2010	6 530	6 049	2 800	1 327	12 278	1 774
2011	7 988	7 648	2 890	1 146	9 035	8 345
2012	9 141	7 892	2 957	1 204	10 159	8 627
2013	14 054	11 175	4 474	1 230	26 591	1 882

说明："其他内资企业"含义和"企业规模划分"见P128。

资料来源：《中国汽车工业年鉴》

大型发动机生产企业研发人员数量快速增长

从近四年不同规模发动机生产企业研发人员数量的统计数据可以看出，大型发动机生产企业的研发人员数量高于中型、小型企业。

2013年，大型发动机生产企业的研发人员数量是2010年的3.2倍。不同所有制企业中，其他内资企业的研发人员数量2010年较高，2011年、2012年有所减少。2010—2012年国有、外商投资发动机生产企业的研发人员数量连年增长，2012年外商投资发动机生产企业的研发人员数量是2010年的3.93倍。

2010—2013年不同规模和所有制形式发动机生产企业研发人员数量

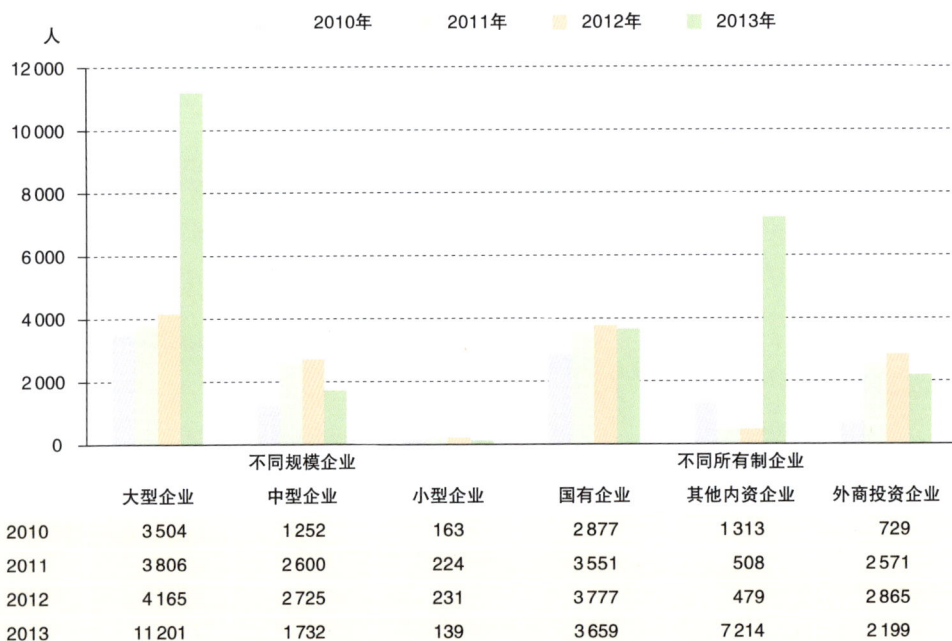

	大型企业	中型企业	小型企业	国有企业	其他内资企业	外商投资企业
2010	3 504	1 252	163	2 877	1 313	729
2011	3 806	2 600	224	3 551	508	2 571
2012	4 165	2 725	231	3 777	479	2 865
2013	11 201	1 732	139	3 659	7 214	2 199

说明："其他内资企业"含义和"企业规模划分"见P128。

资料来源:《中国汽车工业年鉴》

零部件生产企业研发人员数量连年增长

从近四年不同规模零部件生产企业研发人员数量的统计数据可以看出，中型零部件生产企业的研发人员数量高于大型、小型企业。2010—2012年，大型、中型、小型零部件生产企业的研发人员数量连年增长。其中，小型企业的研发人员数量增长明显，2012年是2010年的2.95倍。不同所有制企业中，其他内资企业、外商投资企业的研发人员数量明显高于国有企业的研发人员数量。2012年外商投资零部件生产企业的研发人员数量较2010年有较大增长，是2010年的3.05倍。

2010—2013年不同规模和所有制形式零部件生产企业研发人员数量

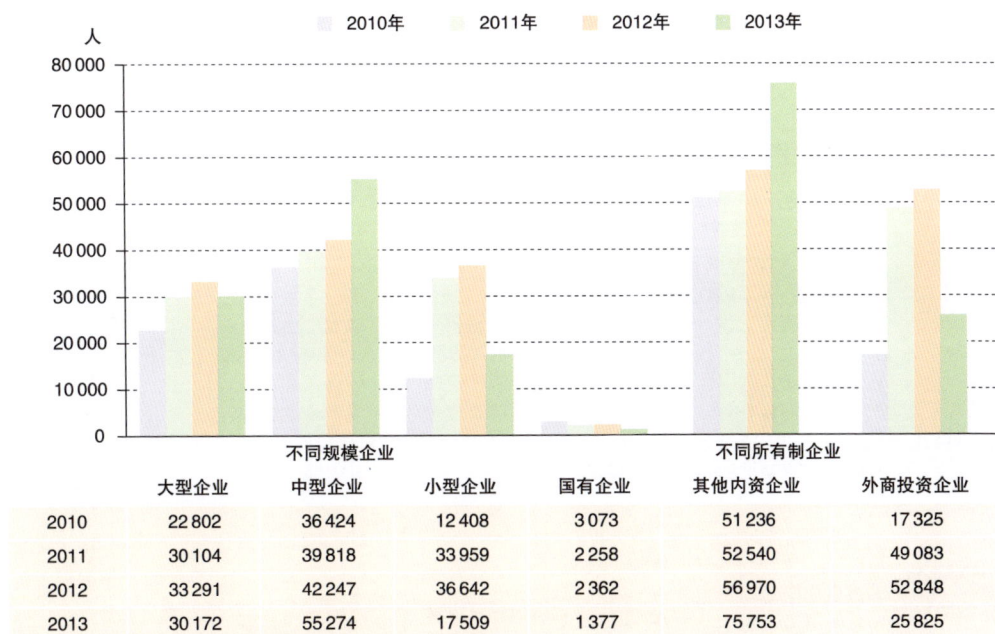

	大型企业	中型企业	小型企业	国有企业	其他内资企业	外商投资企业
	不同规模企业			不同所有制企业		
2010	22 802	36 424	12 408	3 073	51 236	17 325
2011	30 104	39 818	33 959	2 258	52 540	49 083
2012	33 291	42 247	36 642	2 362	56 970	52 848
2013	30 172	55 274	17 509	1 377	75 753	25 825

说明："其他内资企业"含义和"企业规模划分"见P128。

资料来源：《中国汽车工业年鉴》

2013年国家重点实验室科研工作成果丰硕

2013年国家重点实验室科研工作成果一览表

名称	概况	科研项目	科研成果	合作交流
汽车安全与节能国家重点实验室	围绕"安全、节能、环保"三大主题以及中国国民经济发展中的重大需求，定位于汽车领域宏观发展基本问题，致力于绿色化、智能化的生态汽车的研究与发展	共承担科研项目212项，其中国家级课题56项、军工专项19项、省部级项目11项	获国家技术发明二等奖1项，国家科技进步奖二等奖1项；发表论文312篇；获授权国家发明专利54项、实用新型专利4项、计算机软件著作权5项	接待国内外专家学者来访交流45团，派遣出境合作开发71次，承办及参与大型国内、国际会议4场
内燃机燃烧学国家重点实验室	是中国内燃机人才培养、理论研究以及产品开发的重要科研基地，拥有一支老中青相结合的教学和科研梯队	共承担科研项目164项，其中国家级课题73项，省部级课题23项，国际合作课题6项	获国家科技进步奖二等奖1项，发表论文146篇，获授权国家发明专利28项	邀请国际学者30余人次，主办国际学术会议、研讨会3次
汽车仿真与控制国家重点实验室	围绕汽车整车、底盘、动力传动和车身等系统，以及关键总成的产品开发，重点研究产品定义、方案评价、设计论证和试制调校等全开发周期关键虚拟样机仿真技术，汽车整车与关键总成的先进控制系统及技术，并结合上述技术研究中难点问题，进行基础理论和方法的创新探索	共承担科研项目209项，其中国家级课题38项，省部级课题38项，国际合作课题2项	获吉林省科技进步奖一等奖2项，中国汽车工业科学技术奖二等奖2项，中国机械工业科学技术进步奖二等奖1项，发表论文355篇，出版专著5部，获授权国家发明专利22项，获授权软件著作权2项	接待国内外知名学者十余人，举办国内、国际会议2场
国家车身先进设计制造国家重点实验室	结合汽车工程领域的重大需求，开展具有基础性、前瞻性和战略性的研究工作，努力获取具有中国自主知识产权的关键核心技术，建立具有国际先进水平的汽车科技创新平台，为中国汽车技术和产业的持续、健康、快速发展，不断提供创新性成果和共性技术支持	共承担科研项目120项，其中国家级项目53项，国际合作项目2项	发表论文424篇，专著1部，获授权国家专利和软件著作权22项，其中发明专利14项，软件著作权5项	举办学术会议5次，接待国内外访问学者60余人
汽车噪声振动和安全技术国家重点实验室	主要研究方向为：NVH性能分析与评价、汽车NVH设计与控制、汽车碰撞安全与损伤生物力学、汽车系统动力学与主动安全、汽车电子系统安全技术。依托测试研发能力，聚集和培养研究队伍，开展基础性研究和技术创新，为汽车行业输送专业人才	承担国家级课题18项，省部级课题4项	获中国汽车工业科学技术奖一等奖1项，发表论文58篇，申请发明专利5项，实用新型1项	接待中国城市轨道交通协会、德国ETAS公司等1 563人（次），到外单位交流访问60人（次）

资料来源：《中国汽车工业年鉴》

国家级汽车产品质量监督检验中心业务概况

国家级汽车产品质量监督检验中心业务

名称	成立年份	业务范围	认可和授权情况
国家汽车质量监督检验中心（长春）	1984	具有汽车整车、底盘、发动机、车身附件、汽车用非金属材料、轮胎等60余种产品的检测能力和非接触速度计等10种汽车专用仪表的校准能力	国家进出口商品检验局汽车认可实验室 科技成果检测鉴定国家级检测机构 机动车排气污染国家级检测单位 汽车新产品申报公告检测机构 汽车产品强制性认证检测机构
国家消防装备质量监督检验中心	1987	国家强制性安全法规项目、各类消防车、消防船、消防飞机、消防泵及消防泵组、供水设备、各类消防阻燃材料、防火构件、防火电缆等产品的检测	公安部直属技术警察检测机构 消防装备国家认可实验室 国家级汽车新产品定型鉴定试验机构 汽车安全法规强制检验机构 国家级科技成果检测鉴定机构
国家客车质量监督检验中心	1990	承担所有汽车（包括客车、轿车、载货车、半挂牵引车、挂车、越野汽车和专用汽车等）及其零部件涉及安全、环保、节能的几乎所有强检、性能及定型试验	中国实验室认可委员会认可实验室 汽车新产品申报公告检测机构 汽车新产品强制认证3C检测机构 机动车排放检测机构 国家级科技成果鉴定检测机构 汽车产品认证检测机构 汽车缺陷产品召回检测机构
国家汽车质量监督检验中心（襄樊）	1995	承担汽车整车、低速货车、发动机、底盘、车身附件、机动车仪表、机动车灯光电器、非金属制品、摩托车等各种产品的检测及汽车专用测试仪器的校准，并能够提供汽车检测仪器设备的设计开发等	国家级汽车试验场 国家级汽车新产品鉴定定型及强制标准检验机构 国家指定的强制性产品认证检测机构 国家级新生产机动车噪声和排放污染检测机构 国家指定的缺陷汽车产品检测和实验机构 中消协签约缺陷汽车产品检验机构 汽车专用仪器和汽车检测线的校准实验室
国家轿车质量监督检验中心	1999	具备对汽车整车、底盘及部件、发动机、灯具、电器、车身附件等94种产品进行检测的能力，能够承担汽车新产品鉴定的强制性标准检验、强制性产品认证检验、汽车产品质量监督检查、产品定型试验、型式认证、委托检验、质量仲裁、自愿认证检验、专用仪器与设备开发、技术咨询等工作	国家进出口汽车认可实验室 国家汽车环保产品认定与排放检测机构 国家汽车新产品申报公告检测机构 国家强制性产品认证3C检测机构 国家科技成果鉴定试验机构 道路运输车辆燃料消耗量检测机构 免于强制性产品认证的特殊用途进口产品检测

续表

名称	成立年份	业务范围	认可和授权情况
国家机动车质量监督检验中心（重庆）	1999	承担车辆、发动机排放检测，汽车整车实车碰撞试验；承担各类燃油/燃气汽车整车、低速货车、摩托车、发动机、底盘零部件（包括汽车传动系统、制动系统、转向系统、悬架、车轮、车身附件、电气设备、仪表等）的国家强制性标准和车辆行业标准要求的所有试验和检测，包括电磁兼容、汽车噪声和振动、车辆用金属和非金属材料、燃气汽车专用装置等的试验和检测	中国合格评定国家认可委员会认可的实验室 国家燃气汽车工程技术研究中心 国家机动车排放污染物检测机构 国家汽车产品强制性认证检验机构 国家新产品申报公告检验机构 小批量进口汽车整车检测机构 进口汽车整车检测机构
国家机动车产品质量监督检验中心（上海）	2004	针对汽车、摩托车、新能源汽车、各类零部件产品，开展车辆安全、环保、节能和防盗等各项目的检测，及各类研发性的检测试验及技术研究；开展包括车辆碰撞安全性、NVH、发动机系统匹配、车辆道路综合性能及可靠性、电磁兼容性（EMC）、各类零部件及材料的环境及耐候性等研发检测试验	汽车和摩托车产品申报公告检测机构 道路运输车辆燃料消耗量检测机构 摩擦材料产品生产许可证检验机构 国家质检总局缺陷车产品召回鉴定检测机构 小批量进口汽车整车检验机构
国家汽车质量监督检验中心（北京）	2012	承担汽车性能、安全、环保等强制性项目的检测，承担汽车零部件、相关材料等检验测试服务，为企业研发提供服务	国家进出口商品检验局汽车认可实验室 科技成果检测鉴定国家级检测机构 机动车排气污染国家级检测机构 汽车新产品申报公告检测机构 汽车产品强制性认证检测机构

2013年部分院校汽车专业教育资源及科研工作进展

2013年部分院校汽车专业教育资源及科研工作进展情况

院校名称	教工总数（人）	博士研究生	硕士研究生	本科生	主要科研项目及成果
		招生/毕业/在校（人）			
清华大学汽车工程系	75	37/13/157	74/52/209	93/90/368	承担科研项目212项，获国家技术发明二等奖1项，获国家科技进步二等奖1项，发表论文312篇，获授权国家发明专利54项、实用新型4项、计算机软件著作权5项。国家安全与节能国家重点实验室挂靠单位
北京理工大学机械与车辆学院	313	89/48/447	328/267/832	468/379/1812	承担科研项目100余项，获国家科技奖项9项，发表论文600余篇，申请发明专利110余项，出版教材和专著50余部。拥有车辆传动国家级重点实验室、电动车辆国家工程实验室两个国家级科研平台
中国农业大学车辆与交通工程系	28	6/5/27	26/23/58	86/131/429	承担多项国家级、部级及横向研究项目，发表SCI/EI检索论文21篇，设5个科研研究室
吉林大学汽车工程学院	226	42/41/198	321/183/1004	497/467/1971	承担和在研科研课题221项，获中国机械工业科技进步二等奖1项，发表论文360篇，获发明专利33项，实用新型48项，软件著作权9项，撰写专著4部
哈尔滨工业大学汽车工程学院	54	1/1/4	27/27/56	358/390/1446	承担国家项目54项，发表EI/SCI检索论文30余篇，获授权国家发明专利2项
同济大学汽车学院	115	34/18/159	200/235/480	173/196/1010	承担科研项目200余项，申请专利134项，其中发明专利84项，教师发表论文218篇
上海工程技术大学汽车工程学院	60	0/0/0	67/38/140	340/392/1403	承担科研项目42项，获中国汽车工业科学技术奖三等奖1项，发表论文150余篇，发明专利授权5项，实用新型专利授权6项，软件著作权登记3项
浙江大学动力机械及车辆工程研究所	22	6/3/30	17/16/52	48/51/190	新增3项国家级科研项目，承担3项国家自然科学基金项目及企业委托重大横向课题4项

续表

院校名称	教工总数（人）	博士研究生	硕士研究生	本科生	主要科研项目及成果
			招生/毕业/在校（人）		
武汉理工大学汽车工程学院	128	18/6/59	171/170/483	477/512/2149	承担科研项目130余项，获授权专利24项，其中发明专利9项，国际专利1项，发表学术论文100余篇
湖北汽车工业学院	912	0/0/0	0/13/26	2366/2133/8765	新增纵向科研项目50项，获专利授权及软件著作权登记29项
湖南大学机械与运载工程学院	230	59/34/166	369/293/893	515/454/2006	新增科研经费6 183万元，获国家科技进步二等奖1项，申请发明专利76项，授权发明专利20项，实用新型专利20项
华南理工大学机械与汽车工程学院	315	68/38/331	463/249/1426	645/656/2978	获授权专利287项，其中发明专利授权96项，实用新型授权186项，外观设计5项，有6项成果通过鉴定验收，出版专著教材7部，发表三大索引论文408篇
西南交通大学机械工程学院汽车工程研究院	15	3/2/17	26/22/70	230/190/628	完成多个国际合作项目、"863"项目、国家自然科学基金项目、博士点基金项目以及其他省部级项目，发表论文500余篇，出版专著十余部
重庆理工大学车辆工程学院	45	0/0/0	54/25/109	388/366/1634	承担国家科技部项目、国家自然科学基金项目、重庆市攻关项目和企业委托项目共53项，获中国汽车工业科学技术奖一等奖1项
重庆交通大学机电与汽车工程学院	95	2/0/2	75/40/207	720/600/2900	承担国家级项目5项、省部级项目8项及横向课题26项，发表论文100余篇
西华大学交通与汽车工程学院	88	0/0/0	45/23/112	529/665/2244	承担国家自然科学基金项目1项、教育部项目2项，省部级、市厅级项目10项，企业委托项目40项，发表论文71篇，主编教材1本，获得发明专利6项、实用新型专利9项
长安大学汽车学院	130	19/12/90	166/146/453	542/595/-	获批国家自然科学基金项目4项，签订科研项目55项，发表科研论文142篇，出版教材及专著10部，获得发明专利9项、实用新型专利35项，软件著作权4项

资料来源：《中国汽车工业年鉴》

6 技术研发趋势

标准规范   汽车行业国家强制性标准共计114项

目前，我国汽车标准体系由国家标准、行业标准、地方标准和企业标准4部分构成。其中，国家强制性标准体系的建立实行以欧洲经济委员会及欧洲经济共同体技术法规和指令体系（ECE/EEC）为主要参照基准的基本技术路线，在标准的具体内容上则跟踪欧、美、日三大汽车技术法规体系，并结合我国汽车技术发展实际进行综合协调。与世界汽车工业发达国家或地区的汽车标准法规相比，我国汽车标准总体上处于跟踪和转化状态，技术水平相对落后。主要表现在基础标准不全，传统汽车车辆结构、参数、性能和试验方法等方面标准尚存空白，新技术向相关标准的转化不够及时等几个方面。此外，在一些技术尚不成熟或我国自主研发能力薄弱的技术领域，为了避免对技术发展产生不必要的制约，一般选择先推出相应的推荐性国家标准或行业标准，待条件成熟后再推出相应的强制性国家标准。

自1993年第一批汽车行业国家强制性标准发布以来，我国的汽车强制性标准已经基本涵盖了汽车的安全、环保和节能等主要方面。截至2013年2月已批准发布的汽车（含摩托车）强制性标准共114项，其中主动安全相关标准34项，被动安全相关标准29项，一般安全相关标准28项，环保和节能相关标准23项，安全标准占比近80%。

截至2013年2月已批准发布的汽车（含摩托车）强制性标准

技术领域		汽车标准（项）	摩托车标准（项）	占比（%）
主动安全	照明与光信号装置	19	6	
	制动、转向和轮胎	7	2	
被动安全	座椅、门锁、安全带和凸出物	11	1	79.8
	车身、碰撞防护	13	0	
	防火	3	1	
一般安全	视野	5	1	
	指示与信号装置	5	1	
	车辆结构与防盗	13	3	
环保和节能	污染物排放	8	5	20.2
	噪声	1	2	
	燃油经济性	3	2	
	电磁兼容	2	0	
合计		114		100

资料来源：《中国汽车安全发展报告2014》

中国汽车工程学会技术规范开展单项技术规范项目63项

中国汽车工程学会技术规范工作始于2006年。服务于行业技术进步需要是其基本宗旨，策划、组织编写"国家标准或行业标准尚未涉及但在我国汽车技术研究和产品开发、生产等活动中急需的规范性技术文件"是其主要工作内容，借助汽车轻量化、电动汽车和车联网三大行业技术创新联盟，充分体会、理解企业技术创新需求，是其工作特点。目前，中国汽车工程学会被列入国家标准委员会团体标准试点。截至2014年年底，中国汽车工程学会发布或在研技术规范体系项目10项，单项技术规范项目63项。

截至2014年年底已发布或在研的中国汽车工程学会单项技术规范项目

序号	项目名称
1～4	商用车润滑导则（共4部分）
5	汽车液压制动主缸带真空助力器总成性能要求及台架试验规范
6	汽车液压制动主缸带真空助力器总成性能试验装置技术规范
7	乘用车驻车制动操纵装置性能要求及台架试验规范
8	车用尿素溶液技术规范
9	乘用车排气系统用冷轧铁素体不锈钢钢板及钢带
10	汽车用电镀锌冷轧钢板及钢带
11	汽车用冷轧钢板和钢带
12	汽车用热镀锌/锌铁合金钢板和钢带
13	汽车用热轧钢板和钢带
14	普通乘用车白车身扭转刚度试验方法
15	普通乘用车白车身弯曲刚度试验方法
16	汽车覆盖件板材抗凹性能试验方法
17	汽车金属材料和零件高周疲劳快速试验方法
18～20	乘用车润滑导则（共3部分）
21	轿车白车身轻量化设计方法
22	汽车用液压成形热轧钢带
23	汽车热冲压成形用超高强度钢板及钢带
24	汽车用激光拼焊板焊缝质量测试方法
25	汽车板典型构件的压溃吸能试验方法
26	轿车白车身轻量化评价方法
27	热成形B柱设计方法
28	内高压成形前副车架设计方法

续表

序号	项目名称
29	塑料前端模块支架测试方法
30	塑料前端模块支架设计方法
31	电动汽车联盟十项规范之：电池模块的规格化定义规范
32	电动汽车联盟十项规范之：电池模块测试技术规范（含：寿命、一致性）
33	电动汽车联盟十项规范之：电池系统测试技术规范
34	电动汽车联盟十项规范之：电池单体评价规范
35	电动汽车联盟十项规范之：整车控制器功能定义及接口规范
36	电动汽车联盟十项规范之：整车控制器测试评价规范
37	电动汽车联盟十项规范之：整车故障诊断技术规范
38	电动汽车联盟十项规范之：总线测试评价规范
39	电动汽车联盟十项规范之：整车电磁兼容设计和测试规范（预研）
40	电动汽车联盟十项规范之：制动能量回收系统测试规范
41	汽车用可热处理钢板和钢带技术规范
42	汽车用热浸镀铝钢板和钢带技术规范
43	汽车轻量化防弹板用钢板和钢带技术规范
44	CrMn系列齿轮钢技术规范
45	铁素体、珠光体非调质钢技术规范
46	汽车用弹簧钢技术规范
47	CrMo系列齿轮钢技术规范
48	汽车冷轧钢板表面粗糙度和表面形貌的测试规范
49	汽车覆盖件抗凹痕性能测试规范
50	汽车板在高应变速率下的理学性能测试规范
51	汽车用非调质钢硫化物形态测试及评价方法
52	齿轮钢带状偏析组织检验规则及评价方法
53	汽车非调质钢制品晶粒度评价方法
54	汽车弹簧钢的松弛抗力测试评价方法
55	齿轮钢弯冲试验评价方法
56	汽车板材成形性能（FLD）测试规范
57	汽车排气系统用不锈钢板耐蚀性测试方法
58	汽车用差厚板通用技术规范
59	汽油机用废气涡轮增压器一般技术条件
60	涡轮增压器整机振动试验规范
61	自卸车用变速器总成技术条件
62	汽车动力转向软管性能要求及台架试验规范
63	汽车转向节总成性能要求及台架试验规范

资料来源：中国汽车工程学会

2002—2014年共38个汽车项目获国家科学技术奖 研发成果

国家科学技术奖共五个奖项：①国家最高科学技术奖；②国家自然科学奖；③国家技术发明奖；④国家科学技术进步奖；⑤中华人民共和国国际科学技术合作奖。其中，国家自然科学奖、国家技术发明奖、国家科学技术进步奖均分一、二等奖两个等级；国家技术发明奖针对运用科学技术知识做出产品、工艺、材料及其系统等重大技术发明的项目；国家科学技术进步奖针对在应用推广先进科学技术成果，完成重大科学技术工程、计划、项目等方面的项目。2002—2014年获得国家科学技术奖的汽车项目（含国家技术发明奖和国家科学技术进步奖）共计38项，涉及研发技术、产品技术、制造技术、材料技术、管理技术等诸多方面，获奖数量不断增多，并有多个项目跻身一等奖之列，汽车产业技术活动日益活跃，技术水平日益提高。

2002—2014年获得国家科学技术奖的汽车项目

序号	获奖年份	奖项及获奖等级	获奖项目名称	第一完成人（单位）
1	2014	技术发明奖二等奖	汽车电子嵌入式平台技术及应用	吴朝晖（浙江大学）
2	2014	科学技术进步奖二等奖	长安汽车全球协同自主创新工程	重庆长安汽车股份有限公司
3	2014	科学技术进步奖二等奖	汽车制动与ABS多工矿整车智能检测技术及装备开发	马建（长安大学）
4	2014	科学技术进步奖二等奖	微通道管材与患热器制造技术及其应用	彭颖红（上海交通大学）
5	2014	科学技术进步奖二等奖	基于路感跟踪的高性能电动助力转向系统关键技术及应用	季学武（清华大学）
6	2014	科学技术进步奖二等奖	重型柴油车污染排放控制高效SCR技术研发及产业化	贺泓（中国科学院生态环境研究中心）
7	2013	技术发明奖二等奖	基于行驶环境感知与控制协同的汽车智能安全新技术及应用	李克强（清华大学）
8	2012	技术发明奖二等奖	汽车玻璃深加工的关键制造技术及应用	陈文哲（福建工程学院）
9	2012	科学技术进步奖二等奖	汽车用高性能环保聚丙烯材料关键技术的开发与应用	黄险波（金发科技股份有限公司）
10	2012	科学技术进步奖二等奖	全工况高精度轮胎动力学体系创建及应用	郭孔辉（吉林大学）
11	2011	科学技术进步奖二等奖	电阻点焊工艺质量自动监控技术	齐嵩宇（一汽集团）
12	2011	科学技术进步奖二等奖	万向基于汽车零部件及系统的"三位一体"创新体系建设	万向集团公司
13	2011	科学技术进步奖二等奖	高品质镁合金集成与循环应用技术	潘复生（重庆大学）
14	2011	科学技术进步奖二等奖	大批量混流生产工艺过程优化平台及其在汽车等行业的应用	邵新宇（华中科技大学）
15	2011	科学技术进步奖二等奖	汽车装配线摩擦输送关键技术及成套设备	杨雷（南京航空航天大学）

续表

序号	获奖年份	奖项及获奖等级	获奖项目名称	第一完成人（单位）
16	2011	科学技术进步奖二等奖	基于中级轿车平台的荣威550车型自主开发	高卫民（上汽集团）
17	2011	科学技术进步奖二等奖	复杂薄板产品装配的数字化工艺设计与装备技术	林忠钦（上海交通大学）
18	2010	技术发明奖二等奖	运动汽车噪声综合识别及控制技术	连小珉（清华大学）
19	2010	科学技术进步奖二等奖	高品质J6重型车及重型柴油机自主研发与技术创新	李骏（一汽集团）
20	2008	科学技术进步奖一等奖	奇瑞节能环保汽车技术平台建设	奇瑞汽车股份有限公司
21	2008	科学技术进步奖一等奖	东风1.5吨级高机动性越野汽车的研制	黄松（东风汽车公司）
22	2008	科学技术进步奖二等奖	轿车整车自主开发系统的关键技术研究及其工程应用	尹同耀（奇瑞汽车有限公司）
23	2008	科学技术进步奖二等奖	燃料电池轿车动力平台关键技术	万钢（同济大学）
24	2007	技术发明奖二等奖	车用柴油发动机新型电控系统及其应用	欧阳明高（清华大学）
25	2007	科学技术进步奖二等奖	支持生产设备集成运行的网络化制造系统及支撑技术	刘飞（重庆大学）
26	2007	科学技术进步奖二等奖	超大容积高端汽车灯具镀膜系列装备与工艺研发及产业化	范多旺（兰州交通大学）
27	2007	科学技术进步奖二等奖	汽车综合性能检测关键技术研究、系列产品开发及其产业化	马建（长安大学）
28	2007	科学技术进步奖二等奖	一汽解放第五代奥威重型系列商用车及其重型柴油机自主开发	刘蕴博（一汽集团）
29	2006	科学技术进步奖二等奖	车身结构及部件快速精细设计、制造分析KMAS软件系统	胡平（吉林大学）
30	2005	科学技术进步奖一等奖	宝钢高等级汽车板品种、生产及使用技术的研究	谢企华（宝山钢铁股份有限公司）
31	2005	科学技术进步奖二等奖	汽车摩托车齿轮类零件冷摆辗精密成形技术及其应用	华林（武汉理工大学）
32	2005	科学技术进步奖二等奖	轿车覆盖件精密成形技术及其应用	林忠钦（上海交通大学）
33	2004	科学技术进步奖二等奖	汽车碰撞安全性设计与改进理论、方法及关键技术	钟志华（湖南大学）
34	2003	科学技术进步奖二等奖	轿车用高性能水雾化粉末材料的规模化生产技术	崔建民（山东莱芜粉末冶金厂）
35	2002	科学技术进步奖一等奖	薄板冲压工艺与模具设计理论、计算方法和关键技术及在车身制造中的应用	钟志华（湖南大学）
36	2002	科学技术进步奖二等奖	轿车车身制造质量控制技术及其应用	林忠钦（上海交通大学）
37	2002	科学技术进步奖二等奖	轿车液力变矩器	葛安林（上海离合器总厂）
38	2002	科学技术进步奖二等奖	汽车尾气催化净化器的关键技术研究及产业化	黄荣光（昆明贵金属研究所）

资料来源：科技部网站

2001—2014年共35个项目获汽车科技进步奖特、一等奖

汽车科学技术奖设立"中国汽车工业科学技术进步奖""中国汽车工业优秀科技人才奖""中国汽车工业优秀青年科技人才奖"三个奖项。其中,"科学技术进步奖"分为"技术开发项目""社会公益项目""重大工程项目"三个类别。2001—2014年共有35个项目获得中国汽车工业科学技术进步奖特等奖或一等奖。年度获奖数量和水平逐年提高,产、学、研联合创新的趋势和优势日益凸显。

2001—2014年获汽车科学技术进步奖特、一等奖项目

序号	获奖年份	获奖项目名称(除标注外均为一等奖)	完成单位
1	2014	红旗高级轿车系列产品自主研发与技术创新(特等奖)	一汽集团
2	2014	汽车运动品质开发关键理论和技术及其应用	吉林大学
3	2014	长安P3乘用车平台研发及产业化应用	重庆长安汽车公司
4	2014	基于跨平台模块化架构的汽车正向开发技术研究与应用	广汽集团
5	2014	电动汽车整车控制方法	重庆长安新能源汽车公司 重庆长安汽车公司
6	2014	新型复杂武器系统高机动轮式车辆开发及模块化、系列化	东风汽车技术中心 武汉理工大学
7	2013	金杯大海狮H2L轻型客车的开发	华晨汽车
8	2013	无级自动变速器研发	奇瑞汽车公司 重庆理工大学 北京理工大学
9	2013	精密喷射成形快速制模技术研究	东风上用车技术中心 东风锻造公司
10	2013	汽车NVH控制技术的研发及产业化应用	重庆长安汽车公司 重庆大学
11	2012	新一代军车关键技术及应用	东风汽车集团技术中心 东风越野车公司 东风特种车公司
12	2012	哈弗H3/H5系列SUV及高性能乘用车柴油机自主研发	长城汽车公司
13	2012	吉利轿车安全技术的研发与产业化	吉利汽车集团 吉利汽车研究院
14	2011	全工况高精度轮胎动力学理论、关键技术及应用(特等奖)	吉林大学
15	2011	陆风X8全领域SUV自主研发及产业化	江铃控股有限公司
16	2011	中国一汽奔腾深混式和插电式混合动力轿车自主创新与产品开发	一汽集团技术中心 吉林大学
17	2011	新赛欧架构平台创建及系列车型的自主开发	上海通用汽车公司 泛亚汽车技术中心
18	2010	中级轿车荣威550的自主开发(特等奖)	上海汽车集团公司

续表

序号	获奖年份	获奖项目名称（除标注外均为一等奖）	完成单位
19	2010	长安中混合动力轿车技术平台开发及其产业化应用	重庆长安汽车公司 清华大学 重庆大学 重庆长安新能源汽车公司
20	2010	东风天锦中型载货汽车的开发和自主创新	东风商用车技术中心
21	2009	一汽解放第六代J6重型系列商用车及其重型柴油机自主开发（特等奖）	一汽集团
22	2009	第二代0.5/0.7t级军用越野汽车开发研制	北京汽车工业公司 解放军总装备部汽车试验场 解放军总装备部汽车船军事代表局驻北京地区军事代表室
23	2009	自主电控单体泵喷油系统与一汽国III排放标准系列柴油机产品平台开发	一汽集团技术中心 亚新科南岳（衡阳）公司 长春启明车载电子公司
24	2009	低噪声汽车的理论方法、关键技术及工程应用	清华大学汽车安全与节能国家重点实验室
25	2008	燃气汽车发动机及关键零部件开发及产业化	中汽研究院 北京玻璃钢研究院 重庆鼎辉燃气汽车系统公司
26	2008	东风混合动力电动城市客车的开发	东风汽车公司 北京中纺锐力机电公司 湖南神舟科技公司
27	2007	东风1.5吨高机动性越野汽车的开发	东风汽车公司 中国人民解放军总装备部汽车试验场 中国人民解放军驻东风汽车公司军事代表室
28	2006	Z系列AT自动变速器产品研发与产业化	吉利变速器公司 吉利汽车研究院 吉利汽车有限公司等
29	2005	汽车防抱制动系统研究开发及其产业化	清华大学汽车安全与节能国家重点实验室 浙江亚太机电公司 北京吉普汽车公司
30	2005	汽车车身结构及部件快速设计、制造分析KMAS软件系统	吉林大学动态模拟国家重点实验室 吉林大学车身与模具研究所
31	2004	别克君威系列轿车	上海通用汽车公司 泛亚汽车技术中心
32	2003	东风-雪铁龙爱丽舍车型的开发及工业化投产	神龙汽车公司 东风汽车研究院
33	2003	在用车辆智能化检测系统新技术研究	吉林大学交通学院
34	2001	别克轿车液力变矩器	上海离合器总厂 吉林大学
35	2001	汽车工业用机器人开发与应用	一汽集团中科院 沈阳自动化所 哈工大机器人研究院

资料来源：中国汽车工程学会科技奖励工作委员会

近五年我国汽车类科技成果登记总量增长超过50%

2009—2013年，全国汽车领域科技成果登记总量增长超过50%，其中应用技术类成果占成果总量的98%左右。2013年，我国汽车领域科技成果总量为1 001项。其中，应用技术类为991项、占99%，其余为软科学类和基础理论类；在应用技术成果中，共获得1 477个发明专利授权，其中企业专利权人占83%，大专院校专利权人占11%，独立研究机构专利权人占6%；新制定标准59项，其中国际标准、国家标准、行业标准、地方标准和企业标准分别为4项、14项、5项、4项和32项。

2009—2013年汽车类科技成果登记数量

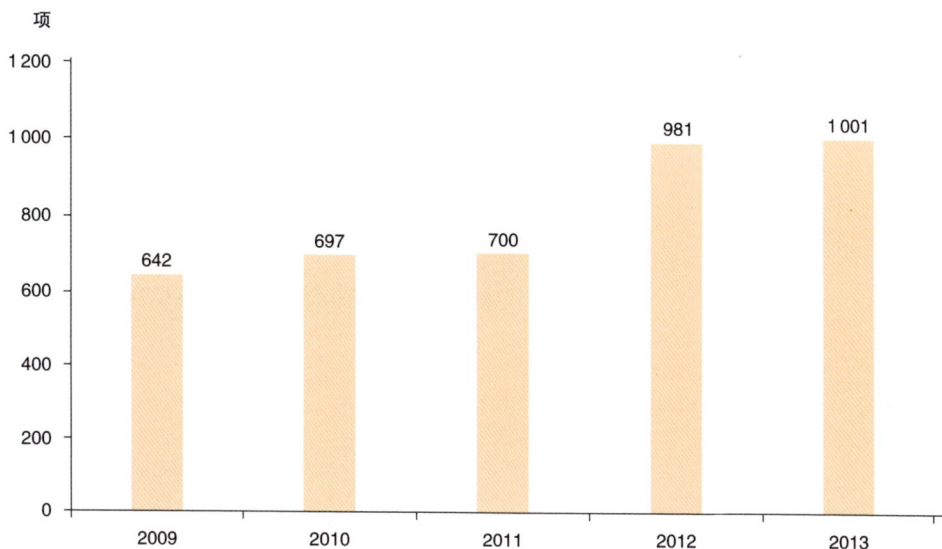

项

2009	2010	2011	2012	2013
642	697	700	981	1 001

资料来源：中国化工信息研究所。其科技成果登记数据来源于全国80多家省、部级科技成果登记管理部门（包括40多个省（自治区）、直辖市、计划单列市、副省级城市和30多个国务院部门、直属单位科技管理机构，以及部分中央企业、行业协会等）的登记认定。

课题来源以自选项目和各级政府科技计划为主

在2013年登记的1 001项汽车类科技成果中，974项由地方登记上报，27项由国家部委、学会等部门登记上报。2013年登记的汽车类科技成果的课程来源主要为自选项目和各级财政支持的科技计划项目，二者的比例分别为50%和30%左右。科技成果的主要来源单位为企业，占科技成果项目的比例达83.92%。

2013年登记的科技成果的课题来源

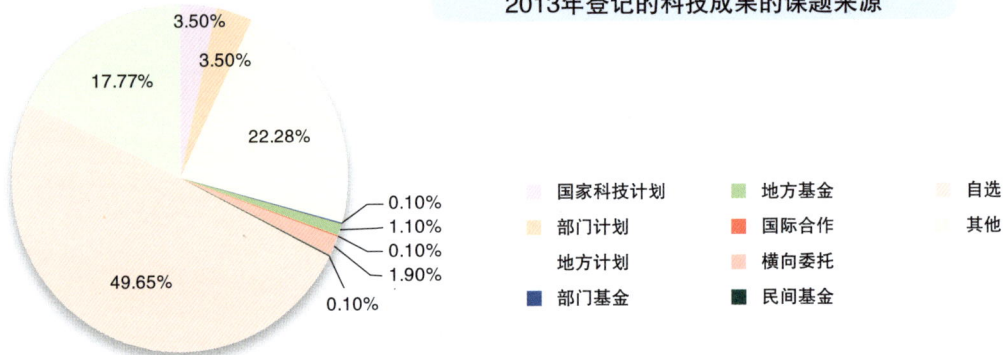

3.50%
3.50%
17.77%
22.28%
0.10%
1.10%
0.10%
1.90%
49.65%
0.10%

国家科技计划   地方基金   自选
部门计划   国际合作   其他
地方计划   横向委托
部门基金   民间基金

2013年登记的科技成果来源单位属性

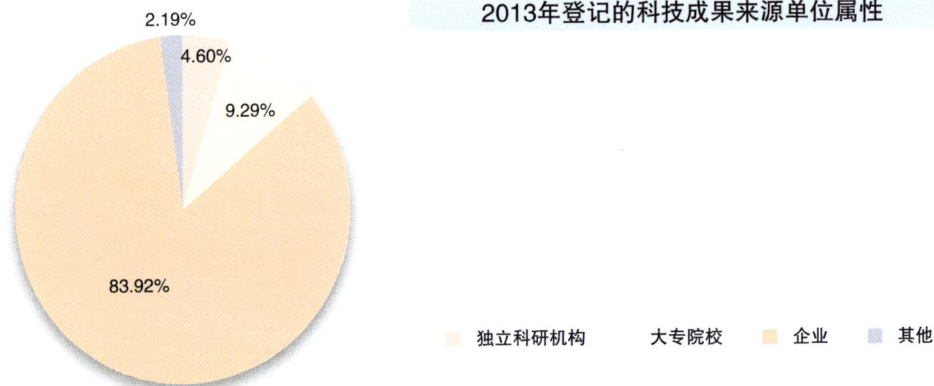

2.19%
4.60%
9.29%
83.92%

独立科研机构   大专院校   企业   其他

资料来源：同P151

来自企业的新技术、新产品
是汽车应用技术类科技成果主要体现形式

汽车应用技术类科技成果以新技术、新产品为主要体现形式。2013年登记的应用技术类成果中，新产品、新技术的比例分别为30.0%和49.5%，合计为79.5%。其中，来自企业的新技术和新产品项目，占到全部应用技术类成果总量的68%。以技术标准（国际标准、国家标准、地标、行标、企标）体现的科技成果共59项，也主要来自企业。此外，2013年汽车应用技术类科技成果以处于成熟阶段的原始创新和国内技术二次开发为主。

2009—2013年汽车应用技术类科技成果的体现形式分布情况
%

项目	2009	2010	2011	2012	2013
新技术	24.1	21.5	22.8	24.2	30.0
新工艺	5.6	5.6	6.4	3.8	6.2
新产品	42.1	53.1	48.5	48.5	49.5
新材料	4.7	2.2	2.9	2.7	1.8
新装备	3.8	2.0	3.8	7.9	3.4
其他应用技术	6.1	3.1	4.5	3.7	3.2
国际标准	1.1	0.6	0.6	0.5	0.4
国家标准	4.3	3.4	3.6	1.7	1.4
行业标准	3.5	1.3	2.6	1.8	0.5
地方标准	0.2	0.3	0.4	0.1	0.4
企业标准	4.5	6.9	3.9	5.1	3.2

2013年汽车应用技术类科技成果按体现形式的来源情况
项

项目	独立科研机构	大专院校	企业	其他
新技术	22	57	214	4
新工艺	2	2	55	1
新产品	7	20	461	3
新材料	1	2	15	
新装备	6	5	23	
其他应用技术	4	3	18	7
国际标准			4	
国家标准			14	
行业标准			5	
地方标准		1		3
企业标准	3		29	
总计	45	90	838	18

2013年汽车应用技术类科技成果的创新类型
项

项目	初期	中期	成熟	总计
原始性创新	34	83	569	686
国外引进消化吸收创新	4	22	74	100
国内技术二次开发	14	27	164	205

资料来源：同P151

汽车类科技成果完成人呈现年轻化、高学历、高职称趋势

2013年登记的1 001项汽车类科技成果涉及完成人员8 060人次。

从单位属性看，企业科技人员是技术研发的主体。2013年科技成果完成人员中，企业科技人员为6 584人次，占完成人总数的82%。

从年龄结构看，中青年是科技成果研发人员的主体，44岁以下的科研人员为6 355人次，占完成人总数的78.85%。

从学历构成来看，博士、硕士研究生比例持续增长。2013年汽车类科技成果完成人员中，博士研究生为567人次，占7%，硕士研究生为1 646人次，占21%。

从职称构成来看，具有正高、副高、中级职称的研究人员保持较高比例。院士为3人次，占0.04%；正高、副高级技术职称的完成人数为2 244人次，占27.84%；中级技术职称的研究人员为3 581人次，占44.43%。

科技成果完成人单位属性

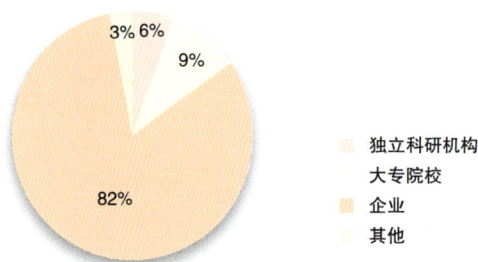

3% 6% 9% 82%

独立科研机构
大专院校
企业
其他

科技成果完成人学历情况

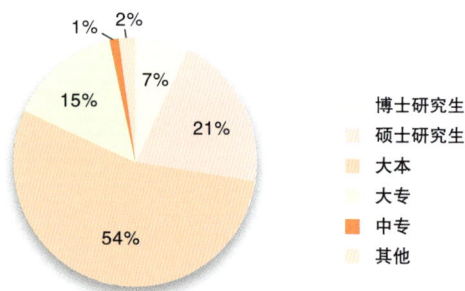

1% 2% 7% 21% 15% 54%

博士研究生
硕士研究生
大本
大专
中专
其他

科技成果完成人年龄情况

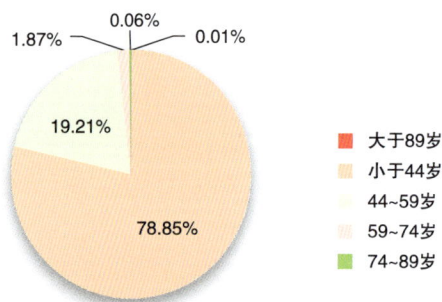

0.06% 0.01% 1.87% 19.21% 78.85%

大于89岁
小于44岁
44~59岁
59~74岁
74~89岁

科技成果完成人职称情况

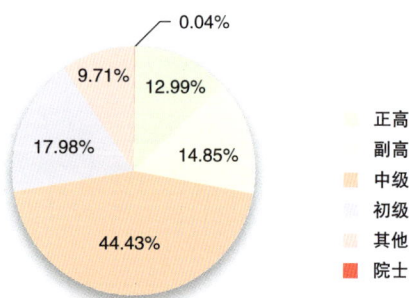

0.04% 9.71% 12.99% 14.85% 17.98% 44.43%

正高
副高
中级
初级
其他
院士

资料来源：同P151

汽车类科技成果主要集中在
结构部件、整车技术和发动机领域

从技术领域来看，2009—2013年汽车类科技成果集中在汽车结构部件、汽车整车技术和汽车发动机技术3个方面。2013年，这3个技术领域的科技成果分别占到总登记量的52%、21%和13%。从汽车结构类技术的技术领域细分来看，科技成果集中在传动系统、驾驶室及车身、电气设备及附件和行走系统等方面；从汽车整车技术类的技术领域细分来看，科技成果集中在各类新能源汽车、客车和专用汽车方面。

2009—2013年汽车类科技成果的技术领域分布情况 %

技术领域	2009	2010	2011	2012	2013
汽车结构部件	43.93	45.19	50.71	50.97	51.75
汽车整车	19.16	17.07	13.43	20.18	20.78
汽车发动机	15.42	14.92	11.43	9.48	12.49
汽车试验	5.76	3.87	7.14	3.87	4.10
汽车保养与修理	2.02	3.30	1.86	2.55	1.00
汽车制造工艺	2.18	0.72	2.57	1.63	2.00
汽车材料	1.40	2.30	0.57	1.33	1.00
整车设计与计算	0.78	1.43	1.14	0.71	1.50
汽车用燃料、润滑料	0.16	1.72	1.14	1.02	0.90
其他	9.19	9.47	10.00	8.26	4.50

2013年汽车结构部件类及汽车整车技术类科技成果的技术领域细分

	技术领域细分	比例（%）		技术领域细分	比例（%）
汽车结构部件类技术领域	传动系统	21.24	汽车整车技术类技术领域	各种新能源汽车	45.19
	驾驶室及车身	22.01		客车	17.31
	电气设备及附件	15.44		专用汽车	21.63
	行走系统	12.74		牵引车、挂车、汽车列车	3.37
	制动系统	7.92		载货汽车	5.77
	转向系统	11.58		自卸汽车	4.33
	汽车结构部件	3.86		各种汽车	0.48
	仪表	2.70		越野汽车、吉普车	1.92
	汽车底盘（总论）	2.32			
	汽车附属装置	0.19			

资料来源：同P151

专利申请 ## 2013年中国汽车行业专利公开总量超8万件

在中国，专利包括发明专利、实用新型专利和外观设计专利。2004—2013年，我国公开的汽车行业专利数量增长到近8.6倍，年均增长27%。其中，发明专利增为8.5倍，年均增长27%；实用新型专利增为9.3倍，年均增长28%；外观设计专利增为5.4倍，年均增长20%。"十二五"前三年（2011—2013年）国内汽车行业专利公开总量年均增速为29.2%，2013年是三年中增长速度最快的一年。2013年国内汽车行业专利公开总量为83 609件，与2012年公开总量59 680件相比，增长40.1%，增速同比上升了20.9个百分点。其中，发明专利公开31 161件，比2012年的23 875件增长30.5%；实用新型专利公开46 183件，比2012年的30 464件增长51.6%；外观设计专利公开6 265件，比2012年的5 341件增长17.3%。2013年公开的三种专利中发明专利占37%，实用新型专利占55%，外观设计专利占8%。

2004—2013年3种类型汽车专利公开数量及增长情况

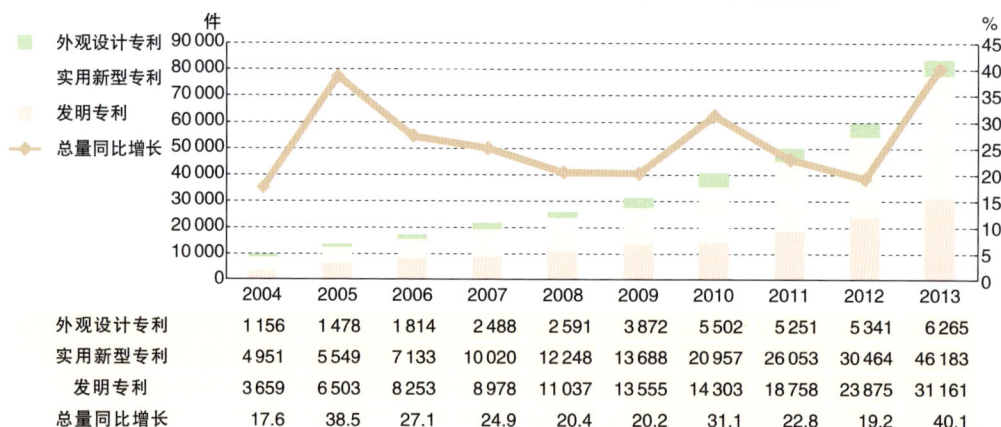

	2004	2005	2006	2007	2008	2009	2010	2011	2012	2013
外观设计专利	1 156	1 478	1 814	2 488	2 591	3 872	5 502	5 251	5 341	6 265
实用新型专利	4 951	5 549	7 133	10 020	12 248	13 688	20 957	26 053	30 464	46 183
发明专利	3 659	6 503	8 253	8 978	11 037	13 555	14 303	18 758	23 875	31 161
总量同比增长	17.6	38.5	27.1	24.9	20.4	20.2	31.1	22.8	19.2	40.1

2013年3种类型汽车专利公开数量所占比例

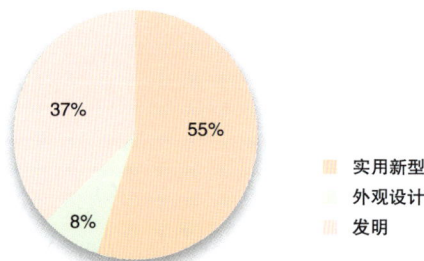

37%　55%　8%

实用新型
外观设计
发明

资料来源：http://www.pss-system.gov.cn/sipopublicsearch/search/searchHomeIndex.shtml

2006—2013年汽车发动机专利公开数量增长4.9倍

按照技术构成分类，将汽车零部件分为发动机、底盘、车身和车用电气4个主要类别。2006—2013年，我国公开的汽车发动机专利数量增长到4.9倍，年均增长26%。其中，与点火系统有关专利增长到4.2倍，年均增长23%；与起动系统有关专利增长到3.4倍，年均增长19%；与冷却系统有关专利增长到7.4倍，年均增长33%；与润滑系统有关专利增长到4.3倍，年均增长23%；与供给系统有关专利增长到4倍，年均增长22%；其他有关专利增长到6.1倍，年均增长30%。2013年，点火系统有关专利公开2 439件，比2012年的1 643件增长了48.4%；起动系统有关专利公开886件，比2012年的683件增长了29.7%；冷却系统有关专利公开2 381件，比2012年的1 709件增长了39.3%；润滑系统有关专利公开1 615件，比2012年的1 096件增长了47.4%；供给系统有关专利公开2 984件，比2012年的2 271件增长了31.4%。

2006—2013年汽车发动机系统专利公开情况

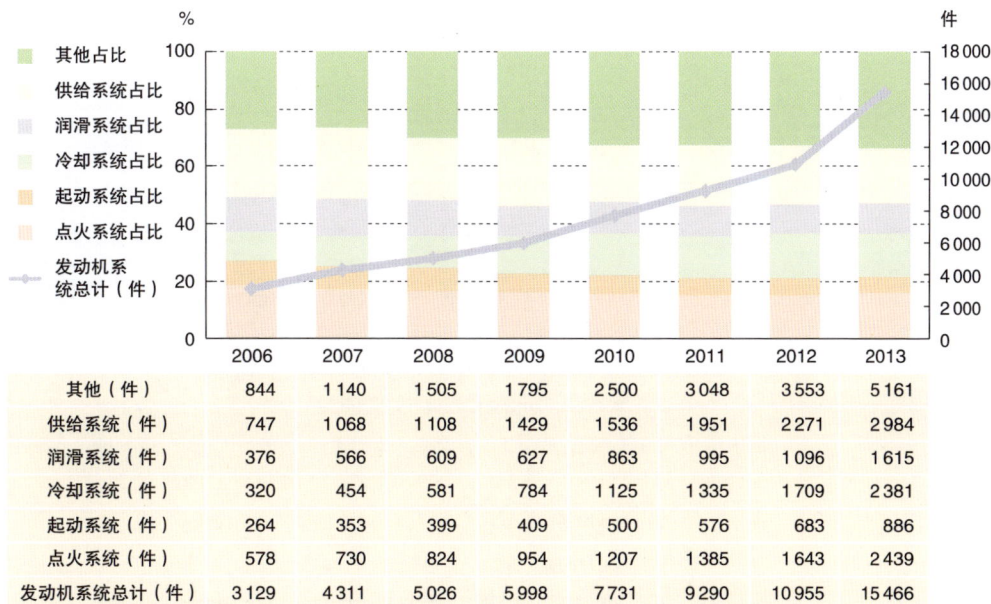

	2006	2007	2008	2009	2010	2011	2012	2013
其他（件）	844	1 140	1 505	1 795	2 500	3 048	3 553	5 161
供给系统（件）	747	1 068	1 108	1 429	1 536	1 951	2 271	2 984
润滑系统（件）	376	566	609	627	863	995	1 096	1 615
冷却系统（件）	320	454	581	784	1 125	1 335	1 709	2 381
起动系统（件）	264	353	399	409	500	576	683	886
点火系统（件）	578	730	824	954	1 207	1 385	1 643	2 439
发动机系统总计（件）	3 129	4 311	5 026	5 998	7 731	9 290	10 955	15 466

资料来源：http://www.pss-system.gov.cn/sipopublicsearch/search/searchHomeIndex.shtml

发动机相关专利中实用新型数量占58%

2013年公开的发动机技术相关专利中，发明专利共5 867件，占37.93%，比2012年的4 648件增长了26.2%；实用新型专利共8 922件，占57.69%，比2012年的5 792件增长了54.0%；外观设计专利共677件，占4.38%，比2012年的515件增长了31.5%。从增长的情况来看，3种类型专利都有较大的增长。

2013年，在15 466件发动机相关专利中，国内申请人申请13 285件，国外申请人申请2 181件。在5 867件发明专利中，国内申请人申请3 888件，占66.3%；国外申请人申请1 979件，占33.7%；在8 922件实用新型专利中，国内申请人申请8 786件，占98.5%，国外申请人申请136件，占1.5%；在677件外观设计专利中，国内申请人申请611件，占90.25%，国外申请人申请66件，占9.75%。

2006—2013年汽车发动机3种类型专利公开数量

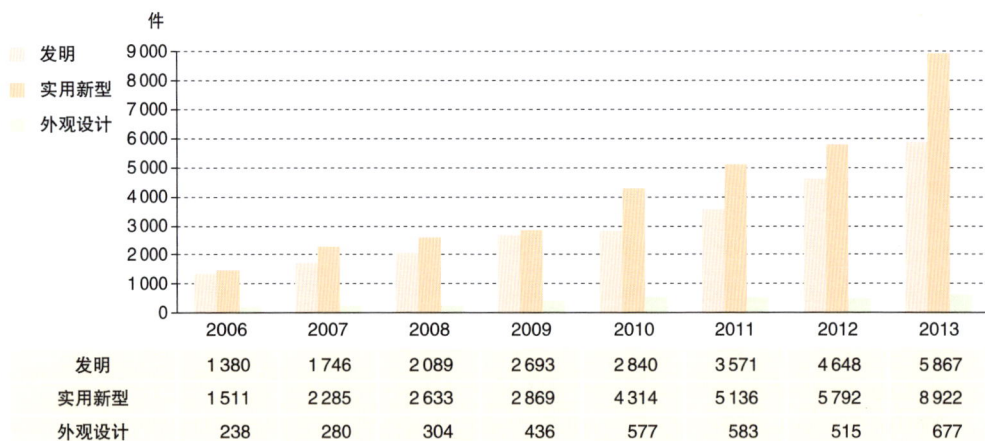

	2006	2007	2008	2009	2010	2011	2012	2013
发明	1 380	1 746	2 089	2 693	2 840	3 571	4 648	5 867
实用新型	1 511	2 285	2 633	2 869	4 314	5 136	5 792	8 922
外观设计	238	280	304	436	577	583	515	677

2006—2013年汽车发动机专利国内外申请人申请情况　　件

年份			2006	2007	2008	2009	2010	2011	2012	2013
发动机系统	发明	国内申请人	562	926	1 050	1 418	1 691	2 125	2 934	3 888
		国外申请人	818	820	1 039	1 275	1 149	1 446	1 714	1 979
	实用新型	国内申请人	1 500	2 262	2 617	2 849	4 264	5 096	5 732	8 786
		国外申请人	11	23	16	20	50	40	60	136
	外观设计	国内申请人	205	231	266	357	506	529	464	611
		国外申请人	33	49	38	79	71	54	51	66

资料来源：http://www.pss-system.gov.cn/sipopublicsearch/search/searchHomeIndex.shtml

2013年汽车底盘专利公开数量近3万件

2006—2013年，我国公开的汽车底盘专利数量增长到5.1倍，年均增长26%。其中，传动系统有关专利增长到5.7倍，年均增长28%；行驶系统有关专利增长到4.6倍，年均增长24%；转向系统有关专利增长到5.5倍，年均增长27%；制动系统有关专利增长到4.9倍，年均增长26%。

2013年，传动系统有关专利公开10 713件，比2012年的8 081件增长了32.6%；行驶系统有关专利公开10 343件，比2012年的7 501件增长了37.9%；转向系统有关专利公开2 452件，比2012年的1 673件增长了46.6%；制动系统有关专利公开5 109件，比2012年的3 442件增长了48.4%。

2006—2013年汽车底盘系统专利公开情况

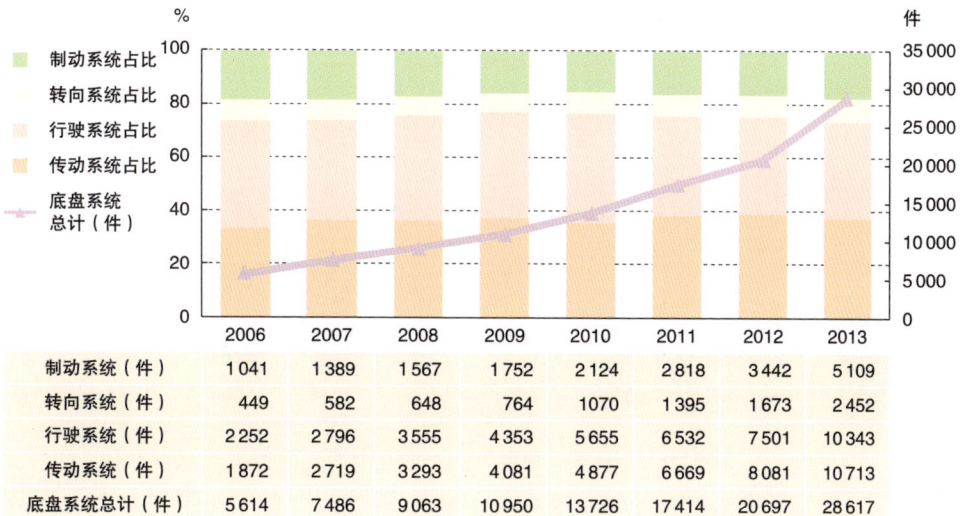

	2006	2007	2008	2009	2010	2011	2012	2013
制动系统（件）	1 041	1 389	1 567	1 752	2 124	2 818	3 442	5 109
转向系统（件）	449	582	648	764	1 070	1 395	1 673	2 452
行驶系统（件）	2 252	2 796	3 555	4 353	5 655	6 532	7 501	10 343
传动系统（件）	1 872	2 719	3 293	4 081	4 877	6 669	8 081	10 713
底盘系统总计（件）	5 614	7 486	9 063	10 950	13 726	17 414	20 697	28 617

资料来源：http://www.pss-system.gov.cn/sipopublicsearch/search/searchHomeIndex.shtml

2013年汽车底盘相关专利国内申请人申请数量接近2.5万件

2013年公开的底盘技术相关专利中，发明专利11 010件，占38.5%，比2012年的8 496件增长了30%；实用新型专利15 481件，占54.1%，比2012年的10 450件增长了48%；外观设计专利2 126件，占7.4%，比2012年的1 751件增长了21%。从增长的情况来看，增长主要集中在发明专利和实用新型专利。

2013年，在28 617件底盘相关专利中，国内申请人申请24 018件，国外申请人申请4 599件。在11 010件发明专利中，国内申请人申请6 873件，占62.4%，国外申请人申请4 137件，占37.6%；在15 481件实用新型专利中，国内申请人申请15 327件，占99%，国外申请人申请154件，占1%；在2 126件外观设计专利中，国内申请人申请1 818件，占85.5%，国外申请人申请308件，占14.5%。

2006—2013年汽车底盘3种类型专利公开数量

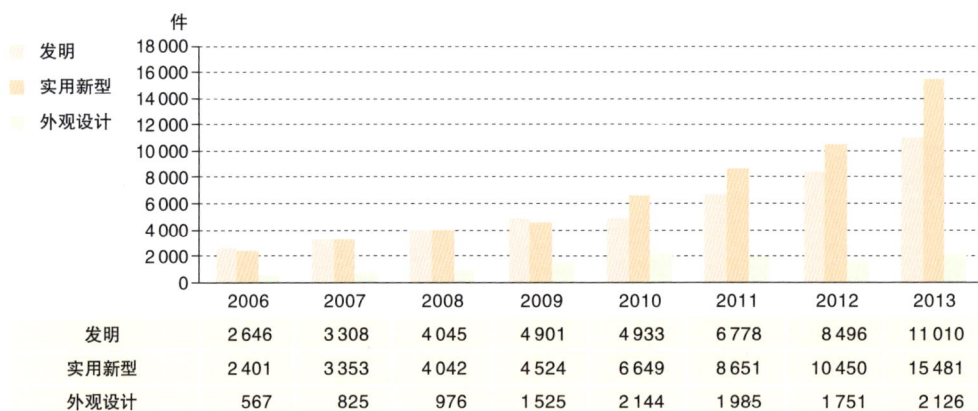

	2006	2007	2008	2009	2010	2011	2012	2013
发明	2 646	3 308	4 045	4 901	4 933	6 778	8 496	11 010
实用新型	2 401	3 353	4 042	4 524	6 649	8 651	10 450	15 481
外观设计	567	825	976	1 525	2 144	1 985	1 751	2 126

2006—2013年汽车底盘专利国内外申请人申请情况

件

年份		2006	2007	2008	2009	2010	2011	2012	2013
底盘系统	发明 国内申请人	846	1 222	1 650	2 071	2 555	3 667	4 962	6 873
	发明 国外申请人	1 800	2 086	2 395	2 830	2 378	3 111	3 534	4 137
	实用新型 国内申请人	2 377	3 343	4 022	4 464	6 600	8 580	10 391	15 327
	实用新型 国外申请人	24	10	20	60	49	71	59	154
	外观设计 国内申请人	397	609	705	1 224	1 656	1 727	1 544	1 818
	外观设计 国外申请人	170	216	271	301	488	258	207	308

资料来源：http://www.pss-system.gov.cn/sipopublicsearch/search/searchHomeIndex.shtml

汽车车身专利公开数量年均增长24%

2006—2013年，我国公开的汽车车身专利数量增长到4.4倍，年均增长24%。其中壳体及附件有关专利增长到6.4倍，年均增长30%；车窗有关专利增长到5.7倍，年均增长28%；车门有关专利增长到6.8倍，年均增长38%；安全防护有关专利增长到4.7倍，年均增长25%；其他有关专利增长到2.5倍，年均增长14%。2013年，壳体及附件系统有关专利公开12 690件，比2012年的8 716件增长了45.6%；车窗部分有关专利公开878件，比2012年的570件增长了54.0%；车门部分有关专利公开1 558件，比2012年的1 102件增长了41.4%；安全防护有关专利公开4 190件，比2012年的2 850件增长了47.0%。

2006—2013年汽车车身系统专利公开情况

图例：
- 其他占比
- 安全防护占比
- 车门占比
- 车窗占比
- 壳体及附件占比
- 车身系统总计（件）

	2006	2007	2008	2009	2010	2011	2012	2013
其他（件）	2 540	1 623	1 799	2 109	2 849	3 430	4 667	6 342
安全防护（件）	888	1 206	1 323	1 629	1 939	2 310	2 850	4 190
车门（件）	228	314	380	475	785	820	1 102	1 558
车窗（件）	154	206	240	275	465	508	570	878
壳体及附件（件）	1 969	2 786	3 441	4 191	5 840	7 449	8 716	12 690
车身系统总计（件）	5 779	6 135	7 183	8 679	11 878	14 517	17 905	25 658

资料来源: http://www.pss-system.gov.cn/sipopublicsearch/search/searchHomeIndex.shtml

2013年汽车车身专利中实用新型数量占58%

2013年公开的汽车车身技术相关专利中，发明专利8 012件，占31.23%，比2012年的5 935件增长35%；实用新型专利14 844件，占57.85%，比2012年的9 410件增长58%；外观设计专利2 802件，占10.93%，比2012年的2 560件增长9%。从增长的情况来看，增长主要集中在发明专利和实用新型专利。

2013年，在25 658件车身相关专利中，国内申请人申请22 486件，国外申请人申请3 172件。在8 012件发明专利中，国内申请人申请5 482件，占68.4%，国外申请人申请2 530件，占31.6%；在14 844件实用新型专利中，国内申请人申请14 585件，占98.26%，国外申请人申请259件，占1.74%；在2 802件外观设计专利中，国内申请人申请2 419件，占86.33%，国外申请人申请383件，占13.67%。

2006—2013年汽车车身3种类型专利公开数量

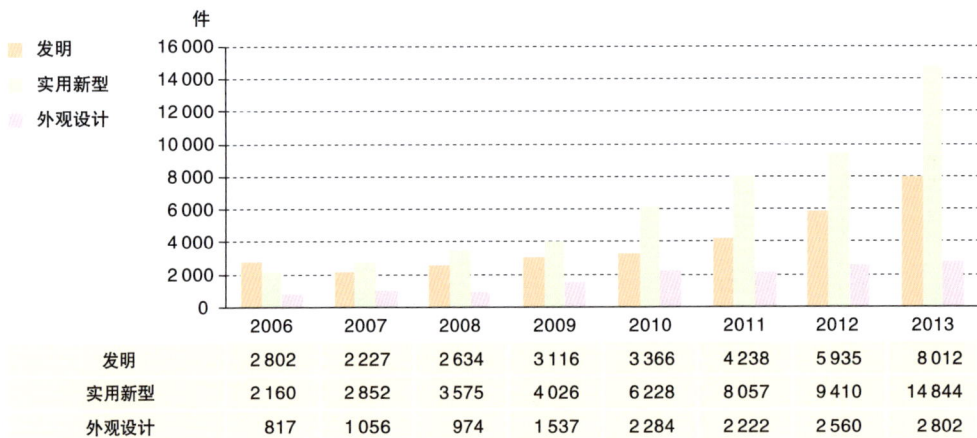

	2006	2007	2008	2009	2010	2011	2012	2013
发明	2 802	2 227	2 634	3 116	3 366	4 238	5 935	8 012
实用新型	2 160	2 852	3 575	4 026	6 228	8 057	9 410	14 844
外观设计	817	1 056	974	1 537	2 284	2 222	2 560	2 802

2006—2013年汽车车身专利国内外申请人申请情况

件

年份		2006	2007	2008	2009	2010	2011	2012	2013
车身系统	发明 国内申请人	538	842	1 141	1 461	1 893	2 422	3 829	5 482
	发明 国外申请人	2 264	1 385	1 493	1 655	1 473	1 816	2 106	2 530
	实用新型 国内申请人	2 111	2 791	3 541	3 994	6 158	7 959	9 324	14 585
	实用新型 国外申请人	49	61	34	32	70	98	86	259
	外观设计 国内申请人	591	790	664	1 141	1 857	1 927	2 160	2 419
	外观设计 国外申请人	226	266	310	396	427	295	400	383

资料来源：http://www.pss-system.gov.cn/sipopublicsearch/search/searchHomeIndex.shtml

汽车电气专利公开数量增长速度最快

2006—2013年，我国公开的汽车电气专利数量增长到5.2倍，年均增长26%。其中，电源有关专利增长到6.6倍，年均增长31%；照明及信号有关专利增长到6.4倍，年均增长30%。2013年，电源部分有关专利公开9 012件，比2012年的7 134件增长了26.3%；照明及信号部分有关专利公开4 610件，比2012年的2 792件增长了64.8%；其他有关专利公开246件，比2012年的192件增长了28%。

2006—2013年汽车电气系统专利公开情况

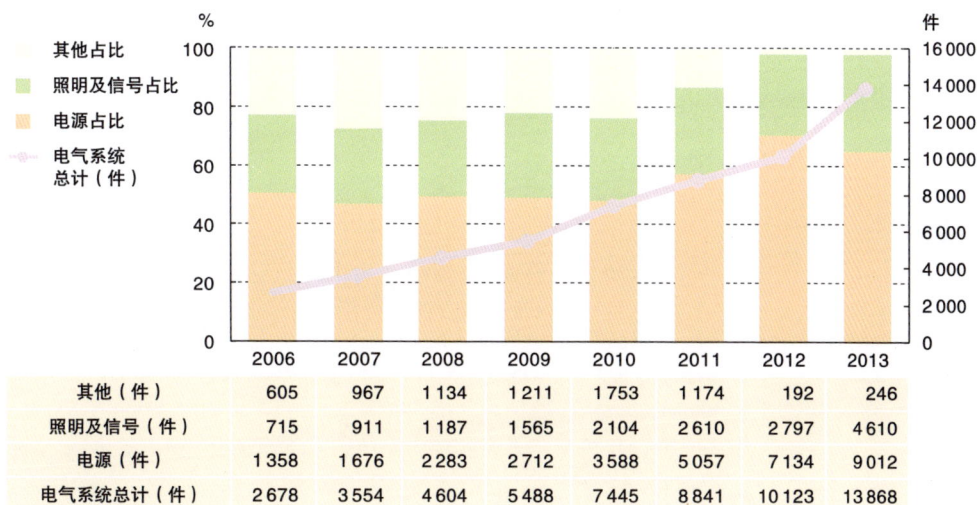

	2006	2007	2008	2009	2010	2011	2012	2013
其他（件）	605	967	1 134	1 211	1 753	1 174	192	246
照明及信号（件）	715	911	1 187	1 565	2 104	2 610	2 797	4 610
电源（件）	1 358	1 676	2 283	2 712	3 588	5 057	7 134	9 012
电气系统总计（件）	2 678	3 554	4 604	5 488	7 445	8 841	10 123	13 868

资料来源：http://www.pss-system.gov.cn/sipopublicsearch/search/searchHomeIndex.shtml

2013年汽车电气领域3种类型专利数量均较快增长

2013年公开的车用电气技术相关专利中，发明专利6 272件，占45.23%，比2012年的4 796件增长了31%；实用新型专利6 936件，占50.01%，比2012年的4 812件增长了44%；外观设计专利660件，占4.76%，比2012年的515件增长了28%。从增长的情况来看，3种专利均有较快的增长。

2013年，在13 868件车用电气相关专利中，国内申请人申请11 371件，国外申请人申请2 497件。在6 272件发明专利中，国内申请人申请3 922件，占62.5%，国外申请人申请2 350件，占37.5%；在6 936件实用新型专利中，国内申请人申请6 822件，占98.4%，国外申请人申请114件，占1.6%；在660件外观设计专利中，国内申请人申请627件，占95%，国外申请人申请33件，占5%。

2006—2013年汽车电气3种类型专利公开数量

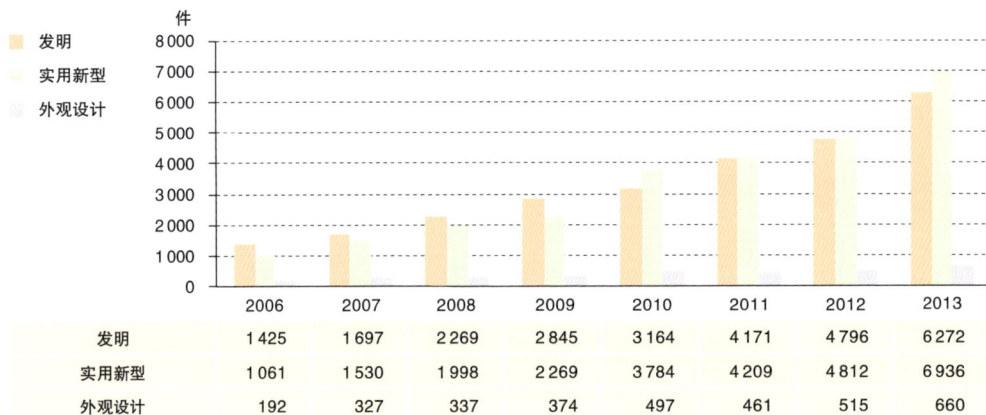

	2006	2007	2008	2009	2010	2011	2012	2013
发明	1 425	1 697	2 269	2 845	3 164	4 171	4 796	6 272
实用新型	1 061	1 530	1 998	2 269	3 784	4 209	4 812	6 936
外观设计	192	327	337	374	497	461	515	660

2006—2013年汽车电气专利国内外申请人申请情况 件

年份			2006	2007	2008	2009	2010	2011	2012	2013
电气系统	发明	国内申请人	627	897	1 286	1 636	2 092	2 495	2 910	3 922
		国外申请人	798	800	983	1 209	1 072	1 676	1 886	2 350
	实用新型	国内申请人	1 042	1 512	1 980	2 250	3 760	4 171	4 738	6 822
		国外申请人	19	18	18	19	24	38	74	114
	外观设计	国内申请人	179	303	315	343	469	413	494	627
		国外申请人	13	24	22	31	28	48	21	33

资料来源：http://www.pss-system.gov.cn/sipopublicsearch/search/searchHomeIndex.shtml

在四大领域汽车专利中，
汽车底盘相关专利公开数量占比最大

2006—2013年，在汽车电气、车用发动机、汽车车身、汽车底盘4个领域的专利中，汽车底盘相关专利公开数量最多，汽车车身次之。

2013年，发动机相关专利公开15 466件，所占比重为18%；汽车底盘相关专利公开28 617件，所占比重为34%；汽车车身相关专利公开25 658件，所占比重为31%；汽车电气相关专利公开13 868件，所占比重为17%。

2006—2013年汽车四大技术领域专利公开数量

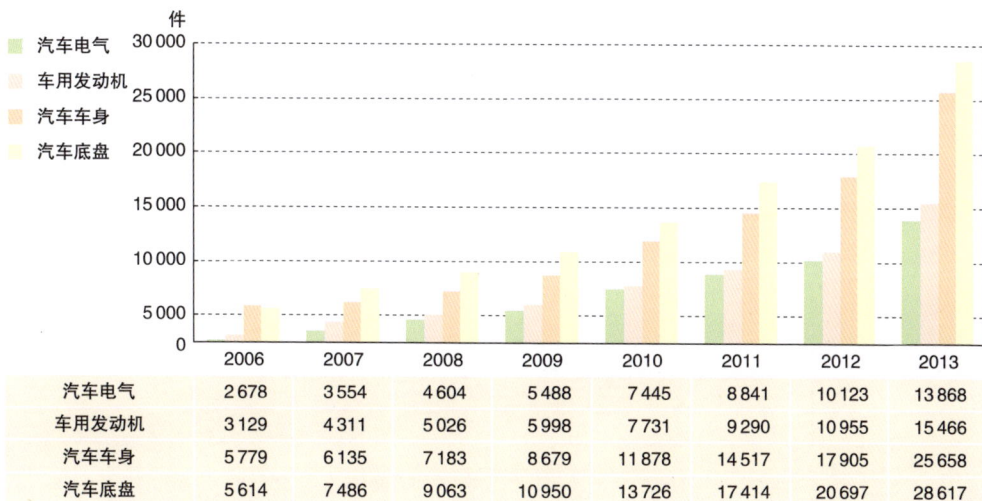

	2006	2007	2008	2009	2010	2011	2012	2013
汽车电气	2 678	3 554	4 604	5 488	7 445	8 841	10 123	13 868
车用发动机	3 129	4 311	5 026	5 998	7 731	9 290	10 955	15 466
汽车车身	5 779	6 135	7 183	8 679	11 878	14 517	17 905	25 658
汽车底盘	5 614	7 486	9 063	10 950	13 726	17 414	20 697	28 617

2013年汽车四大技术领域专利公开数量占比

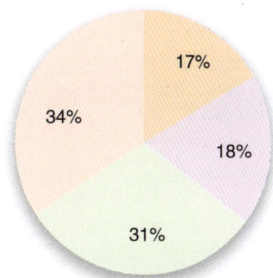

汽车电气　车用发动机　汽车车身　汽车底盘

资料来源：http://www.pss - system.gov.cn/sipopublicsearch/search/searchHomeIndex.shtml

国内申请人申请专利数量所占比重持续增大

2006—2013年，中国汽车专利公开总量逐年攀升。其中，国内申请人申请专利数量增长速度高于国外申请人，国内申请人申请专利所占比重由2006年的64%增长到了2013年的85%。2013年，国内汽车行业公开专利中，国内申请人申请专利71 160件，占全年汽车行业专利申请总量的85%，国外申请人申请专利12 449件，占全年汽车行业专利申请总量的15%。

2006—2013年汽车专利国内外申请人申请量及比例

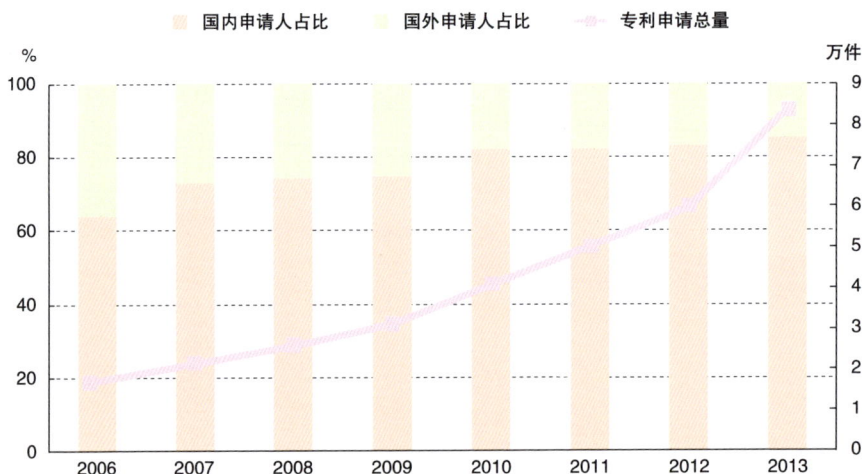

	2006	2007	2008	2009	2010	2011	2012	2013
国内申请人申请量（件）	10 975	15 728	19 237	23 208	33 501	41 111	49 482	71 160
国外申请人申请量（件）	6 225	5 758	6 639	7 907	7 279	8 951	10 198	12 449
专利申请总量（件）	17 200	21 486	25 876	31 115	40 780	50 062	59 680	83 609
国内申请人申请量占比（%）	64	73	74	75	82	82	83	85

资料来源：http://www.pss-system.gov.cn/sipopublicsearch/search/searchHomeIndex.shtml

发动机领域专利罗伯特·博世申请量最大

2013年中国汽车发动机专利公开数量排名前十位的国内外机构的排名情况如下图所示。我们看到，罗伯特·博世有限公司以225件的申请量排名第一，国内机构中，浙江吉利控股集团有限公司申请量最大，为158件。

2013年汽车发动机专利公开数量前十位国外机构

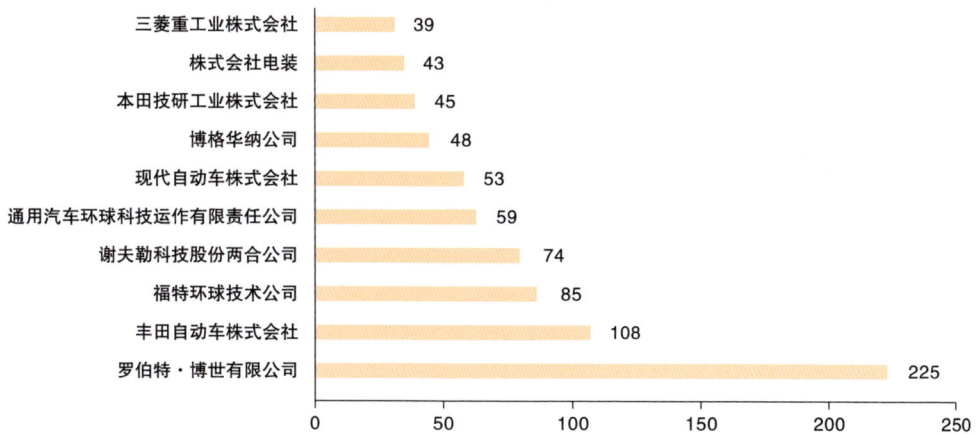

机构	数量
三菱重工业株式会社	39
株式会社电装	43
本田技研工业株式会社	45
博格华纳公司	48
现代自动车株式会社	53
通用汽车环球科技运作有限责任公司	59
谢夫勒科技股份两合公司	74
福特环球技术公司	85
丰田自动车株式会社	108
罗伯特·博世有限公司	225

2013年汽车发动机专利公开数量前十位国内机构

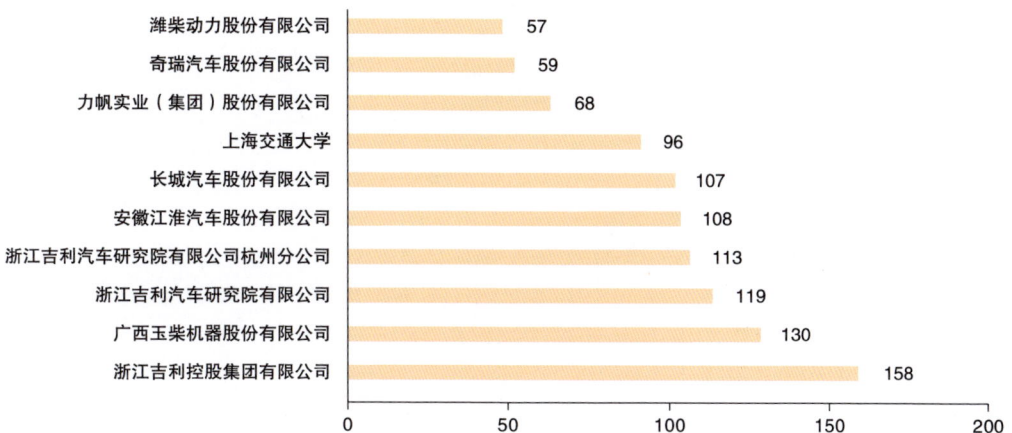

机构	数量
潍柴动力股份有限公司	57
奇瑞汽车股份有限公司	59
力帆实业（集团）股份有限公司	68
上海交通大学	96
长城汽车股份有限公司	107
安徽江淮汽车股份有限公司	108
浙江吉利汽车研究院有限公司杭州分公司	113
浙江吉利汽车研究院有限公司	119
广西玉柴机器股份有限公司	130
浙江吉利控股集团有限公司	158

资料来源: http://www.pss-system.gov.cn/sipopublicsearch/search/searchHomeIndex.shtml

底盘领域专利吉利汽车申请量最大

2013年中国汽车底盘专利公开数量前十位国内外机构排名情况如下图所示。

株式会社普利司通以236件的申请量在国外机构中排名第一，国内机构则是浙江吉利控股集团有限公司申请量最大，为416件。

2013年汽车底盘专利公开数量前十位国外机构

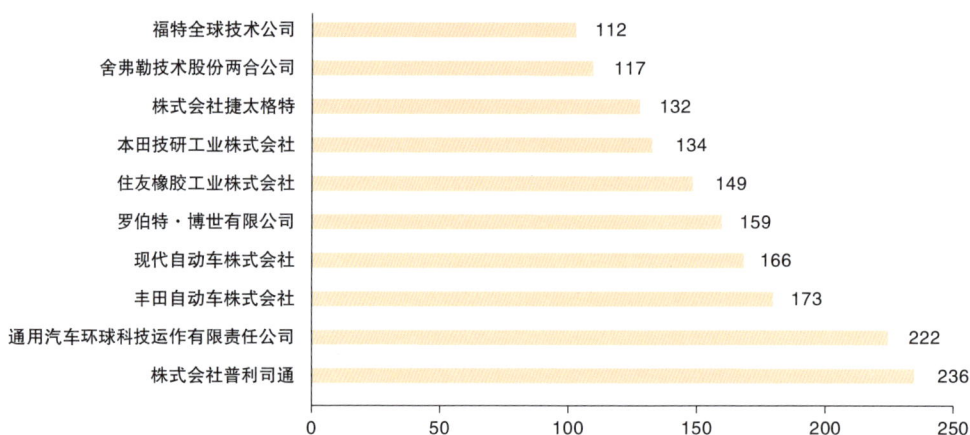

机构	数量
福特全球技术公司	112
舍弗勒技术股份两合公司	117
株式会社捷太格特	132
本田技研工业株式会社	134
住友橡胶工业株式会社	149
罗伯特·博世有限公司	159
现代自动车株式会社	166
丰田自动车株式会社	173
通用汽车环球科技运作有限责任公司	222
株式会社普利司通	236

2013年汽车底盘专利公开数量前十位国内机构

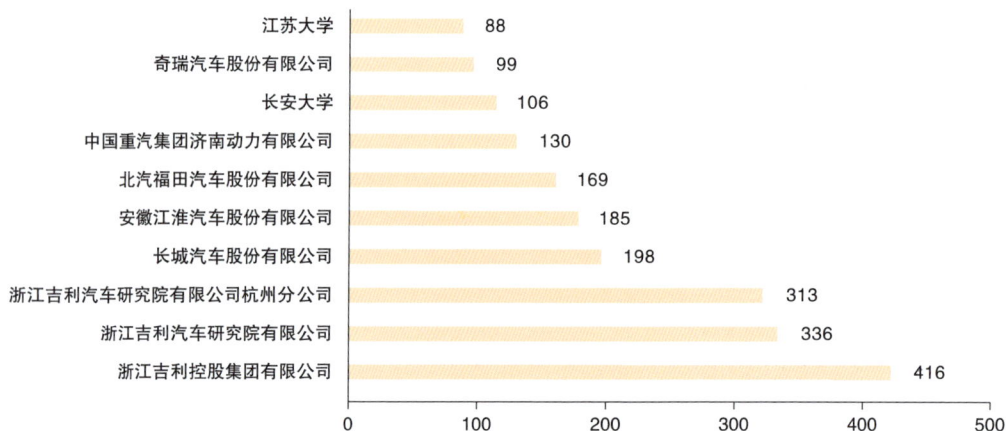

机构	数量
江苏大学	88
奇瑞汽车股份有限公司	99
长安大学	106
中国重汽集团济南动力有限公司	130
北汽福田汽车股份有限公司	169
安徽江淮汽车股份有限公司	185
长城汽车股份有限公司	198
浙江吉利汽车研究院有限公司杭州分公司	313
浙江吉利汽车研究院有限公司	336
浙江吉利控股集团有限公司	416

资料来源：http://www.pss-system.gov.cn/sipopublicsearch/search/searchHomeIndex.shtml

车身领域专利吉利汽车申请量最大

2013年中国汽车车身专利公开数量前十位国内外机构排名情况如下图所示。通用汽车环球科技运作有限责任公司以170件的申请量在国外机构中排名第一，国内机构则是浙江吉利控股集团有限公司申请量最大，为747件。

2013年汽车车身专利公开数量前十位国外机构

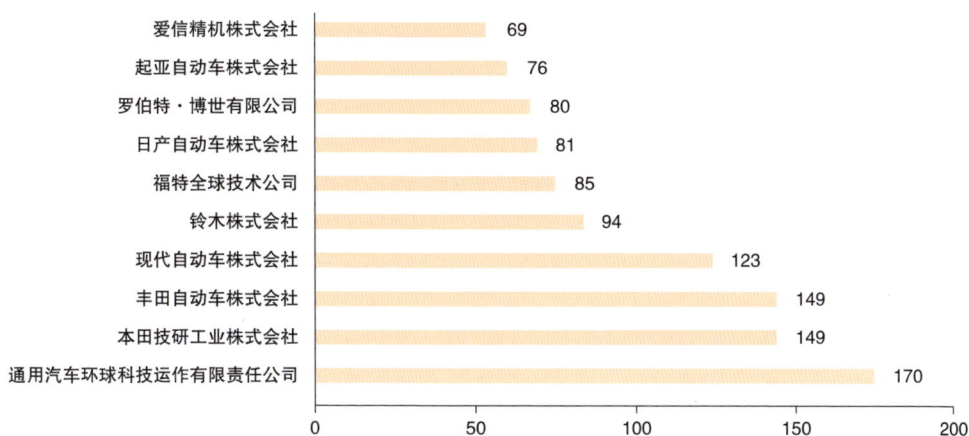

机构	数量
爱信精机株式会社	69
起亚自动车株式会社	76
罗伯特·博世有限公司	80
日产自动车株式会社	81
福特全球技术公司	85
铃木株式会社	94
现代自动车株式会社	123
丰田自动车株式会社	149
本田技研工业株式会社	149
通用汽车环球科技运作有限责任公司	170

2013年汽车车身专利公开数量前十位国内机构

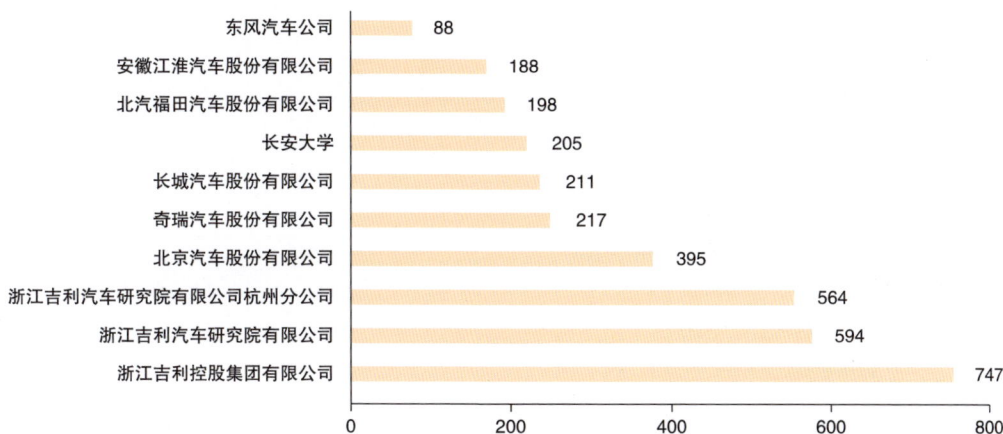

机构	数量
东风汽车公司	88
安徽江淮汽车股份有限公司	188
北汽福田汽车股份有限公司	198
长安大学	205
长城汽车股份有限公司	211
奇瑞汽车股份有限公司	217
北京汽车股份有限公司	395
浙江吉利汽车研究院有限公司杭州分公司	564
浙江吉利汽车研究院有限公司	594
浙江吉利控股集团有限公司	747

资料来源：http://www.pss-system.gov.cn/sipopublicsearch/search/searchHomeIndex.shtml

电气领域专利吉利汽车申请量最大

2013年中国汽车电气专利公开数量前十位国内外机构排名情况如下图所示。

三星SDI株式会社以143件的申请量在国外机构中排名第一，国内机构则是浙江吉利控股集团有限公司申请量最大，为209件。

2013年汽车电气专利公开数量前十位国外机构

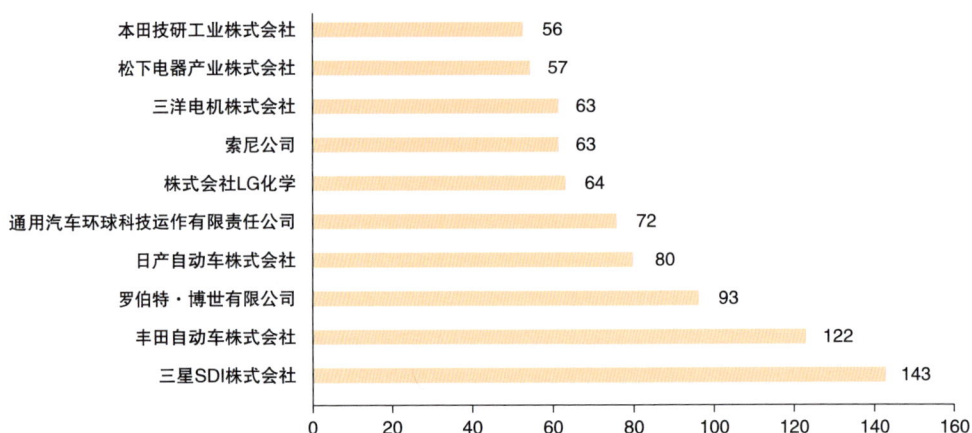

机构	数量
本田技研工业株式会社	56
松下电器产业株式会社	57
三洋电机株式会社	63
索尼公司	63
株式会社LG化学	64
通用汽车环球科技运作有限责任公司	72
日产自动车株式会社	80
罗伯特·博世有限公司	93
丰田自动车株式会社	122
三星SDI株式会社	143

2013年汽车电气专利公开数量前十位国内机构

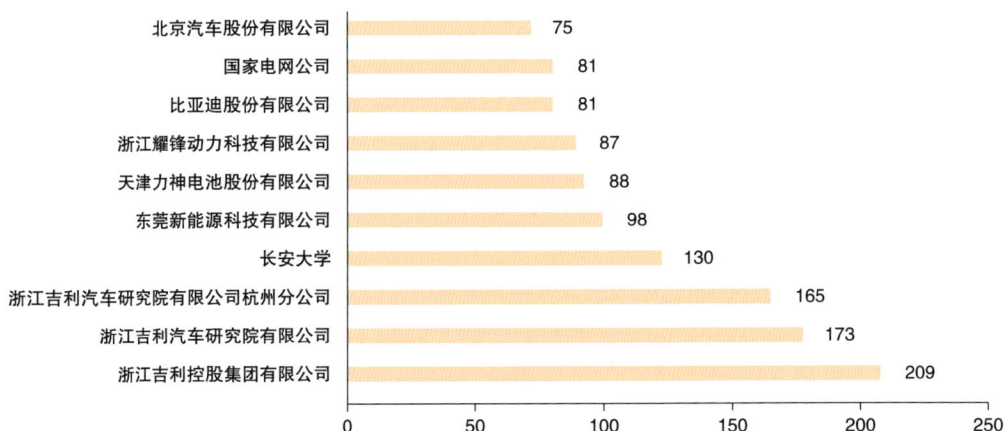

机构	数量
北京汽车股份有限公司	75
国家电网公司	81
比亚迪股份有限公司	81
浙江耀锋动力科技有限公司	87
天津力神电池股份有限公司	88
东莞新能源科技有限公司	98
长安大学	130
浙江吉利汽车研究院有限公司杭州分公司	165
浙江吉利汽车研究院有限公司	173
浙江吉利控股集团有限公司	209

资料来源：http://www.pss-system.gov.cn/sipopublicsearch/search/searchHomeIndex.shtml

中国新能源汽车专利数量位列世界第三

日本和美国是传统的汽车强国，同时也是新能源汽车的主要研发国家。1992—2011年，日本申请的新能源汽车专利数量为104 841件，占全球总量的34%；其次为美国，有51 018件，占全球总量的16%；中国排在第三位，共有43 032件，占全球总量的14%。虽然中国在新能源汽车方面起步较晚，但是近十几年发展迅猛，特别是从2004年以后，随着国家"十一五"规划中明确提出发展新能源汽车以及各种相关产业促进政策的出台，中国的新能源汽车专利数量直线上升。

1992—2011年全球新能源汽车专利申请按国家（地区）的分布情况

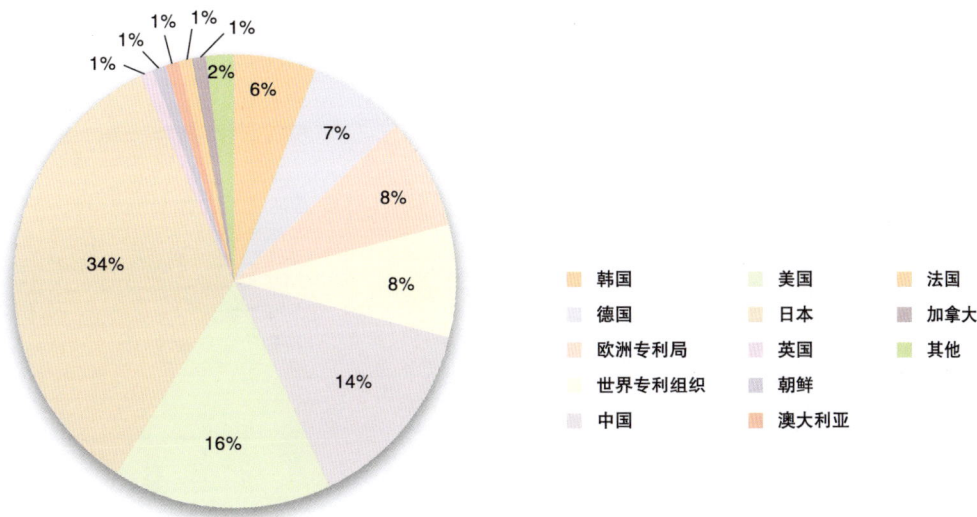

图例：
- 韩国
- 美国
- 法国
- 德国
- 日本
- 加拿大
- 欧洲专利局
- 英国
- 其他
- 世界专利组织
- 朝鲜
- 中国
- 澳大利亚

资料来源:《广东省战略性新兴产业——新能源汽车产业专利分析及预警报告》

新能源汽车领域专利中国本土申请人申请量增势迅猛

　　随着新能源汽车技术的发展，1992—2011年20年间中国新能源汽车本土申请人申请专利数量一直持续增长，其增长可分为三个阶段：1992—2001年增长缓慢，为技术萌芽阶段，此10年间中国本土新能源汽车专利申请量为2 410件，占20年累计总量的6%，2001年为493件；2001—2006年为快速发展阶段，此5年间中国本土新能源汽车技术专利申请量达7 890件，占20年累计总量的20%，2006年为2 725件；

2007年以来为高速布局阶段，五年来专利申请总量达30 044件，占20年累计总量的74%。

　　在中国申请的新能源汽车专利，以中国、日本、美国、韩国、德国等申请人为主，占比在97%以上，中国本土申请人所占份额最大。近十年来中国本土专利申请量高速增长，2001年为493件，2010年达8 451件，且在中国新能源汽车专利中所占比重逐年增加。

1992—2011年中国本土申请人新能源汽车专利申请数量

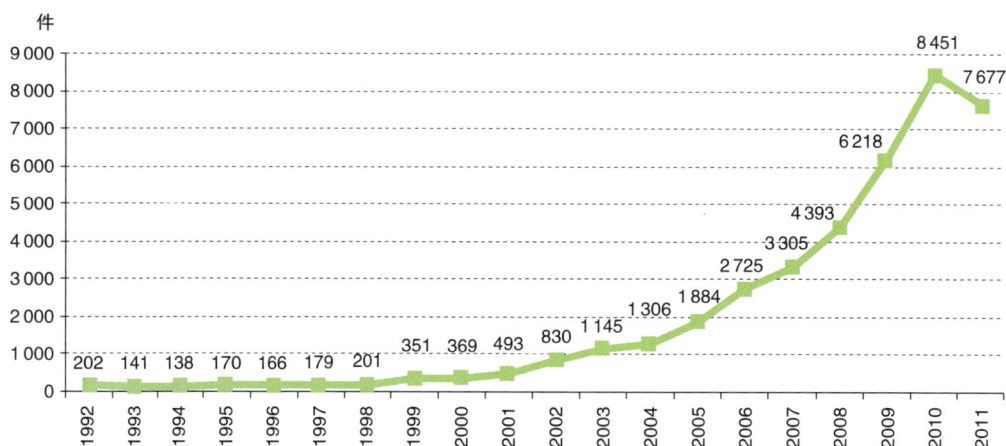

1992—2011年在中国申请的新能源汽车专利数量和申请人国别

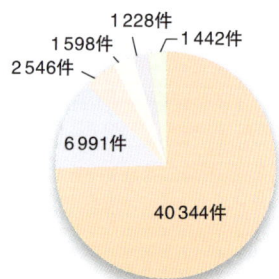

图例：■ 中国　■ 日本　■ 美国　■ 韩国　■ 德国　■ 其他

资料来源：《广东省战略性新兴产业——新能源汽车产业专利分析及预警报告》

纯电动汽车领域专利中国本土申请人专利申请量占91%

新能源汽车的核心技术领域主要分为6个部分，其中3个整车部分是插电式混合动力汽车、纯电动汽车和燃料电池汽车；3个系统部分是动力电池及其管理系统、驱动电机及其控制系统和整车控制及其附件。1992—2011年中国新能源汽车各技术领域的专利总量情况见下图。本土申请人专利申请数量以驱动电机及其控制系统、动力电池及其管理系统为最多，两领域专利申请量分别为14 825件和12 829件。在插电式混合动力汽车技术领域，中国本土申请人所占份额为63%，纯电动汽车领域为91%，燃料电池汽车领域为42%，动力电池及其管理系统领域为77%，驱动电机及其控制系统领域为76%，整车控制及其附件领域为80%。日本在各技术领域的申请量均排在第二位，燃料电池汽车所占份额达到29%，其他领域均在10%~15%。接下来为美国、韩国，美国在插电式混合动力汽车以及燃料电池汽车领域份额较大，韩国在燃料电池汽车、动力电池及其管理系统领域份额较大。

1992—2011年中国新能源汽车专利按申请人国别和技术领域的分布

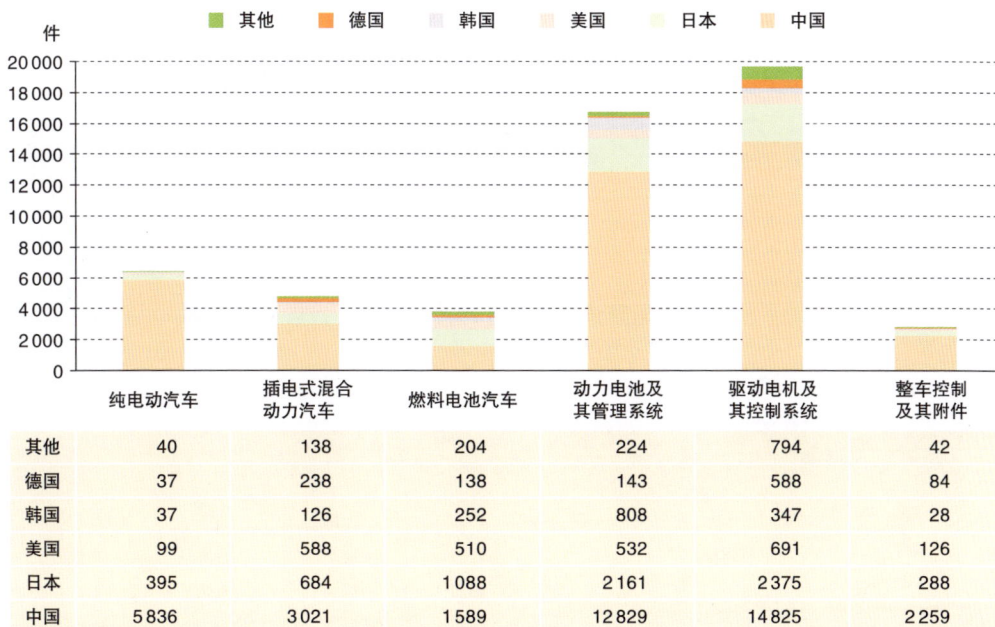

其他　德国　韩国　美国　日本　中国

件

	纯电动汽车	插电式混合动力汽车	燃料电池汽车	动力电池及其管理系统	驱动电机及其控制系统	整车控制及其附件
其他	40	138	204	224	794	42
德国	37	238	138	143	588	84
韩国	37	126	252	808	347	28
美国	99	588	510	532	691	126
日本	395	684	1 088	2 161	2 375	288
中国	5 836	3 021	1 589	12 829	14 825	2 259

资料来源：《广东省战略性新兴产业——新能源汽车产业专利分析及预警报告》

丰田为在中国申请新能源汽车专利数量最多的公司

1992—2011年，排名前五位的中国新能源汽车技术专利申请人分别为丰田、通用、比亚迪、松下和三星，丰田公司以1 255件的申请量位居第一。

在中国申请的新能源汽车专利中，位于前十位的申请地（省市）见下图，广东省位列第一，专利总量为6 653件，所占份额为17%。

1992—2011年中国新能源汽车专利主要申请人申请数量按技术领域的分布

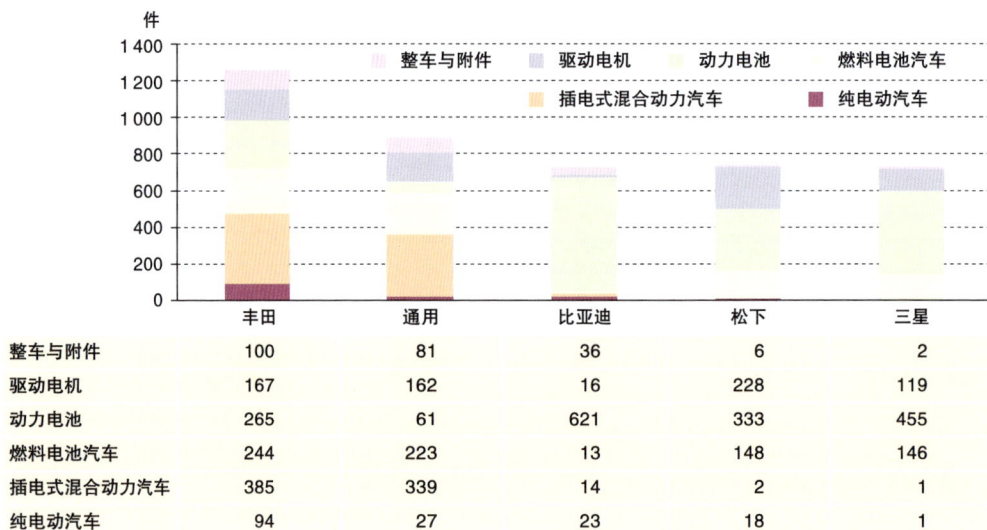

	丰田	通用	比亚迪	松下	三星
整车与附件	100	81	36	6	2
驱动电机	167	162	16	228	119
动力电池	265	61	621	333	455
燃料电池汽车	244	223	13	148	146
插电式混合动力汽车	385	339	14	2	1
纯电动汽车	94	27	23	18	1

1992—2011年中国新能源汽车专利按申请地（省市）的分布

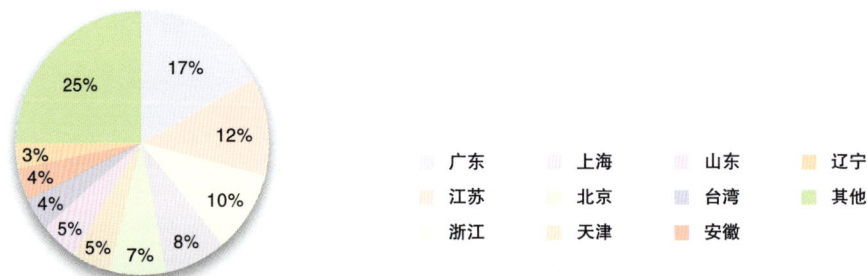

广东　上海　山东　辽宁
江苏　北京　台湾　其他
浙江　天津　安徽

资料来源：《广东省战略性新兴产业——新能源汽车产业专利分析及预警报告》

7 国外相关资料附录

欧盟轻型乘用车排放限值（M1, M2）[h]

阶段	生效日期	CO	HC	HC+NO$_x$	NO$_x$	PM	PN
		g/km					#/km
压燃式（柴油车）							
欧 I	1992.07	2.72（3.16）	—	0.97（1.13）	—	0.14（0.18）	—
欧 II	1996.01	1.0	—	0.7		0.08	—
欧III	2000.01	0.64	—	0.56	0.50	0.05	—
欧IV	2005.01	0.50	—	0.30	0.25	0.025	—
欧 V a	2009.09[b]	0.50		0.23	0.18	0.005[f]	—
欧 V b	2011.09[c]	0.50		0.23	0.18	0.005[f]	6.0×10^{11}
欧VI	2014.09	0.50	—	0.17	0.08	0.005[f]	6.0×10^{11}
点燃式（汽油车）							
Euro 1[a]	1992.07	2.72（3.16）	—	0.97（1.13）	—	—	—
Euro 2	1996.01	2.2	—	0.5		—	—
Euro 3	2000.01	2.30	0.20	—	0.15	—	—
Euro 4	2005.01	1.0	0.10	—	0.08	—	—
Euro 5	2009.09	1.0	0.10[d]	—	0.06	0.005[e, f]	—
Euro 6	2014.09	1.0	0.10[d]	—	0.06	0.005[e, f]	6.0×10$^{11e, g}$

a. 括号中数字为生产一致性检查要求

b. 2009年9月对新认证车型生效，2011年1月对所有新上市车型生效

c. 2011年9月对新认证车型生效，2013年1月对所有新上市车型生效

d. 且NMHC=0.068g/km

e. 仅适用于缸内直喷发动机车型

f. 使用PMP测试规程时，限值为0.0045g/km

g. 欧VI实施后的三年内颗粒物颗粒数限值为6.0×10^{12}/km

h. M1为9座（含）以下、总质量3 500kg（含）以下的乘用车；M2为9座以上、总质量5 000kg（含）以下的乘用车

资料来源：Directive 70/220/EEC及其修订条例, Commission Regulation (EC) No 715/2007, Commission Regulation (EC) No 692/2008

欧盟轻型商用车排放限值（N1，N2）

车型[a]	阶段	生效日期	CO	HC	HC+NO$_x$	NO$_x$	PM	PN
			g／km					#／km
压燃式（柴油车）								
N1，C1	Euro 1	1994.10	2.72	—	0.97	—	0.14	—
	Euro 2	1998.01	1.0	—	0.70	—	0.08	—
	Euro 3	2000.01	0.64	—	0.56	0.50	0.05	—
	Euro 4	2005.01	0.50	—	0.30	0.25	0.025	—
	Euro 5a	2009.09[b]	0.50	—	0.23	0.18	0.005[f]	—
	Euro 5b	2011.09[d]	0.50	—	0.23	0.18	0.005[f]	6.0×10^{11}
	Euro 6	2014.09	0.50	—	0.17	0.08	0.005[f]	6.0×10^{11}
N1，C2	Euro 1	1994.10	5.17	—	1.40	—	0.19	—
	Euro 2	1998.01	1.25	—	1.0	—	0.12	—
	Euro 3	2001.01	0.80	—	0.72	0.65	0.07	—
	Euro 4	2006.01	0.63	—	0.39	0.33	0.04	—
	Euro 5a	2010.09[c]	0.63	—	0.295	0.235	0.005[f]	—
	Euro 5b	2011.09[d]	0.63	—	0.295	0.235	0.005[f]	6.0×10^{11}
	Euro 6	2015.09	0.63	—	0.195	0.105	0.005[f]	6.0×10^{11}
N1，C3	Euro 1	1994.10	6.90	—	1.70	—	0.25	—
	Euro 2	1998.01	1.5	—	1.20	—	0.17	—
	Euro 3	2001.01	0.95	—	0.86	0.78	0.10	—
	Euro 4	2006.01	0.74	—	0.46	0.39	0.06	—
	Euro 5a	2010.09[c]	0.74	—	0.350	0.280	0.005[f]	—
	Euro 5b	2011.09[d]	0.74	—	0.350	0.280	0.005[f]	6.0×10^{11}
	Euro 6	2015.09	0.74	—	0.215	0.125	0.005[f]	6.0×10^{11}
N2	Euro 5a	2010.09[c]	0.74	—	0.350	0.280	0.005[f]	—
	Euro 5b	2011.09[d]	0.74	—	0.350	0.280	0.005[f]	6.0×10^{11}
	Euro 6	2015.09	0.74	—	0.215	0.125	0.005[f]	6.0×10^{11}

续表

车型[a]	阶段	生效日期	CO	HC	HC+NO$_x$	NO$_x$	PM	PN
			g/km					#/km
点燃式（汽油车）								
N1、C1	Euro 1	1994.10	2.72	—	0.97	—	—	—
	Euro 2	1998.01	2.2	—	0.50	—	—	—
	Euro 3	2000.01	2.3	0.20	—	0.15	—	—
	Euro 4	2005.01	1.0	0.10	—	0.08	—	—
	Euro 5	2009.09[b]	1.0	0.10[g]	—	0.06	0.005[e, f]	—
	Euro 6	2014.09	1.0	0.10[g]	—	0.06	0.005[e, f]	6.0×10^{11}[e, jl]
N1、C2	Euro 1	1994.10	5.17	—	1.40	—	—	—
	Euro 2	1998.01	4.0	—	0.65	—	—	—
	Euro 3	2001.01	4.17	0.25	—	0.18	—	—
	Euro 4	2006.01	1.81	0.13	—	0.10	—	—
	Euro 5	2010.09[c]	1.81	0.13[h]	—	0.075	0.005[e, f]	—
	Euro 6	2015.09	1.81	0.13[h]	—	0.075	0.005[e, f]	6.0×10^{11}[e, j]
N1、C3	Euro 1	1994.10	6.90	—	1.70	—	—	—
	Euro 2	1998.01	5.0	—	0.80	—	—	—
	Euro 3	2001.01	5.22	0.29	—	0.21	—	—
	Euro 4	2006.01	2.27	0.16	—	0.11	—	—
	Euro 5	2010.09[c]	2.27	0.16[i]	—	0.082	0.005[e, f]	—
	Euro 6	2015.09	2.27	0.16[i]	—	0.082	0.005[e, f]	6.0×10^{11}[e, j]
N2	Euro 5	2010.09[c]	2.27	0.16[i]	—	0.082	0.005[e, f]	—
	Euro 6	2015.09	2.27	0.16[i]	—	0.082	0.005[e, f]	6.0×10^{11}[e, j]

a. N类车为商用车，其中N1类车为总质量3 500kg（含）以下的商用车。N1类车按整备质量进一步分为 C1、C2和C3，C1≤1 250kg，1 250kg＜C2≤1 700kg，C3＞1 700kg

b. 2011年1月对所有车型生效

c. 2012年1月对所有车型生效

d. 2012年1月对所有车型生效

e. 仅适用于缸内直喷发动机车型

f. 使用PMP测试规程时，限值为0.0045g/km

g. 且NMHC=0.068g/km

h. 且NMHC=0.090g/km

i. 且NMHC=0.108g/km

j. 欧Ⅵ实施后的三年内颗粒物颗粒数限值为6.0×10^{12}/km

资料来源：Directive 70/220/EEC及其修订条例, Commission Regulation (EC) No 715/2007, Commission Regulation (EC) No 692/2008

欧盟重型柴油车排放限值

1. 重型柴油车，稳态工况，$g/(kWh)$（烟度单位，m^{-1}）

阶段	生效日期	测试循环	CO	HC	NO_x	PM	烟度
欧Ⅲ	2000.10	ESC & ELR	2.1	0.66	5.0	0.10 0.13[a]	0.8
欧Ⅳ	2005.10		1.5	0.46	3.5	0.02	0.5
欧Ⅴ	2008.10		1.5	0.46	2.0	0.02	0.5
欧Ⅵ[b]	2013.01	WHSC	1.5	0.13	0.4	0.01	

a. 适用于每缸排量小于0.75L且额定转速大于3 000r/min的发动机
b. 从欧Ⅵ开始，对柴油发动机增加颗粒物颗粒数PN限值，为$8.0×10^{11}/(kWh)$

2. 柴油和气体发动机，瞬态工况，$g/(kWh)$

阶段	生效日期	测试工况	CO	NMHC	CH4[a]	NO_x	PM[b]
欧Ⅲ	2000.10	ETC	5.45	0.78	1.6	5.0	0.16，0.21[c]
欧Ⅳ	2005.10		4.0	0.55	1.1	3.5	0.03
欧Ⅴ	2008.10		4.0	0.55	1.1	2.0	0.03
欧Ⅵ[e]	2013.01	WHTC	4.0	0.16[d]	0.5	0.46	0.01

a. 仅适用于气体发动机（欧Ⅲ、Ⅳ、Ⅴ：天然气发动机；欧Ⅵ：天然气发动机+液化石油气发动机）
b. 欧Ⅲ、Ⅳ、Ⅴ阶段不适用于气体发动机
c. 适用于每缸排量小于0.75L且额定转速大于3 000r/min的发动机
d. 柴油发动机使用THC
e. 从欧Ⅵ开始，对柴油发动机增加颗粒物颗粒数PN限值，为$6.0×10^{11}/(kWh)$

资料来源：Directive 1999/96/EC, Directive 2005/55/EC, Regulation No 595/2009

日本轻型汽油车排放限值

标准	实施年份	车型	测试工况	单位	CO	NMHC[a]	NO_x	PM[b]
新短期标准	2000	乘用车	10～15工况	g/km	0.67	0.08	0.08	—
			11工况	g/test	19.0	2.20	1.40	—
	2002	微型商用车	10～15工况	g/km	3.30	0.13	0.13	—
			11工况	g/test	38.0	3.50	2.20	—
	2000	轻型商用车 （总质量≥1.7t）	10～15工况	g/km	0.67	0.08	0.08	—
			11工况	g/test	19.0	2.20	1.40	—

续表

标准	实施年份	车型	测试工况	单位	CO	NMHC[a]	NO$_x$	PM[b]
新短期标准	2001	中型商用车（1.7t＜总质量≤3.5t）	10～15工况	g／km	2.10	0.08	0.13	—
			11工况	g／test	24.0	2.20	1.60	—
新长期标准	2005	乘用车	综合工况[c]	g／km	1.15	0.05	0.05	—
	2007	微型商用车			4.02	0.05	0.05	—
	2005	轻型商用车（总质量≥1.7t）			1.15	0.05	0.05	—
	2005	中型商用车（1.7t＜总质量≤3.5t）			2.55	0.05	0.07	—
后新长期标准	2009	乘用车	综合工况[c]	g／km	1.15	0.05	0.05	0.005
	2009	微型商用车			4.02	0.05	0.05	0.005
	2009	轻型商用车（总质量≥1.7t）			1.15	0.05	0.05	0.005
	2009	中型商用车（1.7t＜总质量≤3.5t）			2.55	0.05	0.07	0.007

a．新短期标准阶段为HC限值

b．PM限值仅适用于直喷式并装有NO$_x$捕集器的汽油发动机

c．综合工况指，从2005年10月起，10～15工况热启动×0.88＋11工况冷启动×0.12；2008年10月起，10～15工况热启动×0.75＋JC08工况冷启动×0.25；2011年10月起，JC工况热启动×0.75＋JC08工况冷启动×0.25

资料来源：The Motor Industry of Japan, JAMA, June 2014

<h3 align="center">日本轻型柴油车排放限值</h3>

标准	实施年份	车型	测试工况	CO	NMHC[a]	NO$_x$	PM
				g／km			
新短期标准	2002	乘用车（整备质量≤1.265t）	10～15工况	0.63	0.12	0.28	0.052
	2002	乘用车（整备质量＞1.265t）		0.63	0.12	0.30	0.056
	2002	轻型商用车（总质量≥1.7t）	10～15工况	0.63	0.12	0.28	0.052
	2003	中型商用车（1.7t＜总质量≤3.5t）		0.63	0.12	0.49	0.06
新长期标准	2005	乘用车（整备质量≤1.265t）	综合工况[b]	0.63	0.024	0.14	0.013
	2005	乘用车（整备质量＞1.265t）		0.63	0.024	0.15	0.014
	2005	轻型商用车（总质量≥1.7t）		0.63	0.024	0.14	0.013
	2005	中型商用车（1.7t＜总质量≤3.5t）		0.63	0.024	0.25	0.015

续表

标准	实施年份	车型	测试工况	CO	NMHC[a]	NO$_x$	PM
				g/km			
后新长期标准	2009	乘用车	综合工况[b]	0.63	0.024	0.08	0.005
	2009	轻型商用车（总质量≥1.7t）		0.63	0.024	0.08	0.005
	2009	中型商用车（1.7t＜总质量≤3.5t）		0.63	0.024	0.15	0.007

a. 新短期标准中为HC限值

b. 综合工况指，从2005年10月起，10～15工况热启动×0.88+11工况冷启动×0.12；2008年10月起，10～15工况热启动×0.75+JC08工况冷启动×0.25；2011年10月起，JC工况热启动×0.75+JC08工况冷启动×0.25

资料来源：The Motor Industry of Japan, JAMA, June 2014

日本重型汽油商用车排放限值

实施年份	测试工况	CO	NMHC	NO$_x$	PM[a]
		g/km			
2005	JC05	16.0	0.23	0.7	—
2009		16.0	0.23	0.7	0.01

a. PM限值仅适用于直喷式及装有吸收式NO$_x$还原装置的稀燃式车辆

资料来源：The Motor Industry of Japan, JAMA, June 2014

日本重型柴油商用车排放限值

实施年份	测试工况	CO	HC	NO$_x$	PM
		g/km			
2003[a]	13工况	2.22	0.87	3.38	0.18
2005	JE05	2.22	0.17[b]	2.0	0.027
2009		2.22	0.17[b]	0.7	0.01
2016	WHTC	2.22	0.17[b]	0.4[c]	0.01

a. 2003年起对车重≤12 000kg的车型实施；2004年起对车重＞12 000kg的车型实施

b. 非甲烷烃类

c. 2016年起对车重＞7.5t的车型实施；2017年起对牵引车实施；2018年起对3.5t＜车重≤7.5t的车型实施

资料来源：The Motor Industry of Japan, JAMA, June 2014

美国点燃式发动机和城市公交车排放限值

发动机/整车	实施年份	总质量（lb①）	HCᵃ	NMHCᵇ	NOₓ	NOₓ+NMHCᶜ g/（bhp-hr）	PM	CO	总速CO（%尾气流量）	甲醛	使用寿命（年或英里）	耐久性要求ᵒ（年或英里）
	1998—2004	≤14 000	1.1ᵈ	—	—	—	—	14.4	0.5ᵍ	—		5/50 000
		>14 000	1.9ᵉ	—	—	4.0ᶠ	—	37.1		—	8/110 000ʰ	
中重型发动机	2005—2007	≤14 000	1.1ᵈ	—	1.0ⁱ	—	—	14.4		—		
		>14 000	1.9ᵉ	—		—	—	37.1		—	10/110 000	
	2008+	所有	—	0.14	0.20	—	0.01	14.4		—		
	2005—2007	8 500～10 000	—	0.280ʲg/英里	0.9g/英里	—	—	7.3g/英里		—		
		10 000～14 000	—	0.330ʲg/英里	1.0g/英里	—	—	8.1g/英里		—		
重型整车ᵏ,ⁿ	2008+ᵐ	8 500～10 000	—	0.195ˡg/英里	0.2g/英里	—	0.02g/英里	7.3g/英里		0.032g/英里	11/120 000	
		10 000～14 000	—	0.230ˡg/英里	0.4g/英里	—	0.02g/英里	8.1g/英里		0.040g/英里		

① 1lb=0.453 6kg。

a. 对以甲醇为燃料的发动机，该限值为当量总碳氢化合物值（THCE）
b. 对甲醇发动机和以乙醇为燃料的车辆，该限值为当量非甲烷碳氢化合物（NMHCE）
c. 对以甲醇为燃料的发动机，该限值为NO_x和NMHCE之和
d. 对天然气发动机的限值为0.9g/(bhp-hr)非甲烷碳氢化合物（NMHC）
e. 对天然气发动机该限值为1.7g/(bhp-hr)NMHC
f. 对所有的天然气发动机，NO_x的限值为5.0
g. 从2005年起，装有OBD的发动机不再要求CO总速排放限值
h. 使用寿命是年限或里程，以先达到者为准
i. 生产厂家可以选择以下方式来达到该限值：（1）在2005年重型车型车辆实施整车限值的同时，2004—2007年发动机实施NMHC+NO_x限值，为1.5g/(bhp-hr)；（2）2003—2007年发动机实施NMHC+NO_x限值，为1.5g/(bhp-hr)，整车2003—2006年限值为可选
j. 限值为非甲烷有机气体，可选择测试NMHC或者THC
k. 完整的重型车辆指包含主要集成或集装装设设施的车辆。从2005年开始（也可能是2003年或2004年，重型发动机或重型车型合架限值对于非完整重型车为可选限值。完整或非完整重型车辆为可选限值。重量小于14 0001b的完整重型车辆必须通过底盘测试标准限值规程而不是发动机测试规程，而且必须满足重型整车测试标准限值以g/mi1e为单位
l. 尽管标准限值为NMHC，具体执行中可以选择测试NMOG或THC
m. 2008年生产厂家销售量的50%必须满足该标准，2009年100%达标
n. 车辆总质量可划分为两档：8 500kg≤总质量≤10 000kg和10 000kg<总质量＜14 000kg
o. 耐久性要求为年限或者里程，以先达到者为准，但是不能低于发动机的机械寿命

资料来源：Heavy-Duty Highway Spark-Ignition Engines-Exhaust Emission Standards

美国压燃式发动机和城市公交车排放限值[j]

实施年份	HC	NMHC	NMHC+NO_x	NO_x	PM	CO	怠速CO（%尾气流量）	烟度[a]（%）	使用年限（小时或年或英里）	耐久要求（年或英里）
			g/(bhp-hr)							
1998—2003	1.3	—	—	4.0 [ABT]	0.1 [ABT] 0.05[b]	15.5	0.5	20/15/50	1. HC, CO, PM: 小型重型发动机: —/8/110 000; 中型重型发动机: —/8/185 000 大型重型发动机: —/8/290 000 2.. 城市公交车PM: —/10/290 000 3. NO_x: 小型重型发动机: —/10/110 000; 中型重型发动机: —/10/185 000; 大型重型发动机: —/10/290 000	5/100 000[i]
2004—2006[c]	—	—	2.4 （或2.5，并NMHC限值为0.5） [ABT[d]]	—	0.1 0.05[b]	15.5	0.5	20/15/50	对所有污染物:[h] 小型重型发动机: —/10/110 000 中型重型发动机: —/10/185 000	小型重型发动机: 5/50 000 所有其他重型发动机: 5/100 000[i]
2007+[c, e, f]	—	0.14[g]	2.4 （或2.5，并NMHC限值为0.5） [ABT]	0.2[g]	0.01	15.5	0.5	20/15/50	大型重型发动机: 22 000/10/435 000	

a. 烟度百分比为加速工况、加载减速工况和峰值工况下的限值
b. 1996年开始针对城市公交车实施，在用车限值为0.07
c. 重型柴油车负荷测试工况从2004年实施，稳态工况测试和NTE在用发动机工况测试测试从2007年实施
d. 相对于重型柴油车，有三种测试代用燃料发动机：（1）使用THC测试代替NMHC测试；（2）使用管理者通过的工厂制定的测试规程；（3）THC测试结果减去2%可得到NMHC值。测试方法必须在发动机认证测试时确定，并且适用于发动机的整个车辆的整个使用周期。对于天然气车辆，美国环境保护署允许气相色谱法直接定量测试NMHC
e. 使用SFTP测试规程
f. 美国环境保护署采用实验室测试和场地测试来测试重型柴油发动机和其他四冲程发动机
g. NOₓ和NMHC限值在2007—2010年逐步实施，2008—2009年达标比例占销售量的50%，2010年100%达标
h. 对于单个发动机的使用寿命10年或100 000英里以先达到为准
i. 不论先达到年限或里程，都必须不低于发动机的机械寿命
j. 测试循环为美国环保部瞬态测试工况和烟度测试工况

资料来源：Heavy-Duty Highway Compression-Ignition Engines And Urban Buses-Exhaust Emission Standards

美国轻型车排放限值

Bin# 等级	排放限值（5年或50 000英里）					耐久寿命120 000英里				
	NMOG[a]	CO	NO$_x$	PM	HCHO	NMOG[a]	CO	NO$_x$	PM	HCHO
11[b]	0.195	5	0.6	0.12	0.022	0.280	7.3	0.9	0.12	0.032
10[b]	0.125 （0.160）[c]	3.4 （4.4）	0.4	0.08	0.015 （0.018）	0.156 （0.230）	4.2 （6.4）	0.6	0.08	0.018 （0.027）
9[b]	0.075 （0.140）	3.4	0.2	0.06	0.015	0.090 （0.180）	4.2	0.3	0.06	0.018
8	0.100 （0.125）	3.4	0.14	0.02	0.015	0.125 （0.156）	4.2	0.20	0.02	0.018
7	0.075	3.4	0.11	0.02	0.015	0.090	4.2	0.15	0.02	0.018
6	0.075	3.4	0.08	0.01	0.015	0.090	4.2	0.10	0.01	0.018
5	0.075	3.4	0.05	0.01	0.015	0.090	4.2	0.07	0.01	0.018
4	—	—	—	—	—	0.070	2.1	0.04	0.01	0.011
3	—	—	—	—	—	0.055	2.1	0.03	0.01	0.011
2	—	—	—	—	—	0.010	2.1	0.02	0.01	0.004
1	—	—	—	—	—	0.000	0.0	0.00	0.00	0.000

a. 对柴油车，NMOG（非甲烷有机气体）即为NMHC（非甲烷烃类）

b. Bin9、Bin10、Bin11从2006年对轻型客车和轻型货车失效，2008年对大型轻型货车和中型乘用车失
效；NMOG的高指标值从2008年废止

c. 标有两个限值的为新认证车型限值和在售车型限值（括号内值）

资料来源：Tier 3 Motor Vehicle Emission and Standards

欧、美、日轻型乘用车燃油经济性/温室气体排放限值

国家或地区	目标年	标准类型	车队目标	结构	测试工况
欧盟	2015 2021	CO_2	130g CO_2/km 95g CO_2/km	基于车重的 车队平均	NEDC
美国	2016 2025	燃油经济性/ 温室气体	36.2 mpg或225g CO_2/mile 56.2 mpg或143g CO_2/mile	基于脚印面积 的车队平均	U.S.综合工况
日本	2015 2020	燃油经济性	16.8km/L 20.3km/L	基于车重的 车队平均	JC08

资料来源：International Council on Clean Transportation (2014), Global passenger vehicle standards

欧、美、日轻型商用车燃油经济性/温室气体排放限值

国家或地区	目标年	标准类型	车队目标	结构	测试工况
欧盟	2017 2020	CO_2	175g CO_2/km 147g CO_2/km	基于车重的 车队平均	NEDC
美国	2016 2025	燃油经济性/ 温室气体	28.8 mpg或298g CO_2/mile 40.3 mpg或203g CO_2/mile	基于脚印面积 的车队平均	U.S.综合工况
日本	2015	燃油经济性	15.2km/L	基于传动类型、车辆结构、车重的车队平均	JC08

资料来源：Evolution of Heavy-duty Vehicle GHG and Fuel Economy Standards

2013年美国汽油乘用车不同发动机气缸数车型采用涡轮增压技术的比例

汽油乘用车车型	涡轮增压发动机比例（%）
4缸机车型中	60.1
6缸机车型中	3.4
8缸机车型中	3.4
其他	1.4

资料来源：Light-Duty Automotive Technology, Carbon Dioxide Emissions, and Fuel Economy Trends: 1975 Through 2011

1975—2013年美国轻型车发动机节能装置配备情况

车型年	不同动力系统占比（%）			不同燃油及供油方式占比（%）					性能参数及节能装置采用率							
	汽油	汽油混合动力	柴油	化油器	直喷式	分层式	节气门喷射	柴油	平均缸数（个）	排量① （in³）	马力② （hp）	多气门 （%）	可变气门正时 （%）	停缸 （%）	涡轮增压 （%）	非混合动力总速启停 （%）
1975	99.8	—	0.2	94.6	—	5.1	—	0.2	6.71	288	136	—	—	—	—	—
1976	99.7	—	0.3	96.6	—	3.2	—	0.3	6.75	287	134	—	—	—	—	—
1977	99.5	—	0.5	95.3	—	4.2	—	0.5	6.85	279	133	—	—	—	—	—
1978	99.1	—	0.9	94.0	—	5.1	—	0.9	6.52	251	124	—	—	—	—	—
1979	97.9	—	2.1	93.2	—	4.7	—	2.1	6.38	238	119	—	—	—	—	—
1980	95.6	—	4.4	88.7	—	6.2	0.7	4.4	5.48	188	100	—	—	—	—	—
1981	94.1	—	5.9	85.3	—	6.1	2.6	5.9	5.36	182	99	—	—	—	—	—
1982	95.3	—	4.7	78.4	—	7.2	9.8	4.7	5.23	175	99	—	—	—	—	—
1983	97.9	—	2.1	69.7	—	9.4	18.8	2.1	5.39	182	104	—	—	—	—	—
1984	98.3	—	1.7	59.1	—	14.9	24.3	1.7	5.34	179	106	—	—	—	—	—
1985	99.1	—	0.9	46.0	—	21.3	31.8	0.9	5.29	177	111	—	—	—	—	—
1986	99.7	—	0.3	34.4	—	36.5	28.7	0.3	5.09	167	111	4.7	—	—	—	—

① 1in³=16.387 1cm³。
② 1hp=747.208W。

续表

车型年	不同动力系统占比（%）			不同燃油及供油方式占比（%）					性能参数及节能装置采用率							
	汽油	汽油混合动力	柴油	化油器	直喷式	分层式	节气门喷射	柴油	平均缸数（个）	排量①（in³）	马力②（hp）	多气门（%）	可变气门正时（%）	停缸（%）	涡轮增压（%）	非混合动力怠速启停（%）
1987	99.8	—	0.2	26.5	—	42.4	30.8	0.2	4.98	162	113	14.6	—	—	—	—
1988	100.0	—	0.0	16.1	—	53.7	30.2	0.0	5.02	161	116	19.7	—	—	—	—
1989	100.0	—	0.0	9.6	—	62.2	28.1	0.0	5.07	163	121	24.1	—	—	—	—
1990	100.0	—	0.0	1.4	—	77.4	21.2	0.0	5.05	163	129	32.8	0.6	—	—	—
1991	99.9	—	0.1	0.1	—	77.2	22.6	0.1	5.05	164	133	33.2	2.4	—	—	—
1992	99.9	—	0.1	0.0	—	88.9	11.0	0.1	5.23	171	141	34.0	4.4	—	—	—
1993	100.0	—	—	0.0	—	91.5	8.5	—	5.19	170	140	34.8	4.5	—	—	—
1994	100.0	—	0.0	—	—	94.8	5.2	0.0	5.20	169	144	39.9	7.7	—	—	—
1995	99.9	—	0.1	—	—	98.6	1.3	0.1	5.23	168	153	51.4	9.6	—	—	—
1996	99.9	—	0.1	—	—	98.8	1.1	0.1	5.18	167	155	56.4	11.3	—	0.3	—
1997	99.9	—	0.1	—	—	99.2	0.8	0.1	5.10	165	156	58.4	10.8	—	0.7	—
1998	99.8	—	0.2	—	—	99.7	0.1	0.2	5.15	167	160	59.6	17.4	—	1.4	—
1999	99.8	—	0.2	—	—	99.8	0.1	0.2	5.21	168	164	63.2	16.4	—	2.5	—
2000	99.7	0.1	0.2	—	—	99.7	0.1	0.2	5.22	168	168	63.2	22.2	—	2.2	—
2001	99.7	0.0	0.2	—	—	99.8	—	0.2	5.19	167	169	65.3	26.9	—	3.3	—

续表

车型年	不同动力系统占比（%）			不同燃油及供油方式占比（%）					性能参数及节能装置采用率							
	汽油	汽油混合动力	柴油	化油器	直喷式	分层式	节气门喷射	柴油	平均缸数（个）	排量①（in³）	马力②（hp）	多气门（%）	可变气门正时（%）	停缸（%）	涡轮增压（%）	非混合动力怠速启停（%）
2002	99.3	0.3	0.4	—	—	99.6	—	0.4	5.12	167	173	69.9	32.8	—	3.9	—
2003	99.1	0.6	0.3	—	—	99.7	—	0.3	5.13	166	176	73.4	39.8	—	2.0	—
2004	98.9	0.9	0.3	—	—	99.7	—	0.3	5.16	170	184	77.1	43.7	—	3.6	—
2005	97.6	1.9	0.4	—	—	99.6	—	0.4	5.08	168	183	77.2	49.4	1.0	2.4	—
2006	97.9	1.5	0.6	—	—	99.4	—	0.6	5.17	173	194	81.3	58.2	2.0	3.2	—
2007	96.7	3.2	0.0	—	—	99.7	—	0.0	5.00	167	191	84.6	63.3	0.9	3.6	—
2008	96.7	3.3	0.1	—	3.1	96.9	—	0.1	4.97	166	194	88.0	62.7	2.0	4.5	—
2009	96.4	2.9	0.6	—	4.2	95.2	—	0.6	4.70	157	186	92.2	79.1	1.8	4.0	—
2010	93.6	5.5	0.9	—	9.2	89.9	—	0.9	4.70	158	190	93.8	91.8	2.1	4.1	—
2011	95.6	3.4	0.9	—	18.4	80.7	—	0.9	4.74	161	200	94.6	94.9	1.3	8.2	—
2012	94.4	4.6	1.0	—	27.8	71.2	—	1.0	4.54	151	192	98.2	97.7	1.7	9.7	0.9
2013	92.8	6.0	1.2	—	37.8	60.9	—	1.2	4.56	150	201	98.3	98.0	2.3	16.0	2.7

资料来源：Light—Duty Automotive Technology, Carbon Dioxide Emissions, and Fuel Economy Trends: 1975 Through 2011

1975—2013年美国乘用车变速器技术特性

车型年	变速器类型 (%)				挡位数 (%)					平均挡数	驱动型式 (%)		
	手动	手自一体变速箱	自动变速箱	CVT	4挡或小于4挡	5挡	6挡	7挡及以上	CVT		前轮驱动	后轮驱动	四轮驱动
1975	19.7	0.3	80.0	—	—	—	—	—	—	—	6.5	93.5	—
1976	17.2	—	82.8	—	—	—	—	—	—	—	5.8	94.2	—
1977	16.9	—	83.1	—	—	—	—	—	—	—	6.8	93.2	—
1978	19.9	7.1	73.0	—	—	—	—	—	—	—	9.6	90.4	—
1979	21.1	8.8	69.6	—	93.1	6.9	—	—	—	3.3	11.9	87.8	0.3
1980	30.9	16.8	51.6	—	87.6	12.4	—	—	—	3.5	29.7	69.4	0.9
1981	29.9	33.3	36.2	—	85.5	14.5	—	—	—	3.5	37.0	62.2	0.7
1982	29.2	51.3	19.1	—	84.6	15.4	—	—	—	3.6	45.6	53.6	0.8
1983	26.0	56.7	16.8	—	80.8	19.2	—	—	—	3.7	47.1	49.9	3.1
1984	24.1	58.3	17.5	—	82.1	17.9	—	—	—	3.7	53.5	45.5	1.0
1985	22.8	58.9	18.4	—	81.4	18.6	—	—	—	3.7	61.1	36.8	2.1
1986	24.7	58.1	17.1	—	79.7	20.3	—	—	—	3.8	70.7	28.2	1.0
1987	24.8	59.7	15.5	—	78.4	21.6	—	—	—	3.8	76.4	22.6	1.1
1988	24.3	66.2	9.5	—	80.2	19.8	—	—	—	3.8	80.9	18.3	0.8

续表

车型年	变速器类型（%）				挡位数（%）					平均挡数	驱动型式（%）		
	手动	手自一体变速箱	自动变速箱	CVT	4挡或小于4挡	5挡	6挡	7挡及以上	CVT		前轮驱动	后轮驱动	四轮驱动
1989	21.1	69.3	9.5	0.1	81.9	17.9	0.0	—	0.1	3.9	81.6	17.4	1.0
1990	19.8	72.8	7.4	0.0	82.4	17.5	0.1	—	0.0	3.9	84.0	15.0	1.0
1991	20.6	73.7	5.7	0.0	81.0	18.9	0.1	—	0.0	3.9	81.1	17.5	1.3
1992	17.6	76.4	6.0	0.0	83.6	16.3	0.1	—	0.0	3.9	78.4	20.5	1.1
1993	17.5	77.6	4.9	0.0	83.2	16.6	0.2	—	0.0	4.0	80.6	18.3	1.1
1994	16.9	78.9	4.1	—	83.4	16.3	0.3	—	—	4.0	81.3	18.3	0.4
1995	16.3	81.9	1.8	—	83.4	16.2	0.4	—	—	4.1	80.1	18.8	1.1
1996	14.9	83.6	1.5	0.0	84.9	14.7	0.3	—	0.0	4.1	83.7	14.8	1.4
1997	13.9	85.2	0.8	0.1	84.1	15.5	0.3	—	0.1	4.1	83.8	14.5	1.7
1998	12.2	87.4	0.3	0.1	82.8	16.8	0.3	—	0.1	4.1	82.9	15.0	2.1
1999	10.8	88.6	0.6	0.0	83.4	16.1	0.5	—	0.0	4.1	83.2	14.7	2.1
2000	10.8	88.1	1.0	0.0	81.3	17.9	0.8	—	0.0	4.1	80.4	17.7	2.0
2001	11.0	88.0	0.8	0.2	78.5	20.2	1.2	—	0.2	4.2	80.3	16.7	3.0
2002	10.9	88.4	0.2	0.4	77.4	20.3	1.9	—	0.4	4.2	82.9	13.5	3.6

续表

车型年	变速器类型（%）				挡位数（%）					平均挡数	驱动型式（%）		
	手动	手自一体变速箱	自动变速箱	CVT	4挡或小于4挡	5挡	6挡	7挡及以上	CVT		前轮驱动	后轮驱动	四轮驱动
2003	10.9	87.7	—	1.4	67.5	27.9	3.1	—	1.4	4.3	80.9	15.9	3.2
2004	9.8	88.2	0.2	1.7	64.5	28.4	5.0	0.4	1.7	4.4	80.2	14.5	5.3
2005	8.8	88.4	0.1	2.8	57.3	33.7	5.8	0.4	2.8	4.5	79.2	14.2	6.6
2006	8.8	88.4	0.1	2.7	47.5	35.4	12.5	1.9	2.7	4.7	75.9	18.0	6.0
2007	7.8	82.5	0.0	9.7	36.8	34.7	16.5	2.3	9.7	4.8	81.0	13.4	5.6
2008	7.2	81.7	0.3	10.8	39.3	28.2	19.0	2.6	10.8	4.8	78.8	14.1	7.1
2009	6.2	82.4	0.3	11.1	35.1	31.4	19.3	3.1	11.1	4.9	83.5	10.2	6.3
2010	5.0	79.5	1.6	13.9	29.5	20.2	33.0	3.4	13.9	5.1	82.5	11.2	6.3
2011	4.6	83.0	0.5	11.9	15.8	12.9	53.8	5.5	11.9	5.6	80.1	11.3	8.6
2012	4.9	77.1	1.7	14.6	6.7	14.8	57.8	6.0	14.6	5.8	83.8	8.8	7.4
2013	6.5	74.7	2.0	16.7	5.0	9.0	61.3	8.0	16.7	5.9	80.8	10.6	8.7

资料来源：Light-Duty Automotive Technology, Carbon Dioxide Emissions, and Fuel Economy Trends: 1975 Through 2011

部分安全装置在日本应用的起始年份

	1998	1999	2000	2001	2002	2003	2004	2005	2006	2007	2008	2009	2010	2011	2012
主动安全	● 车间距警报装置 →													
		● 匀速行驶及车间距控制装置（● 带低速跟随功能）(● 带全车速跟随功能) →													
				● 车道维持支持控制装置 →											
				● 盲角监视器 →											
					● 夜间前方信息提供装置 →										
						● 车载导航仪联动换挡控制装置 →									
						● 自适应前照明系统（AFS) →									
						● 倒车时停车支持控制装置 →									
						● 减轻前方障碍物碰撞伤害的制动控制装置 →									
												● 车辆接近报警装置 →		
被动安全	● 减轻颈部伤害的座椅/主动头枕 →													
	● 窗帘式安全气囊 →													
	● 具有行人保护功能的车身 →													
			● ISO FIX CRS用固定装置 →												
				● 具有相容性的车身 →											
						● 具有防侧翻伤害功能的窗帘式安全气囊 →								
						● 膝部安全气囊 →								
							● 防撞安全带 →							
										● 弹起式发动机罩 →				
										● 安全气囊系统（摩托车）→				

资料来源：The Motor Industry of Japan, JAMA, June 2014

2012年日本生产的乘用车（含微型机动车）安全装置配备情况

项目	安全装备	标配和选配车型数（个）	标配车型数（个）	标配和选配车型比率（%）	已装备车辆数（日本国内）（辆）	车辆装备率（%）
主动安全装置	防抱死系统（ABS）	193	183	100.0	4 162 441	97.6
	ABS用制动助力装置	186	176	96.4	4 099 843	96.1
	安全带未佩戴警报装置（驾驶席）	192	192	99.6	4 264 334	100.0
	安全带未佩戴警报装置（驾驶席及副驾驶席）	81	76	42.0	1 651 461	100.0
	高亮度前照灯	171	61	88.6	1 911 170	44.8
	自适应前照明系统（AFS）	50	16	25.9	245 051	5.7
	倒车时后方视野信息提供装置	127	24	65.8	707 813	16.6
	车辆周围视野信息提供装置	41	8	21.2	142 240	3.3
	车辆周围障碍物提醒装置	35	7	18.1	165 331	3.9
	十字路口左右视野信息提供装置	20	0	10.4	57 236	1.3
	夜间前方视野信息提供装置	5	0	2.6	1 620	0.0
	弯道进入速度提醒装置	14	1	7.3	48 252	1.1
	轮胎气压提醒装置	12	9	6.2	75 914	1.8
	非平稳驾驶提醒装置	24	2	12.4	149 739	3.5
	车间距离警报装置	47	1	24.4	111 633	2.6
	车道偏离警报装置	27	1	14.0	73 008	1.7
	防被追尾警报、头枕控制装置	5	0	2.6	1 752	0.0
	减轻前方障碍物碰撞伤害的制动控制装置	51	1	26.4	10 290	2.4
	匀速行驶、车间距控制装置	46	2	23.8	94 589	2.2
	低速域车间距控制装置	7	1	3.6	63 154	1.5
	全车速域匀速行驶/车间距控制装置	12	1	6.2	68 639	1.6
	车道维持支持控制装置	16	0	8.3	5 922	0.1
	倒车时停车支持控制装置	15	0	7.8	37 222	0.9
	车载导航仪联动换挡控制装置	22	8	11.4	36 005	0.8
	紧急制动时安全带回卷控制装置	39	2	20.2	37 315	0.9
	车辆侧滑时制动力、驱动力控制装置	147	94	76.2	1 992 469	46.7
	车辆打滑时制动力、驱动力控制装置	131	85	67.9	2 022 562	47.4
	车载导航仪联动临时停车提醒及刹车助手装置	14	8	7.3	37 112	0.9
	后侧方接近车辆提醒装置	5	0	2.6	22 225	0.5
	踩错踏板时的加速控制装置	12	4	6.2	85 073	2.0

续表

项目	安全装备	标配和选配车型数（个）	标配车型数（个）	标配和选配车型比率（%）	已装备车辆数（日本国内）（辆）	车辆装备率（%）
被动安全	侧面安全气囊	146	65	75.6	1 053 120	24.7
	窗帘式安全气囊	149	63	77.2	918 417	21.5
	减轻颈部伤害的座椅、主动头枕	129	125	66.8	2 400 405	56.3
	ISO FIX CRS用固定装置	184	168	95.3	4 004 148	93.9
	后排中央三点式安全带[#]	135	117	92.5	2 318 228	85.3
总车型数和总产量（2012年1—12月）		193个车型			4 265 993辆	

说明："后排中央三点式安全带"的安装情况针对除去微型机动车、两座车、乘车定员4名的汽车等无后排中央座椅车辆，共146个车型的2 719 032辆。

资料来源：The Motor Industry of Japan, JAMA, June 2014

2004—2013年欧、美、日汽车专利公开数量

年份		2004	2005	2006	2007	2008	2009	2010	2011	2012	2013
美国	发动机	3 888	3 591	3 480	3 208	2 959	2 908	3 268	3 108	3 228	3 681
	底盘	3 741	3 686	3 418	3 159	2 996	2 939	3 044	2 897	3 034	3 154
	车身	8 230	7 986	7 509	6 751	6 550	6 213	6 470	5 950	5 892	6 267
	电气	4 162	4 218	4 215	3 930	4 099	4 324	4 823	5 124	5 447	6 539
	合计	20 021	19 481	18 622	17 048	16 604	16 384	17 605	17 079	17 601	19 641
日本	发动机	4 913	4 978	4 967	5 264	4 891	4 935	4 562	3 268	3 387	3 529
	底盘	5 846	6 215	6 186	6 884	6 721	6 911	6 139	5 137	5 561	5 280
	车身	12 758	12 962	12 392	13 601	15 290	12 519	11 370	9 429	9 628	9 200
	电气	6 330	6 142	5 709	6 802	6 926	7 006	7 672	7 263	8 211	9 435
	合计	29 847	30 297	29 254	32 551	33 828	31 371	29 743	25 097	26 787	27 444
欧洲	发动机	2 178	2 024	2 069	1 786	1 861	1 754	1 810	1 617	1 380	1 951
	底盘	2 966	2 817	3 272	2 378	3 036	2 610	2 663	2 511	2 517	2 349
	车身	5 433	5 220	5 614	4 730	5 072	4 812	4 549	4 046	4 025	4 090
	电气	2 036	1 892	2 202	2 025	2 071	2 227	2 327	2 599	3 053	3 385
	合计	12 613	11 953	13 157	10 919	12 040	11 403	11 349	10 773	10 975	11 775

资料来源：

http://www.uspto.gov/patents/process/search/index.jsp#heading-1

http://www.ipdl.inpit.go.jp/homepg_e.ipdl

http://www.epo.org/searching/free/espacenet.html

2004—2013年部分国家新能源汽车销量

辆

国家	车型		2004	2005	2006	2007	2008	2009	2010	2011	2012	2013
美国	小计		6	6	6	10	11	14	363	17 815	53 177	96 632
	其中	EV	6	6	6	10	11	14	37	10 144	14 592	47 589
		PHV							326	7 671	38 585	49 043
日本	小计		1	22	0	0	29	994	2 361	13 449	23 184	30 783
	其中	EV	1	22	0	0	29	994	2 361	13 449	15 943	16 661
		PHV									7 241	14 122
中国大陆	小计					6	119	210	2 197	7 102	14 559	22 985
	其中	EV				2	21	34	342	622	1 214	4 661
		PHV				4	98	176	1 855	6 480	13 345	18 324
法国	小计								57	4 048	9 440	8 345
	其中	EV							57	4 012	9 215	8 260
		PHV								36	225	85
德国	小计									2 041	3 839	3 206
	其中	EV								1 800	2 976	2 846
		PHV								241	863	360
挪威	小计					4	78	98	14	2 000	4 110	7 296
	其中	EV				4	78	98	14	2 000	3 945	7 207
		PHV									165	89
荷兰	小计							22	35	534	3 753	5 559
	其中	EV						22	35	520	611	2 559
		PHV								14	3 142	3 000
奥地利	小计							25	2	9	20	53
	其中	EV						25	2	9	8	52
		PHV									12	1

国家	车型		2004	2005	2006	2007	2008	2009	2010	2011	2012	2013
比利时	小计									186	565	447
	其中	EV								175	355	413
		PHV								11	210	34
丹麦	小计						3	48	29	366	310	496
	其中	EV					3	48	29	364	289	489
		PHV								2	21	7
希腊	小计						1	0	0	2	3	
	其中	EV					1	0	0	1	3	
		PHV									1	
爱尔兰	小计							19	45	71	47	
	其中	EV						19	45	71	47	
意大利	小计									296	617	852
	其中	EV								296	517	826
		PHV									100	26
卢森堡	小计										3	5
	其中	EV									1	5
		PHV									2	0
葡萄牙	小计							3	176	52	121	
	其中	EV						3	176	35	114	
		PHV						0	0	17	7	
西班牙	小计									434	663	955
	其中	EV								426	614	882
		PHV								8	49	73
瑞典	小计							2		945	1 547	
	其中	EV						2		264	442	
		PHV								681	1 105	
瑞士	小计						3	21	137	436	737	1 153
	其中	EV					3	21	137	395	342	987

续表

国家	车型		2004	2005	2006	2007	2008	2009	2010	2011	2012	2013
瑞士	其中	PHV								41	395	166
英国	小计				298	377	70	42	32	930	1 689	3 283
	其中	EV			298	377	70	42	32	930	1 167	2 464
		PHV									522	819
澳大利亚	小计								112	49	252	289
	其中	EV							112	49	172	188
		PHV							0	0	80	101
加拿大	小计									468	1 724	1 781
	其中	EV								193	436	638
		PHV								275	1 288	1 143
哥伦比亚	小计									1	29	0
	其中	EV								1	29	0
墨西哥	小计									3	88	12
	其中	EV								3	88	12
印度尼西亚	小计									2	0	2
	其中	EV								2	0	2
韩国	小计										548	715
	其中	EV									548	715
马来西亚	小计										11	2
	其中	EV									11	2
新加坡	小计										1	0
	其中	EV									1	0
中国台湾	小计										167	54
	其中	EV									167	54
泰国	小计										0	12
	其中	EV									0	12

资料来源：根据MARKLINES数据及有关公开资料整理，其中中国数据为合格证数据

2003—2013年部分汽车整车和零部件企业研发投入金额及占销售收入比重

公司名称	国别	金额（百万欧元）							
		2013	2012	2011	2010	2009	2008	2007	2006
VOLKSWAGEN 大众	德国	11 743.0	9 515.0	7 203.0	6 258.00	5 790.00	5 926.00	4 923.00	4 240.00
TOYOTA MOTOR 丰田汽车	日本	6 269.9	7 070.9	7 754.5	6 666.69	6 768.46	7 610.32	5 453.73	5 172.00
DAIMLER 戴姆勒	德国	5 379.0	5 639.0	5 629.0	4 852.00	4 164.00	4 442.00	4 888.00	5 234（戴克）
GENERAL MOTORS 通用	美国	5 220.8	5 584.4	6 278.7	5 189.60	4 229.08	5 755.46	5 540.11	5 004.97
BMW 宝马	德国	4 792.0	3 952.0	3 373.0	2 773.00	2 448.00	2 864.00	3 144.00	3 208.00
ROBERT BOSCH 博世	德国	4 653.0	4 924.0	4 242.0	3 824.00	3 578.00	3 916.00	3 560.00	3 398.00
FORD MOTOR 福特	美国	4 640.7	4 168.6	4 096.1	3 727.09	3 415.04	5 251.86	5 129.74	5 459.96
HONDA MOTOR 本田	日本	4 366.7	4 906.3	5 169.1	4 258.72	4 216.44	4 666.43	3 378.63	3 248.29
NISSAN MOTOR 日产	日本	3 447.2	4 115.0	4 256.3	3 542.75	3 410.02	3 630.88	2 845.93	2 848.58
FIAT 菲亚特	意大利	3 362.0	3 295.0	2 175.0	1 936.00	1 692.00	1 986.00	1 741.00	1 184.00
DENSO 电装	日本	2 538.9	2 938.0	2 966.9	2 482.30	2 224.63	2 472.06	1 713.60	1 631.44
PEUGEOT (PSA) 标致-雪铁龙	法国	1 966.0	2 481.0	2 634.0	2 402.00	2 314.00	2 372.00	2 074.00	2 175.00
CONTINENTAL 大陆	德国	1 918.6	1 826.9	1 693.0	1 524.90	1 405.30	1 524.20	842.10	677.80
RENAULT 雷诺	法国	1 793.0	1 889.0	2 064.0	1 728.00	1 643.00	2 235.00	2 462.00	2 400.00
HYUNDAI MOTOR 现代	韩国	1 033.6	934.0	1 386.7	1 587.04	1 337.60	1 251.20	1 602.76	1 181.97
TATA MOTORS 塔塔	印度	1 011.3	1 496.0		311.92	175.38	218.05	207.54	136.53
AISIN SEIKI 爱信精机	日本	994.2	1 182.8	1 207.7	929.24	868.40	915.33	635.20	605.56

2005	2004	2003	占比（%）										
			2013	2012	2011	2010	2009	2008	2007	2006	2005	2004	2003
4 075.00	4 164	4 140	6.0	4.9	4.5	4.9	5.7	5.2	4.5	4.0	4.3	4.7	4.7
5 423.93	5 422	4 944	8.2	3.7	4.2	3.8	4.4	3.6	3.9	3.9	4.1	4.1	4.3
5 649（戴克）	5 658（戴克）	5 571（戴克）	4.6	4.9	5.3	5.0	5.3	4.6	3.8	3.4	3.8	4.0	4.1
5 679.86	4 782	4 519	4.6	4.9	5.4	5.1	5.3	5.4	4.4	3.2	3.5	3.4	3.1
3 115.00	2 818	2 559	6.3	5.1	4.9	4.8	5.1	5.4	5.6	6.5	6.7	6.4	6.2
2 931.00	2 898	2 650	10.1	9.4	8.2	8.1	9.4	8.7	7.7	7.8	7.0	7.2	7.3
6 781.92	5 444	5 946	4.4	4.1	3.9	3.9	4.1	5.0	4.3	4.5	4.5	4.3	4.5
3 359.70	3 358	3 232	5.4	5.7	6.5	5.4	5.6	4.9	5.0	5.2	5.4	5.4	5.5
2 859.75	2 544	2 222	4.8	4.9	4.5	5.1	5.4	4.2	4.4	4.7	4.6	4.8	4.4
1 318.00			3.9	3.9	3.7	3.4	3.4	3.3	3.0	2.3	2.9		
1 711.20	1 543	1 353	9.0	9.4	9.5	9.1	9.5	7.7	7.8	8.0	8.5	8.4	7.8
2 151.00	2 118	2 098	3.6	4.5	4.4	4.3	4.8	4.4	3.4	3.8	3.8	3.7	3.9
590.40	530	498	5.8	5.6	5.5	5.9	7.0	6.3	5.1	4.6	4.3	4.2	4.3
	1 961	1 737	4.4	4.6	4.8	4.5	5.0	6.1	6.2	5.9		4.8	4.6
1 982.69	1 379	638	1.7	1.6	2.7	2.1	2.4	2.7	3.2	2.3	4.0	3.7	2.1
89.68			3.7	5.7		1.5	1.3	2.1	3.4	2.5	2.0		
686.26	640	592	5.1	5.3	5.3	4.9	5.2	4.3	4.4	4.5	5.2	5.5	5.7

公司名称	国别	金额（百万欧元）							
		2013	2012	2011	2010	2009	2008	2007	2006
DELPHI德尔福	英国	942.6	909.5	927.4	745.42	627.25	1 366.92	1 367.93	1 592.49
SUZ英国I MOTOR铃木	日本	875.2	1 044.4	1 092.3	999.84	860.67	863.04	564.12	572.27
ZF采埃孚	德国	816.0	848.0	732.0	621.00	606.00	670.00	666.00	610.00
VALEO瓦莱奥	法国	778.0	705.0	617.0	557.00	620.00	786.00	790.00	789.00
SAIC MOTOR 上海汽车	中国大陆	699.9	693.7	702.3	161.54	145.78			
MAZDA MOTOR 马自达	日本	684.2	787.5	912.0	783.13	718.47	907.95	658.48	609.26
MICHELIN 米其林	法国	643.0	622.0	592.0	545.00	506.00	499.00	571.00	591.00
BRIDGESTONE 普利司通	日本	613.5	725.1	835.1	782.66	642.10	740.11	531.11	551.71
YAMAHA MOTOR 雅马哈	日本	523.9	610.5	646.5	507.19	464.66	675.33	523.77	490.49
HELLA海拉	德国	507.6	416.5	373.7	322.80	347.48	356.68	284.80	285.60
FUJI HEAVY INDUSTRIES 富士重工	日本	412.5	432.4	478.5	341.68	320.66	412.87	310.46	291.55
JOHNSON CONTROLS 江森自控	美国	404.6	385.8	394.2	304.13	234.17	305.04	335.83	318.50
AUTOLIV 奥托立夫	美国	354.8	345.2	341.2	269.32	224.70	264.18	270.65	301.51
MAHLE马勒	德国	336.2	289.4	322.8	309.99	246.47	285.89	277.67	241.62
TOYOTA INDUSTRIES 丰田工业	日本	319.0	342.0	252.1	179.06	251.90	291.67	211.52	198.35
HYUNDAI MOBIS 现代摩比斯	韩国	289.0	254.4	216.2	180.62	119.14	69.30	59.46	

			占比（%）										
2005	2004	2003	2013	2012	2011	2010	2009	2008	2007	2006	2005	2004	2003
1 865.03	1 545	1 586	7.9	7.7	8.7	7.2	8.8	9.3	7.6	8.0	8.2	7.3	7.1
623.85	544	447	4.3	4.6	4.4	4.4	3.8	3.1	2.9	3.3	3.7	3.4	3.0
559.00	520	524	4.8	4.9	4.7	4.8	6.5	5.4	5.3	5.2	5.2	5.3	5.9
779.00	584	564	6.4	6.0	5.7	5.8	8.3	9.1	7.8	7.9	7.8	6.2	6.1
			1.1	1.2	1.4	1.0	1.0						
652.48	630	650	3.7	4.1	4.5	3.9	3.8	3.3	3.3	3.3	3.4	3.0	3.7
565.00	674	710	3.2	2.9	2.9	3.0	3.4	3.0	3.4	3.6	3.6	4.3	4.6
570.41	523	525	2.5	2.7	2.8	3.0	3.3	2.9	2.6	2.9	3.0	3.0	3.1
514.39	451	414	5.4	5.8	5.1	4.3	5.4	5.3	4.9	4.9	5.2	6.2	5.5
264.10	172	168	10.2	8.7	10.5	9.1	10.6	9.1	7.8	8.4	8.6	5.5	5.5
373.80	413	445	2.5	2.6	3.2	2.6	3.0	3.3	3.4	3.1	3.6	4.0	4.4
351.81	379	384	1.3	1.2	1.2	1.2	1.2	1.1	1.4	1.3	1.5	1.9	2.1
327.06	271	242	5.6	5.5	5.4	5.0	6.3	5.7	5.8	6.4	6.2	6.0	5.8
			4.8	4.7	5.4	5.9	6.4	5.7	5.5	5.6			
215.85	212	220	2.3	2.4	1.6	1.4	2.1	1.8	1.8	2.1	2.4	2.5	2.8
46.82			1.2	1.2	1.2	1.2	1.2	0.9	0.8		0.8		

公司名称	国别	金额（百万欧元）							
		2013	2012	2011	2010	2009	2008	2007	2006
GOODYEAR 固特异	美国	282.8	280.4	262.0	254.93	234.87	263.31	254.44	272.24
TOYOTA BOSHOKU 丰田纺织	日本	276.7	318.1	323.6	275.93	216.87	251.73	161.66	
MITSUBISHI MOTORS三菱	日本	252.8	304.9	348.0	206.61	268.08	274.50	253.01	384.06
VISTEON 伟世通	美国	235.7	226.6	252.0	262.39	228.60	312.23	348.82	450.45
GKN纳铁福	英国	234.0	215.3	172.1	135.38	106.92	100.34	113.01	111.32
RHEINMETALL 莱茵金属	德国	226.0	229.0	208.0	214.00	198.00	199.00	179.00	169.00
BORGWARNER 博格华纳	美国	219.9	201.5	186.0	137.90	108.17	147.99	144.18	142.34
GREAT WALL MOTOR 长城汽车	中国大陆	201.2	115.3	77.9	50.61	34.22			
TOYODA GOSEI 丰田合成	日本	200.9	238.9		239.57	185.95	193.04	148.91	161.10
PIRELLI 倍耐力	意大利	199.2	178.9	169.7	150.00	137.00	156.00	173.00	171.00
DONGFENG MOTOR 东风汽车	中国大陆	194.2	409.1						
CALSONIC KANSEI康奈可	日本	186.3	208.3	233.3	194.82	206.47	221.70	175.88	181.84
KOITO MANUFACTURING 小糸制作所	日本	170.5	175.9	175.1	159.01	140.75	165.08	126.73	129.83
TESLA MOTORS 特斯拉汽车	美国	168.2	207.7	161.5	69.32				
TAKATA高田	日本	158.9	171.2	181.6	130.13	140.61	179.71	133.38	

续表

2005	2004	2003	占比（%）										
			2013	2012	2011	2010	2009	2008	2007	2006	2005	2004	2003
309.43	278	278	2.0	1.8	1.5	1.8	2.1	1.9	1.8	1.8	1.9	2.1	2.3
			3.3	3.4	3.4	3.1	3.0	2.6	2.4				
493.99	495		1.8	1.9	1.9	1.6	1.8	1.3	1.9	2.8	3.2	2.7	
681.58	659	716	4.4	4.4	4.1	4.7	4.9	4.5	4.5	5.2	4.7	4.8	5.1
128.08	126	115	2.7	2.8	2.5	2.3	2.2	2.2	2.1	2.1	2.4	2.6	2.4
156.00	152		4.9	4.9	4.7	5.4	5.8	5.1	4.5	4.7	4.5	4.5	
136.49	91	94	4.1	3.7	3.4	3.3	3.9	3.9	4.0	4.1	3.7	3.5	3.9
			3.1	2.3	2.2	2.0	2.7						
175.99	163		4.2	4.5		5.3	4.5	4.1	4.1	5.1	5.6	5.7	
174.00			3.2	2.9	3.0	2.9	3.1	3.2	2.7	3.5	2.7		
			4.4	2.7									
186.71	184	166	2.9	3.1	3.0	3.4	4.1	3.4	4.1	4.0	3.7	4.1	4.1
137.91		131	4.1	4.2	4.1	4.2	4.7	4.4	4.6	5.1	5.3		5.7
			11.5	66.3	102.3	79.7							
			4.1	4.7	4.8	4.0	4.9	4.4	4.3				

公司名称	国别	金额（百万欧元）							
		2013	2012	2011	2010	2009	2008	2007	2006
ZF LENKSYSTEME 采埃孚转向系统	德国	158.1	195.2	170.2	139.80	117.90	117.70	114.20	92.40
SUMITOMO RUBBER INDUSTRIES 住友橡胶	日本	150.2	171.0	191.5	171.86	134.63	153.58	111.57	110.05
JIANGLING MOTORS 江铃汽车	中国大陆	141.1	103.4	75.0					
TRW AUTOMOTIVE 天合汽车	美国	139.9	124.3	119.8	98.40	108.03	148.20	127.90	127.40
TOKAI RIKA 东海理化	日本	139.5	157.2	174.9	152.64	134.06	145.43		
EBERSPAECHER 埃贝赫	德国	138.0	134.0	97.7	97.70	79.20	82.60	70.20	63.50
WEBASTO 伟巴斯特	德国	120.4	112.8	95.0		52.41			
GUANGZHOU AUTOMOBILE 广州汽车	中国大陆	117.3	101.1	71.5	116.85				
HARLEY-DAVIDSON 哈雷-戴维森	美国	110.4	104.1	112.4	101.53	99.73	117.63	137.89	163.65
WEICHAI POWER 潍柴动力	中国大陆	103.3	111.4		100.41	45.96	40.02	30.27	
ZHENGZHOU YUTONG BUS 郑州宇通	中国大陆	95.2	36.5	37.1					
WABCO威伯科	美国	90.9	79.1	81.2	64.03		66.84		

续表

			占比（%）										
2005	2004	2003	2013	2012	2011	2010	2009	2008	2007	2006	2005	2004	2003
68.60			7.8	4.9	4.8	4.7	5.4	4.5	4.4	3.9	3.1		
116.78	113		2.8	2.7	2.8	3.1	3.4	3.2	3.2	3.2	3.2	3.3	
			5.9	5.1	3.6								
172.09	128		1.1	1.0	1.0	0.9	1.3	1.4	1.3	1.3	1.6	1.4	
			4.6	4.8	5.5	5.0	5.3	4.2					
66.40	66	61	4.9	5.2	5.1	5.1	5.9	3.7	3.1	3.1	4.1	4.5	4.6
			907.0	4.6	4.1		5.0						
			5.2	6.5	5.3	1.7							
165.73	137	132	2.6	2.5	2.7	2.8	3.0	2.9	3.3	3.6	3.5	3.5	3.4
			2.7	2.0		1.4	1.3	1.2	1.2				
			3.8	1.6	1.9								
			4.6	4.2	3.8	3.9		3.6					

公司 名称	国别	金额（百万欧元）							
		2013	2012	2011	2010	2009	2008	2007	2006
YOKOHAMA RUBBER 横滨轮胎	日本	87.0	112.3	92.5	122.06	114.37	121.34	89.69	92.65
MAHINDRA & MAHINDRA 马恒达	印度	79.1	92.3	70.8	123.24	99.58	42.77	50.26	32.27
LEAR李尔	美国	78.6	79.1	85.6	60.68	59.88	81.30	92.06	128.76
HANKOOK TIRE 韩泰轮胎	韩国	75.6	59.7	77.8	64.93	59.17	54.14	69.84	60.57
AMERICAN AXLE & MANUFACTURING 美国车桥	美国	75.0	93.5	87.8	61.50	46.70	61.15	54.99	63.09
DONGFENG AUTOMOBILE 东风汽车	中国 大陆	67.8	50.4	424.3	296.38	213.06	152.90		
ELRINGKLINGER （油封产品）	德国	65.4	48.9	51.1	45.75	36.88	37.89	31.20	26.82
TOYO TIRE 东洋轮胎	日本	58.4	54.4	82.7	76.43	65.61	76.34	58.82	63.97
TI FLUID SYSTEMS （流体系统）	英国	56.2	42.5	40.4	14.01				
GENTEX 金泰克斯	美国	55.5	64.4	63.1	47.78	32.85	37.33	34.69	31.68
SHOWA昭和	日本	55.4	56.9	58.5			56.48	42.62	47.31
NISSIN KOGYO 日信工业	日本	55.4	60.0	62.5	53.57	51.54	58.04	42.06	40.52
NOK（密封行业）	日本	52.5	59.8	63.7	59.13	59.53	72.61		
GRAMMER 格拉默	德国	49.0	38.4	38.0	33.00	32.18	43.15	53.07	46.66
SANDEN三电	日本	48.9	60.3	73.9	50.01	52.56	54.49		39.26

			占比（%）										
2005	2004	2003	2013	2012	2011	2010	2009	2008	2007	2006	2005	2004	2003
102.46	99	93	2.1	2.3	2.0	2.8	3.0	2.8	2.9	3.2	3.4	3.4	3.1
			1.0	1.1	0.9	2.5	2.9	1.6	1.6	1.5			
147.51	145	136	0.7	0.7	0.8	0.7	0.9	0.8	0.8	1.0	1.0	1.2	1.1
60.45			71.6	214.5	1.8	1.9	1.9	2.1	2.7	3.6	3.6		
62.39	50		3.2	4.2	4.4	3.6	4.4	4.0	2.5	2.6	2.2	1.9	
			3.3	2.7	2.6	2.1	2.3	2.1					
24.54	22		5.6	4.3	4.9	5.7	6.4	5.8	5.1	5.1	5.2	4.9	
70.33	69	67	2.3	2.1	2.6	2.9	2.7	2.7	3.0	3.3	3.6	3.7	3.6
			2.2	1.8	1.9	0.7							
29.72			6.5	7.7	8.0	7.9	8.7	8.3	7.8	7.3	6.5		
47.41	56		2.9	2.8	2.7			2.5	2.7	3.0	2.8	3.6	
43.74	40		3.6	3.9	3.9	4.0	3.7	3.6	3.7	3.8	4.3	4.4	
			1.3	1.3	1.3	1.6	1.7	1.7					
45.13			3.9	3.4	3.5	3.5	4.4	4.3	5.3	5.3	5.3		
35.50			2.6	2.8	3.5	2.8	3.2	2.6		2.7	2.1		

公司名称	国别	金额（百万欧元）							
		2013	2012	2011	2010	2009	2008	2007	2006
IMMSI	意大利	47.7	59.6	68.5	62.90	70.00	74.22	71.70	75.72
FORD OTOMOTIV（汽车）	土耳其	46.9	45.8	43.7	40.11		46.75	33.36	28.81
DANA德纳	美国	46.4	39.4	40.2	37.27	82.94	151.47	129.27	167.59
XIAMEN JINGLONG MOTOR 厦门金龙	中国大陆	46.3	49.2	40.4					
GEELY AUTOMOBILE 吉利汽车	开曼群岛	44.9	123.3		58.41	42.48			
MODINE MANUFACTURING 摩丁制造	美国	44.7	51.8	54.3	49.92	39.66	58.00	63.74	62.56
CHINA MOTOR 中华汽车	中国台湾	44.2	53.8	45.6	34.42		33.69	38.90	50.93
WANXIANG QIANCHAO 万向钱潮	中国大陆	42.7	38.5	35.7					
TOFAS托发斯	土耳其	37.7	44.1		58.01	111.22			
STANLEY ELECTRIC 斯坦雷电气	日本	36.8	48.0	53.9	32.96	30.60	37.55		
KTM（摩托车）	奥地利	36.7	35.2		21.96	33.02	46.19	37.53	15.21
STONERIDGE 石通瑞吉	美国	32.8	34.0				32.83	30.23	30.97
TENNECO 天纳克	美国	31.2	95.5	102.8	87.21	67.60	51.80	52.67	43.98
NGK SPARK PLUG（火花塞）	日本	27.7	32.7	160.4	127.83	131.59	138.46	99.51	93.51
MIBA（粉末冶金制品）	奥地利	26.7	30.7		22.60	18.70	19.10	16.00	18.50

续表

			占比（%）										
2005	2004	2003	2013	2012	2011	2010	2009	2008	2007	2006	2005	2004	2003
30.83	39		3.8	4.1	4.2	3.9	4.3	4.3	3.9	4.4	2.0	3.4	
			1.2	1.1	1.0	1.1		1.4	0.8	0.8			
233.13	198	200	0.9	0.7	0.7	0.8	2.3	2.6	2.1	2.3	2.8	3.0	3.2
			1.9	2.2	1.8								
			1.3	4.2		2.6	3.0						
41.15			4.2	5.0	4.5	4.6	4.4	5.1	5.0	4.7	2.8		
60.07	64		5.1	4.9	4.0	3.4		5.6	6.2	5.9	4.4	3.8	
			4.1	4.1	3.8								
			1.6	1.5		1.9	4.7						
			1.6	2.1	2.2	1.5	1.4	1.3					
			5.1	5.7		5.0	7.3	7.6	6.6	3.0			
33.23			4.8	4.8				6.1	6.1	5.8	5.8		
49.17			0.5	1.7	1.8	2.0	2.1	1.2	1.2	1.2	1.3		
103.14	100	101	1.2	1.2	5.7	5.7	6.0	5.0	4.7	5.2	6.0	6.1	5.9
17.50	11	10	4.4	5.1		5.2	6.0	5.1	4.1	5.0	5.0	3.4	3.5

公司名称	国别	金额（百万欧元）							
		2013	2012	2011	2010	2009	2008	2007	2006
VERITAS	德国	24.8	24.8			15.71	20.38		
MGI COUTIER（汽车零部件）	法国	24.2	22.6		20.10	19.70	21.10	22.50	21.60
BEHR（汽车空调）	德国		216.6	216.6	209.00	206.00	241.00	241.00	229.00
ARVINMERITOR 阿文美驰	美国		55.3	56.4	50.69	71.79	97.84	84.81	134.22
EICHER MOTORS（汽车）	印度		31.6						

资料来源：欧盟《Economics of Industrial Research Innovation》

			占比（%）										
2005	2004	2003	2013	2012	2011	2010	2009	2008	2007	2006	2005	2004	2003
			4.2	4.2			4.2	4.7					
24.65	25	21	3.6	3.4		4.9	5.5	5.0	4.9	5.0	5.3	5.3	4.2
215.00	195	184		5.8	5.8	6.2	8.3	7.1	7.1	7.2	7.0	6.4	6.1
148.35	115	132		1.7	1.6	1.4	2.2	1.9	1.4	1.8	1.8	1.9	2.1
			3.6										

2001—2013年全球21国汽车出口数量

辆

国名	2001年	2002年	2003年	2004年	2005年	2006年	2007年	2008年	2009年	2010年	2011年	2012年	2013年
美国	1 462 341	1 658 571	1 601 019	1 766 186	2 051 858	2 197 429	2 597 845	2 787 787	1 819 084	2 153 505	2 439 086	2 867 188	3 033 309
墨西哥	1 407 861	1 328 875	1 195 147	1 132 222	1 223 801	1 587 179	1 653 219	1 698 360	1 266 032	1 922 169	2 252 461	2 509 343	2 505 846
巴西	390 854	424 415	535 980	758 787	724 163	634 473	634 570	568 582	368 023	502 754	553 334	445 063	566 299
阿根廷	155 123	123 062	108 057	146 236	181 581	236 789	316 410	351 092	322 495	447 953	506 715	413 472	433 295
德国	4 016 419	4 104 461	3 996 002	3 924 050	4 080 489	4 182 723	4 664 317	4 500 807	3 583 720	4 480 906	4 826 933	4 429 382	4 923 992
英国	990 438	1 161 685	1 246 677	1 308 193	1 315 387	1 242 315	1 317 021	1 254 197	828 688	1 046 967	1 194 052	1 275 499	1 249 305
意大利	813 725	733 706	703 632	595 707	497 614	595 952	650 508	560 953	393 233	440 187	452 808	407 381	393 233
西班牙	2 336 057	2 327 199	2 495 521	2 480 976	2 247 303	2 272 872	2 389 224	2 180 852	1 883 175	2 079 782	2 120 399	1 729 172	1 879 974
比利时	1 136 289	1 011 707	869 216	870 801	868 843	848 227	758 269	652 869	489 674	526 056	575 233	520 724	480 848
奥地利	149 002	142 642	134 734	243 945	246 873	268 525	225 569	149 720	59 239	85 642	151 174	141 654	164 733
捷克	382 829	374 349	381 295	389 950	429 829	780 351	875 378	956 504	1 077 790	1 197 798	1 338 832	1 390 542	1 341 131
乌克兰	5 100	3 700	3 900	8 600	13 700	42 900	74 200	77 382	20 130	32 713	39 892	28 634	5 479
俄罗斯	n. a.	n. a.	n. a.	n. a.	n. a.	n. a.	177 600	160 100	49 200	53 100	75 800	64 578	51 414
土耳其	197 747	257 744	347 119	508 397	552 838	696 688	820 370	910 270	790 966	763 670	790 966	729 923	828 471
日本	4 166 089	4 698 728	4 756 343	4 957 663	5 053 061	5 966 672	6 549 940	6 727 091	3 616 168	4 841 460	4 464 413	4 801 191	4 674 667
中国	13 573	16 269	35 148	74 704	169 769	313 631	595 444	658 670	362 466	557 849	848 332	1 013 235	943 166
韩国	1 501 213	1 509 546	1 814 938	2 379 563	2 586 088	2 648 220	2 847 138	2 683 965	2 148 862	2 772 107	3 151 708	3 170 634	3 089 283
泰国	175 292	180 918	240 312	322 606	434 907	541 206	689 093	783 712	535 563	895 855	735 627	1 026 671	1 128 152
印尼	n. a.	1 258	2 046	9 572	17 805	30 974	60 267	100 982	56 669	85 796	107 932	173 368	170 907
印度	56 995	78 953	125 692	190 991	209 954	241 989	257 823	372 902	449 627	510 002	589 508	637 020	665 623
南非	108 293	125 306	126 661	111 253	139 912	179 859	171 237	284 211	174 947	239 465	268 463	277 891	276 378

资料来源：北京富欧睿

8 图表索引

表格

中国机动车排放标准原定实施时间表 ·· 59

中国乘用车燃料消耗量标准实施阶段 ··62

2001—2014年中国汽车销量世界排名 ·· 64

2013年新生产乘用车按品牌的缸内直喷技术应用情况 ··················71

2013年新生产乘用车按品牌的涡轮增压技术应用情况 ··················71

2013年新生产乘用车按品牌的CVT技术应用情况 ·······················72

2013年新生产乘用车按品牌的DCT技术应用情况 ·······················72

国内外混合动力乘用车技术参数对比 ·· 80

新能源汽车累计公告车型数及累计产量 ··85

国内外插电式混合动力乘用车产品技术参数对比 ··························87

国内外纯电动乘用车技术参数对比 ···88

国内外燃料电池汽车技术参数对比 ··· 89

截至2015年年底示范城市（群）新能源汽车推广目标及基础设施建设计划 ···93

2013年我国"863"能量型磷酸铁锂/石墨锂离子动力电池技术参数 ···97

比亚迪秦所用锂离子动力电池主要技术参数 ··································· 98

排名前五的纯电动乘用车车型配套电池 ··99

排名前五的纯电动客车车型配套电池 ···99

2013年各类节能与新能源汽车不同类型电机配套车型及占比 ·········100

国外电机系统技术研发现状 ·· 101

车用驱动电机系统的技术目标 ·· 101

车联网12大技术领域或技术方向 ··· 119

车联网的功能 ··· 120

国内市场部分乘用车型的车联网系统 ···123

国内市场部分商用车型的车联网系统 ···124

2003—2013年汽车工业研发人员数量及与全国的比较 ················· 132

2013年国家重点实验室科研工作成果一览表 ································· 138

国家级汽车产品质量监督检验中心业务 ··139

2013年部分院校汽车专业教育资源及科研工作进展情况 ··············141

截至2013年2月已批准发布的汽车（含摩托车）强制性标准 ···········144

截至2014年年底已发布或在研的中国汽车工程学会单项技术规范项目 ···145

2002—2014年获得国家科学技术奖的汽车项目 ···························147

2001—2014年获汽车科学技术进步奖特、一等奖项目 ·················149

2009—2013年汽车应用技术类科技成果的体现形式分布情况 ········153

2013年汽车应用技术类科技成果按体现形式的来源情况 …………… 153

2013年汽车应用技术类科技成果的创新类型 …………… 153

2009—2013年汽车类科技成果的技术领域分布情况 …………… 155

2013年汽车结构部件类及汽车整车技术类科技成果的技术领域细分 …… 155

2006—2013年汽车发动机专利国内外申请人申请情况 …………… 158

2006—2013年汽车底盘专利国内外申请人申请情况 …………… 160

2006—2013年汽车车身专利国内外申请人申请情况 …………… 162

2006—2013年汽车电气专利国内外申请人申请情况 …………… 164

图

2000—2012年能源消费总量和构成 …………… 52

2000—2009年分部门石油消费构成 …………… 53

2000—2012年汽车石油消费量 …………… 54

2000—2012年汽车在交通领域石油消费占比 …………… 54

1993—2012年石油消费与供给及石油进口依存度 …………… 55

2000—2013年汽车工业增加值及占全国GDP比重 …………… 56

2012年中国及部分其他国家千人汽车保有量 …………… 57

2012年各省、自治区及直辖市千人汽车保有量 …………… 58

2012年各省、自治区及直辖市单位公路里程汽车保有量 …………… 58

2006—2012年汽车保有量与污染物排放增长趋势对比 …………… 60

国Ⅰ前至国Ⅴ轻型汽油车单车污染物排放强度变化 …………… 61

国Ⅰ前至国Ⅴ重型柴油车单车污染物排放强度变化 …………… 61

中国乘用车燃料消耗量标准各阶段限值与目标值 …………… 63

2001—2014年中国汽车产销量及在世界的占比 …………… 64

2009—2013年乘用车中柴油车产量及占比 …………… 66

2009—2013年汽油乘用车缸内直喷技术应用量及占比 …………… 67

2009—2013年汽油乘用车涡轮增压技术应用量及占比 …………… 68

2009—2013年乘用车中各类变速器的应用比例 …………… 69

2013年新生产乘用车各类自动变速器市场份额 …………… 69

2009—2013年乘用车不同挡位变速器市场份额 …………… 70

2009—2013年国产乘用车平均油耗、排量和整备质量的变化 …………… 73

2009—2013年国产乘用车平均油耗、排量和整备质量相对值的变化 ·············73

2009—2013年不同排量范围乘用车占比及各年平均排量 ·············74

部分合资企业2006年和2013年平均油耗对比 ·············75

部分自主品牌企业2006年和2013年平均油耗对比 ·············76

2013年乘用车产量万辆以上企业平均油耗和平均排量分布 ·············77

2013年乘用车产量万辆以上企业平均油耗和平均整备质量分布 ·············78

2008—2014年混合动力汽车产销量 ·············79

2008—2013年混合动力汽车累计产量及车型占比 ·············79

2006—2014年获C-NCAP五星的测评车比例 ·············81

2009—2013年乘用车安全气囊采用率 ·············82

2009—2013年乘用车ABS采用率 ·············83

EVI国家（Electric Vehicle Initiative）2020年新能源汽车发展目标 ·············84

截至2014年年底美、德、日新能源汽车累计销量 ·············84

各类新能源汽车累计产量占比情况 ·············85

2011—2014年新能源汽车销量 ·············86

2013年纯电动汽车不同车型销量占比 ·············86

截至2014年9月新能源汽车累计示范推广规模 ·············90

截至2013年年底新能源汽车不同车型累计示范推广规模及占比 ·············90

2013年纯电动客车示范推广车型规模及占比 ·············91

2013年纯电动乘用车示范推广车型规模及占比 ·············91

截至2014年4月电动汽车充电基础设施建设情况 ·············92

2013年各类动力电池装车容量及占比 ·············95

2013年各类新能源汽车动力电池装车容量及占比 ·············95

2013年各汽车动力电池企业电池装车容量及市场份额 ·············96

2010年1月—2013年6月为纯电动汽车配套的动力电池装车容量和产能利用率 ·············96

我国电动汽车用锂离子电池的综合性能水平及其与美、日同类电池的比较·············97

2013年节能与新能源汽车不同类型电机配套量及市场份额 ·············100

汽车轻量化技术三大研究领域 ·············102

2012年在售汽油乘用车整备质量和油耗的关系 ·············103

2012年在售汽油乘用车质量比功率 ·············104

重型载货汽车和重型自卸车载质量利用系数情况·············105

牵引车挂牵比情况 ·············106

长安汽车某车型白车身的全参数化模型·············107

奇瑞汽车某车型白车身用钢的屈服强度分布图·············108

长城汽车几款在研车型的白车身高强度钢用量占比·············108

长城汽车铝合金发动机罩 ·· 109

奇瑞汽车铝合金发动机罩 ·· 109

东风汽车某混合动力客车全铝白车身 ···································· 109

镁合金方向盘骨架 ·· 110

奇瑞某车型应用的镁合金仪表板骨架 ···································· 110

各类非金属材料在奇瑞某车型中的应用比例 ····························· 111

各类塑料在奇瑞某车型中的应用比例 ···································· 111

热成形技术在汽车车身的应用部位 ·· 112

部分汽车用热冲压零件 ·· 112

一汽某乘用车车型液压成形后副车架主管 ································ 113

能够采用辊压成形技术的车身零部件 ···································· 114

辊压成形侧围门槛加强件焊接总成 ·· 114

自主品牌汽车部分激光拼焊板件 ··· 115

采用差厚管的新君威和新君越的共用件——仪表盘横梁 ················ 116

采用差厚管的奇瑞某车型前纵梁 ··· 116

车联网的概念 ·· 117

车联网"三纵四横"关键技术体系架构 ····································· 118

在车联网技术推动下自动驾驶技术发展前景展望 ······················· 121

车联网标准与规范体系 ·· 122

2003—2013年汽车工业研发经费支出情况 ································· 126

2010—2013年不同产品生产企业研发经费支出 ·························· 127

2010—2013年不同产品生产企业研发经费支出占汽车工业研发经费支出总额比例 ··· 127

2010—2013年不同规模和所有制形式整车生产企业研发经费支出 ········ 128

2010—2013年不同规模和所有制形式改装车生产企业研发经费支出 ······ 129

2010—2013年不同规模和所有制形式发动机生产企业研发经费支出 ······ 130

2010—2013年不同规模和所有制形式零部件生产企业研发经费支出 ······ 131

2003—2013年汽车工业研发人员数量情况 ································· 132

2010—2013年不同产品生产企业研发人员数量 ·························· 133

2010—2013年不同规模和所有制形式整车生产企业研发人员数量 ········ 134

2010—2013年不同规模和所有制形式改装车生产企业研发人员数量 ······ 135

2010—2013年不同规模和所有制形式发动机生产企业研发人员数量 ······ 136

2010—2013年不同规模和所有制形式零部件生产企业研发人员数量 ······ 137

2009—2013年汽车类科技成果登记数量 ··································· 151

2013年登记的科技成果的课题来源 ·· 152

2013年登记的科技成果来源单位属性 ····································· 152

科技成果完成人单位属性 ··· 154

科技成果完成人学历情况 ··· 154

科技成果完成人年龄情况 ··· 154

科技成果完成人职称情况 ··· 154

2004—2013年3种类型汽车专利公开数量及增长情况 ···························· 156

2013年3种类型汽车专利公开数量所占比例 ·· 156

2006—2013年汽车发动机系统专利公开情况 ······································· 157

2006—2013年汽车发动机3种类型专利公开数量 ··································· 158

2006—2013年汽车底盘系统专利公开情况 ·· 159

2006—2013年汽车底盘3种类型专利公开数量 ····································· 160

2006—2013年汽车车身系统专利公开情况 ·· 161

2006—2013年汽车车身3种类型专利公开数量 ····································· 162

2006—2013年汽车电气系统专利公开情况 ·· 163

2006—2013年汽车电气3种类型专利公开数量 ····································· 164

2006—2013年汽车四大技术领域专利公开数量 ···································· 165

2013年汽车四大技术领域专利公开数量占比 ······································· 165

2006—2013年汽车专利国内外申请人申请量及比例 ······························ 166

2013年汽车发动机专利公开数量前十位国外机构 ································· 167

2013年汽车发动机专利公开数量前十位国内机构 ································· 167

2013年汽车底盘专利公开数量前十位国外机构 ···································· 168

2013年汽车底盘专利公开数量前十位国内机构 ···································· 168

2013年汽车车身专利公开数量前十位国外机构 ···································· 169

2013年汽车车身专利公开数量前十位国内机构 ···································· 169

2013年汽车电气专利公开数量前十位国外机构 ···································· 170

2013年汽车电气专利公开数量前十位国内机构 ···································· 170

1992—2011年全球新能源汽车专利申请按国家（地区）的分布情况 ·········· 171

1992—2011年中国本土申请人新能源汽车专利申请数量 ························ 172

1992—2011年在中国申请的新能源汽车专利数量和申请人国别 ··············· 172

1992—2011年中国新能源汽车专利按申请人国别和技术领域的分布 ·········· 173

1992—2011年中国新能源汽车专利主要申请人申请数量按技术领域的分布 ········ 174

1992—2011年中国新能源汽车专利按申请地（省市）的分布 ················· 174